살아있는 지성을 키우는
발도르프학교의

공 예
×
수 업

패트리샤 리빙스턴
데이비드 미첼 / 지음

하주현 / 옮김

살아있는 지성을 키우는
발도르프학교의 공예 수업

패트리샤 리빙스턴 & 데이비드 미첼 지음   하주현 옮김

1판 1쇄 발행 2022년 11월 15일

펴낸곳 (사)발도르프 청소년 네트워크 도서출판 푸른씨앗
　　　 책임 편집 백미경　편집 백미경, 최수진, 김기원　번역기획 하주현
　　　 디자인 유영란, 문서영　마케팅 남승희, 안빛, 이연정
　　　 등록번호 제 25100-2004-000002호
　　　 등록일자 2004.11.26.(변경 신고 일자 2011.9.1.)
　　　 주　　소 경기도 의왕시 청계로 189-6 전화 031-421-1726
　　　 페이스북 greenseedbook 카카오톡 @도서출판푸른씨앗
　　　 전자우편 gcfreeschool@daum.net

www.greenseed.kr

값 25,000 원
ISBN 979-11-86202-52-4 (03630)

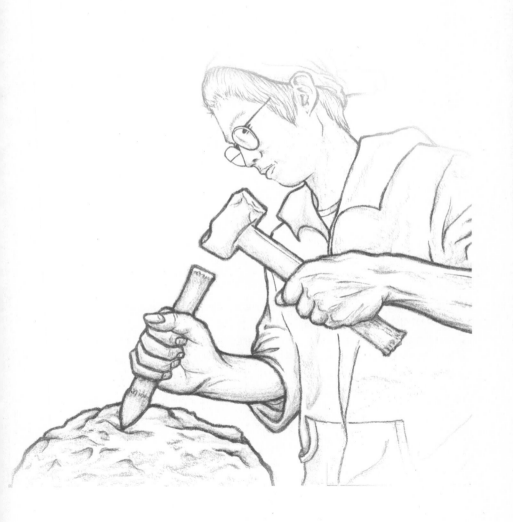

- **루돌프 슈타이너Rudolf Steiner(1861~1925)**_ 오스트리아 빈 공과 대학에서 물리와 화학을 공부했지만 실은 철학과 문학에 심취해서 후일 독일 로스토크 대학교에서 철학 박사 학위를 받았다. 이후 정신세계와 영혼 세계를 물체 세계와 똑같은 정도로 중시하는 인지학을 창시하고, 제1차 세계 대전을 기점으로 추종자들의 요구에 따라 철학적, 인지학적 정신과학에서 실생활에 적용할 수 있는 학문 분야를 개척하기 시작했다. 인지학을 근거로 하는 실용 학문에는 발도르프 교육학, 생명역동농법, 인지학적 의학과 약학, 사회 과학 등 인간 생활의 모든 분야가 포함된다.

차례

발도르프학교 상급 과정(9~12학년)

데이비드 미첼과 패트리샤 리빙스턴,
27년 넘게 교실에서 아이들을 만난 교사인 우리 두 사람은
지난 2년 동안 수공예와 실용 공예에 관한 각자의 의견과 수업 경험에서
터득한 지혜를 함께 나누면서 이 책을 집필했습니다.
무엇보다 모든 통찰에 깊이를 더해 주고 길을 안내해 준
루돌프 슈타이너에게 감사를 전합니다.

공예에 있어 각자 전문성을 쌓은 분야는 다르지만
두 사람이 아동의 발달 과정에 대한 전문 지식을 바탕으로
관찰하고 깨달은 바는 많은 부분 일치했고,
서로의 이야기를 듣는 과정은 건강한 자극인 동시에
풍성한 선물이기도 했습니다.
열띤 대화 속에 탄생한 이 책이
독자들에게도 유용한 자료가 되었으면 합니다.

패트리샤 리빙스턴 & 데이비드 미첼

들어가는 글

교육의 진정한 목표는
인생과 세상살이를 제대로 지각하고 판단하는 능력을 깨우는 데 있습니다.
그 능력이 깨어났을 때만 진정한 자유로 나아갈 수 있기 때문입니다.

_루돌프 슈타이너

강박적일 만큼 정보에 집착하고 있는 우리 사회에서 최근 교육의 목표와 방향을 놓고 많은 탐색이 이루어지고 있다. 고대 그리스 문명은 분명한 교육 목표를 갖고 있었다. 모든 배움의 토대는 경이의 감정을 일깨우는 것이었다. 그 느낌이 없으면 스스로 탐색하려는 욕구 자체가 생겨나지 않기 때문이다. 어렸을 때 다양한 시와 음악을 접하게 하고 신체 조절 능력을 키워 주면, 어느 정도 성숙했을 때 아이는 수학과 철학을 이해할 수 있는 사람으로 자란다는 것이다. 종교 지도자들은 인간관계와 사회성 발달을 위해 에우리피데스Euripides, 아이스킬로스Aeschylos, 소포클레스Sophocles가 쓴 위대한 희곡을 통해 도덕적 가치를 전달했다.

발도르프학교의 수공예와 실용 공예 교과 과정은 창의성을 키워 주는 동시에, 아이들의 '의지' 발달을 의식적으로 안내하면서 그 과정을 통해 미학적 자신감이 생겨나게 한다. 우리는 내면에 지닌 '의지'의 힘을 이용해 행위를 하면서 세상과 소통한다. 하지만 무엇보다 중요한 것은 '의지' 행위가 사고 발달의 초석이라는 사실이다.

생물학자들은 태어날 때 우리 뇌에 수십억 개의 신경 전달 경로가 있음을 밝혀냈다. 이를 어린 시절에 올바른 방식으로 충분히 사용해서 길을 닦아 놓으면 사춘기에 이르렀을 때 사고 능력의 토대가 될 수 있다. 태어날 때 가지고 온 회로는 사용하지 않으면 퇴화되어 버린다. 회로를 발달시키는 방법은 바로 손을 사용하는 것이다.

두뇌는 손이 탐색한 것을 인식한다. 손가락 끝에는 신경 말단이 빽빽이 모여 있다. 제대로 훈련만 하면 눈으로 보는 것만큼 정확하게 사물을 식별할 수 있다. 어려서 손을 적극적으로 사용하지 않으면 '손이 둔해'지고, 신경을 통해 신경 회로까지 전해지는 자극의 양이 감소하게 된다.

현대 과학적 사고가 태동하던 17세기 이후로 교육의 방향이 달라졌다. 데카르트René Descartes는 서구 사회에서의 사고의 의미를 새롭게 정의했다. 그는 '의식은 오직 두뇌와 신경계의 작용'이라고 했다.

20세기에 등장한 교육자이자 철학자인 루돌프 슈타이너는 인간이 자기 영혼 혹은 사고 능력을 찬찬히 살피면 인간의 영혼이 세 가지 방식, 즉 사고, 느낌, 의지로 자신을 표현한다는 것을 깨달을 수 있다고 말했다. 우리는 순수하게 논리적 사고부터 상상이 번뜩이는 기발한 생각까지 무수히 다른 종류의 사고를 경험할 수 있다. 느낌 영역은 문화적 감성부터 몰아지경의 지고한 정신적 경험까지 가슴과 관련한 모든 경험을 아우른다. 의지 영역은 본능적 충동부터 의식적, 의도적 행위까지 다양하다. 교육의 과제는 의지가 느낌의 지배를 벗어나 사고의 지배를 받도록 이끄는 것이다.

미국의 신경학자 프랭크 윌슨Frank Wilson은 저서 『손: 손이 어떻게 두뇌와 언어, 문화를 만들어 내는가The Hand: How It Shapes the Brain, Language and Culture』에서 손을 제대로 쓸 줄 아는 사람에게는, 손을 정교하게 쓰는 법을 배우지 못한 사람이 만날 수 없는 세계가 열린다고 말했다. 그는 국영 라디오 방송 〈세상만사All Things Considered〉에 출연해 MIT(Massachusetts Institute of Technology)를 나온 직원들이 현장의 고참 직원들보다 문제 해결 능력이 떨어지는 것을 걱정하는 어떤 큰 컴퓨터 회사 부사장의 일화를 전했다. 알고 보니 고참 직원 중 70%는 차 수리를 직접 할 수 있고 20%는 스패너 정도는 능숙하게 다루는 사람들이었다. 하지만 학벌 좋은 신입 사원들 중에는 스패너를 제대로 만져 본 사람이 거의 없었다고 한다. 그 결과 복잡한 시스템을 이해하는 능력이 떨어졌다고 본다는 것이다.

윌슨은 손으로 터득한 세상에 대한 앎이 실제로 두뇌를 훈련하고 발달시킨다고 말한다. 손이 만지고 더듬고 조작할 때 두뇌의 신경 전달 경로가 새롭게 편성된다는 것이다.

스웨덴 출신의 신경 생리학자 매티 베리스트룀Matti Bergström은 이렇게 말했다.

"손가락 끝에 밀집된 신경 말단의 수는 어마어마하다. 손끝의 분별력은 눈에 비해 전혀 뒤지지 않는다. 손가락을 사용하지 않으면, 어린 시절과 청년기에 '손끝이 둔한' 사람으로 자라면, 이 풍부한 신경 그물망은 퇴화된다. 이는 두뇌에 큰 손실일 뿐 아니라, 개인의 균형 잡힌 성장에도 큰 장애가 된다. 시력을 잃는 것만큼이나 엄청난 손상이다. 어쩌면 더 나쁜 일일지도 모른다. 시각 장애인은 단지 대상의 겉모습을 보지 못하는 것이지만, 손끝이 둔한 사람은 세상의 내적 의미와 가치를 이해할 수 없기 때문이다.

우리가 아이들의 손가락을 훈련하고, 손 근육으로 창조적인 형태를 빚는 능력을 키워 주지 않았다는 건 아이들에게 세상의 온전함, 단일성을 이해하는 능력을 키워 주지 못했다는 것이고, 아이들의 미적 안목과 창의성 발달을 방치했다는 뜻이다.

지금까지 문화를 창조하고 발전시킨 사람들은 모두 이 사실을 이해하고 있었다. 하지만 정보를 탐닉하고 과학을 숭앙하며 참된 가치를 폄하하는 현대 서구 문명사회는 이를 까맣게 잊어버렸다. 우리는 '가치가 손상된' 사람들이다.

우리를 양육한 철학은 과학을 모든 것의 중심에 놓았고, 학교 역시 그 목적 아래 운영되었다... 그런 학교에는 손가락과 손의 자유로운 움직임과 창조적 가능성을 키우기 위한 시간이 전혀 배정되어 있지 않으며, 이는 아이들의 전인적 발달과 나아가 사회 전체의 균형 잡힌 발달을 가로막는다."

이 책은 발도르프 교과 과정이 유치원부터 상급 과정까지 어떻게 의식적으로 손을 훈련하고 성장시키고, 가슴의 힘을 통해 인식 능력을 강화하는지를 보여 주고자 한다. 그와 함께 공예 수업을 이끄는 실용적인 지침도 제공할 것이다.

데이비드 미첼

어린 시절에 수공예를 배운 아이들은 자기 손으로 실용적인 물건을
예술적으로 만드는 법을 알게 됩니다.
자신만이 아니라 타인을 위해 뭔가를 만들어 본 사람은 나이 들었을 때
삶이나 다른 사람들과 동떨어진 이방인이 되지 않을 것입니다.
그들은 자기 삶과 다른 사람과의 관계를 사회적이고 예술적인 방식으로
형성할 수 있을 것이며, 그로써 자기 삶 역시 풍요로워질 것입니다.

_루돌프 슈타이너

발도르프학교
담임 과정(1~8학년)

1. 수공예 수업

패트리샤 리빙스턴

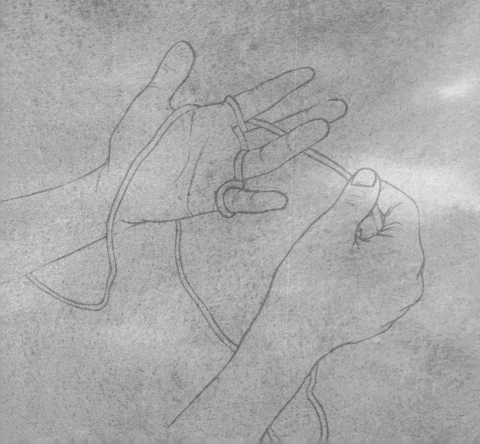

발도르프학교에서 수공예 수업의 중요성

우리는 손을 쓰는 작업에서 중요한 경험을 얻는다. 교사로서 우리는 아이들이 자기 손을 의식하고, 그 손이 자신과 다른 사람에게 얼마나 큰 축복을 줄 수 있는지 깨닫도록 도와주어야 한다. 아이들의 손은 튼튼하고 민감하며 마음먹은 대로 움직일 수 있어야 한다. 그래야 멋진 일들을 해낼 수 있기 때문이다. 눈이 보이지 않는 사람도 손을 통해 세상을 파악할 수 있다. 하지만 사람들 대부분은 손을 쓸모 있고 섬세하게 사용할 때 알 수 있는 것을 모른 채 살아간다. 예술과 음악을 생각해 보자! 몸을 쓰는 일과 집안일에서 얼마나 많은 것을 배울 수 있는지 생각해 보자. 악수도 그렇다. 상대의 손을 잡을 때 우리는 그 사람에 대해 많은 것을 알게 된다.

수공예를 비롯한 공예 수업은 예술적이면서도 상상력을 자극하는 방식으로 이루어져야 하며, 창조적 형태와 색채를 지닌 독창적인 디자인을 만들도록 독려해야 한다. 아이들은 새로운 방식으로 색을 사용하고, 쓰임에 걸맞은 디자인을 만드는 법을 배울 수 있어야 한다. 루돌프 슈타이너는 이런 수공예 수업을 위해 여러 가지 조언을 했다. 수공예 수업에서 특히 중요한 요소는 수채화와 형태그리기Form drawing다. 색을 만나는 경험, 그림 속에서 색이 서로에게 흘러들고 어우러지는 경험은 수공예 시간 안과 밖에서 이루어지는 모든 작업에 영향을 줄 뿐 아니라, 아이들 사고가 예술적이고 상상력이 풍부하게 성장하도록 도와준다.

우리는 아이들이 손으로 만드는 것을 좋아하고 즐기며, 능숙하게 손을 쓸 줄 아는 동시에 예술적 안목을 계속 키워 나가기를 바란다. 수공예는 편하고 재미있는 동시에 생산적이어야 한다. 결국 수공예는 강한 '의지 활동'이기 때문이다. 손을 움직여 작업하지 않았는데 무슨 작품이 나올 수 있겠는가! 자연 재료를 변형하는 과정에서 아이들 내면이 성장하고, 온전함에 대한 감각, 생명감각이 자란다. 수공예 수업은 다른 과목을 보충, 보완하면서 교육 활동 전체를 조화롭고 온전하게 만들어 준다.

성숙한 예술가의 공예 작품에는 사고, 감성, 의지 활동이 균형을 이룬다. 인간의 '의지'는 대부분 깊이 잠들어 있다. 발도르프학교의 수공예 수업은 아주 어린 나이부터 의지를 부드럽게 깨우고 교육한다.

의지를 일깨우는 것이 왜 중요할까?

'의지'는 궁극적으로 사고와 연결된다. 모든 발도르프학교 교사의 진정한 과제는 아이들이 명확하면서 상상력이 풍부한 사고의 소유자로 성장하도록 돕는 것이다. 어떤 직업, 어느 직종에서건 오늘날의 세상이 절실하게 필요로 하는 새롭고 창의적인 사고를 펼치는 사람으로 자라게 하는 것이다. 유치원부터 상급까지 발도르프 교육 과정 전체가 아이를 이 방향으로 이끈다. 유치원 시절의 상상 놀이는 나중에 어른이 되었을 때 창조적 사고로 활동할 내면의 능력을 키운다.

수공예와 공예는 아름다움, 색깔, 형태를 통해 아이들을 놀이 세계에서 살아 있는 사고의 세계로 넘어가도록 돕는 일종의 다리 역할을 한다. 사고를 일깨우는 과정에서 손은 아주 중요한 역할을 한다. 손가락의 움직임은 아이와 세상을 연결하는 감각을 자극하고, 마침내 사고 영역 전체를 움직이게 한다.

발도르프학교는 처음 설립 당시부터 전 학년에 걸쳐 수공예와 공예 수업을 진행해 왔다. 루돌프 슈타이너는 아이들을 성별로 나누지 않고 모두 같은 공예 수업에 참여하기를 원했다. 시대를 많이 앞서간 방식이었다. 1919년에 학교에서 남학생들에게 뜨개질을 가르친다는 건 상상하기 어려운 일 아닌가! 왜 이런 혁신적 변화를 주장했을까? 루돌프 슈타이너는 수공예 활동이 판단력을 강화해 주기 때문이라고 말했다. 판단은 상상력에서 나와 심장의 힘을 통해 이루어진다. 머리만이 아니라 인간 존재 전체가 판단을 내리는 과정에 참여하는 것이다. 수공예 활동에 얼마나 다양한 감각[01]이 쓰이는지 생각해 보자. 시각, 촉각, 운동감각, 균형감각 등 수많은 감각이 동원된다. 이 감각들을 통해 세상의 다양한 인상이 들어오고, 그 정보를 하나로 모아 판단을 내린다. 손을 통해 우리는 세상과 더 깊고 밀접한 관계를 맺게 되며, 그만큼 인류를 이해하는 눈 역시 깊어진다.

수공예 활동의 많은 부분이 깨어 있기, 사물 제대로 보기, 세부 사항 알아차리기와 상관있다. 최신 뇌 과학은 손을 움직이면 새로운 신경 전달 경로가 열리고, 사용하지 않으면 퇴화한다는 것을 밝혀냈다. 손과 눈을 함께 사용할 때 그 상호 작용 속에서 더 많은 신경 회로가 열리고 활성화된다. 이런 관점에서 보면 수공예 활동은 어린아이들에게 사고력을 훈련하는 과정이라고 말할 수 있다. 그리고 그 과정에 아름다움을 알아보는 안목, 풍부한 감성이 더 많이 포함될수록 지성적 사고는 더욱 창조적인 색채를 띠게 될 것이다.

수공예 수업에서는 동시에 수많은 일이 일어난다. 가장 중요한 것은 당연히 그 수업에 목표한 실용적 기술을 익히는 것이지만, 도구를 잘 다루고 재료를 소중히 여기며 제대로 관리하는 것도 중요하다. 만들고 싶은 작품에 대한 분명한 상을 떠올리고, 자기만의 디자인을 창조해서 아름답고 완성도 높은 작품을 끝까지 최선을 다해 만들어 나간다. 직접 작품을 만들고 그것을 실생활에서 사용하는 것은 무엇과

---

01 **편집부** 『12감각』 (푸른씨앗, 2016) 참조

도 비교할 수 없는 뿌듯한 경험이다. 이를 통해 진정한 자신감이 자라난다. 그렇기 때문에 우리는 모든 작품의 전 과정을 아이들 스스로 해낼 수 있도록 수업을 구성해야 한다. 교사가 대신 해 주어야 하는 '숨은 과정'이 있어서는 안 되며, 목표 시간 안에 과제를 끝내는 것도 중요하다.

목표에 이르기까지 도움의 손길과 격려가 더 많이 필요한 아이들도 있다. 이 아이들의 자신감과 성취감을 훼손하지 않으면서 적절하게 도움을 주는 지혜를 발휘해야 한다. 한 과목에서 얻은 자신감은 다른 과목으로도 이어진다. 수공예를 통해 활성화된 의지는 다른 모든 과목의 수행 능력을 한층 끌어올린다.

수공예 수업을 어떻게 진행하느냐에 따라 상당히 효과적인 치유 작업이 가능할 수도 있다. 발도르프 교사는 아동 발달에 관한 인지학적 관점을 이해하기 위해 끊임없이 공부하고 노력해야 한다. 이는 모든 교사가 평생 해 나가야 하는 과제다. 나이에 맞는 과제를 주고 지도하는 법을 배워야 하며, 큰 머리 아이와 작은 머리 아이 같은 체질 유형별 특성을 알아야 한다.[02]

무엇보다 기질을 이해하고 그에 따라 수업할 수 있어야 한다. 개별 아이가 필요로 하는 바를 정확하게 알아볼 수 있을 정도로 아이를 깊이 파악할 때 가능한 일이다. 이 아이가 앞으로 나아가게 하려

---

02 **편집부** 『발도르프학교의 아이 관찰』 (푸른씨앗, 2021) 참조

면 얼마나 도와주어야 할까? 천천히 작업하도록 지도해야 하는 아이
는 누구일까? 대충 성의 없이 만든 것을 다시 만들게 해야 할 수도 있
다. 우울질의 완벽주의자는 어떻게 지도해야 할까? 고학년 학생이라
면 이런 상황에서 자기가 자꾸 반복하는 경향성을 스스로 깨달아 가
는 것이 중요하다.

　아주 단순한 재료만으로도 많은 일을 해낼 수 있음을 체득함으로
써 응용력, 임기응변 능력이 자란다. 예전에는 손으로 하는 간단한 과
제들을 가정에서 쉽게 접할 수 있었지만 지금은 그렇지 않다. 단추 다
는 것을 한 번도 경험하지 못한 아이들이 수두룩하다. 줄을 당겨서 입
구를 조이는 모양의 주머니에 끈 꿰는 '비법'을 배울 때 아이들은 뛸
듯이 기뻐한다. 그런 기쁨을 경험한 아이들은 다른 문제를 맞닥뜨렸
을 때도 해결책 찾기에 적극적으로 나서고, 주변의 간단한 재료를 활
용해 문제를 해결할 줄 알게 된다.

　수공예 수업에는 자연에서 온 선물이 가득하다. 이를 통해 아이들
은 생태계와 사회의 상호 작용을 배운다. 작품을 만드는 과정에서 양
털과 목화 등 다양한 재료를 접하면서 그것들이 어디에서 왔는지, 천
연 염색 방법과 재료의 쓰임에 인류가 어떤 기여를 해 왔는지 등을 배
운다. 자연에게서 받은 귀한 선물을 감사히 여기며 존중하는 태도를
익히고, 인간과 자연이 어떻게 협력하며 살아가는지를 알아간다. 수
업 시간에는 되도록 천연 재료만 사용하는 것이 좋다. 실크나 양모의
촉감은 합성 섬유와 전혀 다르기 때문이다.(발도르프 유치원을 다닌 아이

들은 이 점을 잘 안다)

1학년 때 양모를 도입하면서는 양에 대한 이야기를 들려준다. 그
레이트 배링턴에 있는 루돌프 슈타이너 학교를 다니는 아이들은 학교
오는 길에 매일 양 목장을 지난다. 털이 자라면서 하루하루 거대하고
풍성해지던 양들이 어느 날 갑자기 털이 홀랑 깎여 앙상해진다. 다소
충격적일 수도 있는 광경이다. 그럴 때 우리는 양들이 너그럽게 털을
내어 준 덕에 목도리를 짤 수 있다는 이야기, 양털을 손질하고 다듬어
서 양모 실로 만드는 장인 이야기를 들려준다. 지푸라기를 자아서 황
금을 만드는 동화를 들었을 때의 경이로운 느낌을 아직 간직하고 있
는 아이들은 실잣기가 얼마나 '마법' 같은 일인지 안다. 뜨개바늘과
나무에 대해서도 이야기한다. 아이들은 자연의 선물을 귀하게 여기고
함부로 다루지 않는 마음가짐을 배운다. 고학년에 가서 새로운 소재
와 기법을 도입할 때도 매번 이런 식으로 함께 이야기를 나눈다. 연령
에 따라 대화 방식을 달리해서 지금 사용하는 재료가 무엇인지, 지금
배우는 기법이 무엇인지에 관해 충분히 설명한다. 적당한 나이가 되
면 현대 기술도 소개한다.

이 모든 과정은 아이들이 주변 세상과 올바른 관계를 맺도록 도와
준다. 중간 과정은 모두 증발한 채 원래 모든 물건이 가게에서 나오는
것처럼 보이게 만드는 세상, 어디서 어떻게 왔는지 모르는, 쉽게 버려
도 괜찮은 무가치한 재료로 만들었다고 생각하게 만드는 현대 사회로
인한 인간과 물건의 간극이 좁아진다. 요즘 아이들이 얼마나 엄청난

낭비와 소비에 둘러싸여 살아가는지를 생각하면 정말 소중한 인식이 아닌가. 수공예 수업에서 아이들은 자연계에 대한 실질적인 앎과 자연을 귀하게 여기는 태도를 배우며, 현대의 고질병인 환경 문제를 인식한다. 우리는 이들이 제대로 된 사회적 의식을 갖고 새로운 눈으로 세상을 볼 수 있도록 도와주어야 한다.

수공예 교사

아름다움을 느끼는 감각은
상상적 표상 속에 살 수 있는 능력을 의미합니다.
먼저 교사 스스로 익혀야 하는 것이 바로 이 능력입니다.
_루돌프 슈타이너

다른 발도르프 교사들과 마찬가지로 수공예 교사 역시 인지학의 기본 개념을 공부해야 한다. 아동 발달과 교과 과정에 대한 이해도 충분해야 한다. 색채 감각을 일깨우고 형태와 공간 감각을 키우기 위해 수채화, 형태그리기, 오이리트미Eurythmie도 경험해야 한다.

수공예 교사는 자기 중심이 뚜렷하고 아이들에게 진정한 관심을 기울일 줄 알며, 유머 감각이 있어야 한다. 그러기 위해서는 루돌프 슈타이너의 저술과 강의록을 꾸준히 읽고 공부하여 안정된 정신적 토대를 만들어야 한다. 자기 개발을 위해 얼마나 노력했느냐에 따라 교사 스스로 느끼는 자신감과 안정감은 물론 아이들이 수업에 임하고 교사에게 반응하는 태도에 큰 차이가 생긴다.

자기 교육은 교육 활동을 하는 내내 지속되어야 한다. 발도르프 교사를 위한 모든 강의와 워크숍을 최대한 활용해서 참여해야 학교에서 일어나는 모든 일에 내적으로 동참할 수 있다. 이럴 때 수공예 교사가 참여해서 도움을 줄 수 있는 다양한 영역들이 열릴 것이다. 수공예 교사는 대개 실용적인 일에 능하며, 시간표상 학교에서 벌어지는 수많은 행사와 활동에 참여할 수 있는 여유가 있다. 수업 결손 시 훌륭한 대체 교사 역할을 할 수 있으며, 연극 의상 제작이나 학교 축제, 행사에 힘을 보탤 수 있다. 바자회나 전시회를 준비할 때도 수공예 교사의 안목이 필요한 곳이 많으며, 이는 교사 자신에게도 귀한 경험인 동시에 학부모들과 친해질 수 있는 좋은 기회다. 이렇듯 다양한 영역에 기여하다 보면 수공예 교사는 학교 공동체에서 아주 중요하고 존경받는 구성원으로 자리매김한다.

수공예 교사가 지속적으로 책임지고 관리할 영역은 무엇일까? 사실 그 영역은 아주 많기 때문에 계획적이고도 체계적이어야 한다. 수업이 많은 교사라면 반복과 리듬이 적절하게 존재해야 편하게 숨 쉴 수 있고, 덜 피곤하게 더 많은 일을 할 수 있다. 무엇보다 아이들 작품을 살피고, 다음 날 수업을 준비할 시간을 확보해야 한다. 주 1회 교사 회의와 방과 후 보충 수업을 위한 시간은 물론, 가정을 위해 할 일 역시 하루 일과에 적절하게 배분해야 한다. 뉴욕에서 수업하던 시절에 나는 학교 가는 길에 장을 보았다. 출근하면서 저녁에 무엇을 먹을지 계획을 세웠고, 어떤 날은 집에서 나오기 전에 미리 저녁 준비를 해 놓기도 했다.

중요한 일 순서로 시간을 배분해 놓으면 하루와 한 주의 일과가 리드미컬하게 흘러갈 수 있다. 나는 중요한 일 목록에 사색과 명상을 위한 시간을 꼭 집어넣는다. 우리가 수업과 일상을 리듬과 들숨 날숨이 조화롭게 살아 있도록 이끌 때, 아이들의 집중력이 좋아질 것이며 교사 역시 그러할 것이다.

수업 질서

수업 질서는 어떻게 잡아야 할까? 질서가 단순히 규칙 목록을 말하는 것은 아니지만, 교사가 아이들에게 요구하는 사항에는 반드시 일관성이 있어야 한다. 수업 질서를 잡는 것은 아이에 대한 관심에서 출발해서 겉으로 드러난 행동 이면에 숨은 문제나 특성에 대한 깊은 이해로 나가는 창조적인 과정이다. 교사 스스로가 행동에 절제력이 있고 원칙에 따라 행동할 줄 아는 것이 중요하다. 그렇지 않으면 아이들이 교사를 마음으로 존경하지 않는다. 개별 아이와 학급 전체의 특성을 파악하기 위해서 담임 교사와 긴밀하게 의사소통해야 한다. 담임 교사 수업과 다른 전문 과목 수업을 참관하는 것도 대단히 좋은 방법이다. 그러면 아이의 행동이 상황에 따라 어떻게 달라지는지 알 수 있다. 수공예 교사에게 근심거리인 아이가 다른 수업에서 별처럼 빛나는 경우가 드물지 않다. 물론 반대인 경우도 있다. 미리 교실에서 벌어질 수 있는 일을 생각해 두면 아이의 예상치 못한 행동에 부적절하게 대응하는 참사를 피할 수 있다. 아이를 제대로 이해하는 것이 핵심이다.

정기 교사 회의나 일상에서 수시로 나누는 아이 관찰과 수업 이야기에 교사 자신의 경험이 더해지면서 아이에 대한 이해가 쌓여 간다. 루돌프 슈타이너는 교사들에게 매일 잠자리에 들기 전에 모든 주관적 판단을 내려놓고 가능한 한 객관적으로 아이 하나하나의 상을 떠올리라고 했다. 이 연습을 매일 하다 보면 관찰하는 눈이 섬세해지는 한편, 가치 있고 건설적인 통찰력이 자라기 때문에 문제 해결을 위한 실질적인 방안을 찾아 낼 수 있다.

발도르프학교에서는 성장하는 아이들의 의식 변화를 중심에 놓고 교육한다. 1학년 아이들에게 교사는 하늘 높은 곳에서 빛나는, 든든하고 믿음직한 태양 같은 존재다. 아이들은 교사의 지도와 안내를 존중하고 따른다. 이때는 아이들의 타고난 모방 능력을 근간으로 수업을 이끈다. 학년이 올라가면서 의식 상태, 모방 능력 등 모든 것이 조금씩 달라지기 때문에 연령에 적합한 수업을 위해서는 아이들의 상태에 따라 수업 방식과 규칙, 그리고 우리 자신이 달라져야 한다. 저학년 아이들에게는 상상력이 풍부한 꿈의 언어로 이야기해 줄 때 우리가 전달하려는 내용을 훌륭히 소화할 것이다.

하지만 학년이 올라가고 아이들이 달라지면 교사도 달라져야 한다. 이미 벗어난 과거의 단계에 아이들을 붙잡아 두어서는 안 된다. 아이들 생활과 그날의 소식, 사건들을 잘 파악하고 있어야 지혜로운 조력자로 교실에서 벌어지는 대화에 참여할 수 있다. 그러면 아이들 내면에서 이런 질문이 생겨난다. '이 사람은 누구지? 이 사람은 세상과 어떤 관계를 맺고 있지?' 무엇보다도 하루에 여러 학년을 만나는 수공예 교사는 유연하게 태도를 전환할 줄 알면서도 올바른 권위를 유지하는 법을 배워야 한다.

기질과 수업

기질에 대한 이해가 깊어질수록, 기질을 '거스르는' 대신 기질에 '맞게' 대하는 법을 배울수록, 아이의 본모습을 알아보는 통찰력과 이해가 커진다. 루돌프 슈타이너를 비롯한 여러 사람이 쓴 기질에 대한 자료[03]를 배경지식으로 갖고 있어야 하지만, 아이 다루는 법, 각 기질의 균형을 잡아 주는 방법에 대한 감은 관찰과 경험을 통해 익혀야 한다.

아이에게 어느 한 기질이라는 꼬리표를 단단히 붙여 버리거나 다른 세 가지 기질적 특성을 간과하지 않도록 주의하고 또 주의해야 하

---

03 **편집부** 『인생의 씨실과 날실』 (푸른씨앗, 2017) 참조

지만, 한 기질이 극단적으로 강한 경우를 알고는 있어야 한다. 나는 담즙질 성향이 아주 강한 남자아이를 가르친 적이 있다. 많은 면에서 영리하고 출중했지만 모든 수업에서 자기 맘에 들지 않으면 화를 내고 제멋대로 굴었다. 수공예 역시 뛰어나게 잘했고 작업 하는 동안은 조용하고 원만했지만, 다음 단계 설명을 기다리거나 교사의 도움을 받기 위해 줄을 서야 하는 상황에서는 두려움의 대상으로 돌변했다. 수업이 끝나고 아이들마다 필요로 하는 바를 파악하기 위해 작품을 살펴볼 때 담즙질 아이들의 것은 특히 유심히 살핀다. 앞서 언급했던 학생의 경우 과제가 거의 끝나간다 싶으면 수업 초반에 이렇게 말했다. "하던 작업이 끝나 선생님께 검사 받으러 오면 5분이나 10분쯤 기다려야 할 수도 있어요. 기다리는 동안 원하면 책을 꺼내 읽으세요."

　담즙질 아이들은 남들보다 앞서거나 1등이 되려는 마음이 크기 때문에 기다리는 것을 끔찍하게 싫어한다. 따라서 미리 이렇게 안내해 줄 필요가 있다. 이 방법이 효과를 거두려면 교사는 자기가 한 말을 반드시 이행해야 한다.(그 아이는 손목시계로 시간을 쟀다) 약속을 지키면 교사와 아이 사이에 신뢰가 쌓인다. 그 신뢰는 나중에 다른 문제가 생겼을 때 큰 도움이 될 것이다. 담즙질 아이들은 당신이 힘 있고 명확한 사람이라는 것을, 그리고 당신이 그들을 사랑하고 두려워하지 않는다는 것을 알아야 한다. 그러면 만사가 문제없이 풀릴 것이다.

　우울질 아이들은 대체로 자신감이 없고 다음에 무엇을 할지, 무슨 색을 선택할지 쉽게 결정하지 못한다. 이들의 어려움은 담즙질과는 사뭇 다르다. 색깔을 고를 때 지나치게 심사숙고하느라 작품을 시작하지도 못하는 아이가 있었다. 그 아이는 항상 "선생님은 어떻게 생각하세요?"라고 물었다. 그래서 한 번은 이렇게 대답했다. "글쎄, 파랑이 어떨까. 아니면 초록이나 보라를 써 볼 수도 있겠지. 다른 색깔 중에 마음에 드는 것이 있니?" 사실 나의 관심사는 색깔 자체가 아니라 아이 스스로 자신 있게 선택할 용기를 불어넣는 것이었다. 힘을 주려는 나의 마음을 느끼자 아이는 마침내 용기를 끌어내 놀라운 안목으로 적절한 색을 선택했다.

다혈질 아이들의 문제는 또 다르다. 이들은 한군데에 가만히 있지를 못한다. 작업에 집중할 수 있도록 교사 옆자리에 앉히고 몇 분마다 한 번씩 작업을 살피면서 "몇 코 더 뜨세요."라고 이야기해 주어야 하는 경우가 많다. 보통 다혈질 아이들은 교사 옆에 앉는 것을 좋아하고 잘 만들고 싶은 마음도 많지만 일단 집중하기가 어렵다. 교사가 이들의 흥미를 잡아 주어야 한다. "한 줄만 하세요. 그 다음 줄은 선생님이 해 줄게요." 가끔은 이런 방법도 쓴다. 잠시도 가만히 있지 못하는 다혈질 아이를 위해 교실 밖으로 심부름을 보내기도 했다. 뉴욕시에 있는 학교에 있을 때는 1학년 아이에게 종이쪽지를 주고 정문 근처 행정실까지 다섯 층을 내려가 답을 받아오라는 심부름을 시켰다. 모험을 했다는 기쁨과 만족감에 가득 차서 돌아온 아이는 다시 작업에 몰두할 수 있었다. 물론 행정 선생님은 이런 상황에서 어떻게 대응해야 하는지 잘 알고 있었다.

나는 점액질 아이들에게 특히 주의를 기울였다. 이들은 속내를 잘 드러내지 않아 오해하기가 쉽기 때문이다. 이들과 친해지고, 실제로 이들이 얼마나 섬세하고 영리한지를 깨닫는 데는 많은 시간과 노력이 필요하다. 몸이 잠들어 있는 것처럼 보인다고 해서 머리까지 잠들어 있는 것은 아니기 때문이다. 점액질 아이들 중에 뜨개질을 좋아하고 잘하는 경우가 많다. 코 줄이기처럼 복잡한 과제를 쉽게 이해하고 꼼꼼히 해낸다. 하지만 속도가 아주 느리거나 작업 자체를 좋아하지 않는 경우가 많기 때문에 교사의 주의와 관심이 필요하다. 긍정적인 기대와 격려가 있을 때 타고난 점액성에서 빠져나올 수 있다. 일단 움직이기 시작하면 빛을 발한다. 나는 이 아이들을 방과 후에 따로 불러서 작업 진척을 도와주는 경우가 많았다. 사실 모든 아이에게 같은 기회를 주었지만 제일 자주 오고 싶어 하는 건 점액질 아이들이었다. 방과 후에 남으라는 제안만으로도 대부분의 아이는 수업 시간에 한 눈 팔지 않고 열심히 작업하기 때문에 따로 찾아올 필요가 없어지기 때문이다

색깔과 디자인의 중요성

요즘에는 물건의 색깔, 디자인 그리고 기능 사이에 유기적 관계가 존재한다는 인식이 희미해지고 있다. 일상에서 흔히 사용하는 물건이

나 옷에서 그 관계성이 명확하게 드러나지 않는 경우가 많아지고 있다. 빵 도마는 고양이 모양, 어린이용 칫솔 손잡이는 미키마우스 모양이다. 옷에는 온갖 이미지가 아무데나 달려 있고, 색깔 사용도 맥락이 없다. 모든 것이 제멋대로인데 혼돈 자체가 목적인 것처럼 보일 정도다.

미래에 사물의 색깔과 형태, 기능을 다시 하나로 통합시키는 예술가가 자라날 수 있도록, 우리는 아이들에게 주변 사물과 더 깊이, 창조적으로 연결하려는 의지를 키워 주어야 한다. 수공예와 공예 수업은 색깔과 형태를 생동감 있게 결합시켜 볼 수 있는 좋은 기회. 영국 옥스퍼드에서 강의한 『교육 예술의 영혼-정신적 근본력. 교육과 사회적 삶 속 정신적 가치Die geistig-seelischen Grundkräfte der Erziehungskunst. Spirituelle Werte in Erziehung und sozialem Leben』(GA 305)에서 루돌프 슈타이너는 이렇게 말했다.

"아이들이 색깔을 올바로 경험하는 것은 말할 수 없이 중요합니다. 아이들은 팔레트에 짜 놓은 물감이 아니라, 미리 물에 희석해서 유리병에 담아 놓은 물감으로 그림을 그리게 해야 합니다. 그러면 아이는 한 색깔이 다른 색깔과 어떻게 만나는지를 느낄 수 있고, 색깔 사이의 내적 조화를 느낄 것이며, 그 관계성을 내면에서 경험할 것입니다."

우리는 수채화에서 얻는 이런 경험들을 수공예와 공예 활동으로 가지고 와서, 아이들이 작품의 디자인과 형태가 돋보이는 방향으로 색을 조합하도록 지도해야 한다. 우리는 미술 수업[04]의 경험이 수공예 시간으로 연결되면서 아이가 색을 지각하고 느끼는 감각이 어떻게 강화, 확장되는지 알아볼 수 있다. 독자적 예술 분야인 형태그리기 역시 아이들이 작품 디자인에서 나름의 창조성을 표현하는 데 일조한다.

디자인은 작품과 의미 있는 관계를 지녀야 한다. 식탁보에는 접시 놓을 부분은 비워 두고, 손수건 역시 가장자리를 따라 수를 놓는다. 가방 만들 때는 여닫느라 손이 닿는 부분은 밝은 색, 물건을 담아 보호하는 부분은 어두운 색을 사용한다. 리코더 주머니에도 같은 원칙을 적용한다.

수공예 시간에 크레용으로 할 수 있는 간단한 색깔 연습이 있다. 이 연습은 아이들에게 색깔 특성을 알아보는 눈을 키워 준다. 먼저 밝은 색으로 면을 이용해 원을 그린 다음 주위에 다른 색으로 동심원 두 개를 그리는데, 바깥쪽으로 갈수록 진한 색을 칠한다. 완성된 그림들을 칠판에 붙여 놓고 어떤 그림이 정말 밝은 색에서 어두운 색으로 넘어가는 느낌을 주는지 함께 관찰한다. 빨강이 초록보다 더 어두운가? 노랑은 언제나 가장 밝은가? 이 연습을 통해 아이들은 디자인에서 색을 더 의식적으로 사용할 수 있게 된다.

04 편집부 『발도르프학교의 미술 수업』(푸른씨앗, 2015) 참조

아이들은 학년이 올라가면서 여러 종류의 전통 자수를 배운다. 가장 중요한 것은 디자인할 때 사용할 수 있는 새로운 방식의 수놓기를 배운다는 점이다. 예를 들어, 빗금 그림처럼 한 방향으로 기울어진 사선 스티치로 공간을 채우는 기법이 있다. 이 기법에는 디자인에서 대조 요소가 필요할 때 사선 스티치의 방향을 바꾸는 방법이 있다. 상급 학년에서는 이 기법을 응용해서 다양한 디자인을 만들 수 있다.

솜씨 좋은 아이들

손재주가 좋아 뛰어나게 아름다운 작품을 빨리 완성하는 아이들에게는 특별한 과제를 준다. 나는 그 아이들에게 나눔의 마음을 키워 주고자 학교 바자회에서 판매할 물건을 만들거나, 학교에 영구 전시하도록 기증하라고 제안한다. 수공예 교실에 놓고 함께 사용할 공동 바늘집이나 바늘꽂이 같은 물건도 좋다. 처음에는 이런 제안을 달가워하지 않다가도 다른 아이들이 작품을 내고 싶다고 말하면 분위기가 금방 바뀌면서 작품을 기증하는 것을 자랑스럽게 여기게 된다.

고학년이라면 기본 과제를 아름답고 빠르게 완성한 아이들에게 각자의 재능과 솜씨에 맞게 난이도 있는 두 번째 과제를 준다. 수업 도우미가 되어 다른 친구들을 도와줄 수도 있다. 아이들이 서로의 작품과 배움에 관심을 가질 때 학급에 진정한 공동체 의식이 형성된다.

수공예 교실

    딱히 주의를 기울여 관찰하지 않더라도 아이들이 주변에서 보는 사물은 매우 큰 영향을 미친다. 낮에 아름다운 사물이나 그림을 보았다면 잠자는 동안 그 상이 텔레비전에서 본 아름답지 않은 표상의 영향을 줄여 준다. 수공예 교실을 따로 만들 수 있는 여건이라면 벽과 커튼의 색깔을 아주 신중하게 선택해야 한다. 벽에 그림을 걸 때는 옛 건축물이나 괴테아눔의 아름다운 형태나 디자인, 혹은 형태의 변형을 형상화한 예술품을 선택한다. 수공예를 하는 사람의 모습을 담은 유명한 그림이나 실제 공예품을 걸어 놓을 수도 있다.

    수공예 교실의 분위기와 꾸밈은 아이들에게 대단히 중요하며, 이는 결국 수공예 교사의 예술성에 달려 있다. 처음 공간을 꾸밀 때는 미술이나 목공 교사에게 조언을 구하는 것도 좋다. 이들은 당신이 필요한 것을 어디서 어떻게 구할지 알려줄 수 있다. 그러나 수공예실 특유의 따뜻함과 편안함은 바구니와 털실 같은 형형색색의 수공예 재료를 어떻게 정리하는가에 달려 있다.

수공예 보조 교사

보조 교사와 일할 때는 어떤 협력 관계를 만드느냐가 무엇보다 중요한 과제다. 어설픈 두세 명보다 괜찮은 도우미 한 명이 훨씬 낫다. 잘 훈련된 보조 교사가 있으면 수십 명의 학급을 둘이서 거뜬히 수업할 수 있다. 보조 교사가 필요한 것을 배우도록 돕고, 잘 훈련시키는 것은 수공예 교사의 책임이다. 매일 시간을 확보해 함께 수업을 돌아보고 아이들 작품을 점검하고 수정하며, 어디가 잘못되었고 어떻게 가르칠지 이야기를 나눈다. 아이 특성과 작품 이야기를 나누면서 보조 교사는 수업의 교육적 의미와 구체적 요령들을 배울 수 있다. 당연히 아이들에 관해 나눈 이야기는 결코 발설해서는 안 된다는 점을 충분히 숙지한 상태여야 한다.

모든 교사는 수업할 작품을 미리 만들어 보아야 한다. 보조 교사 역시 예외가 아니다. 직접 만들어 보아야 아이들이 어떤 부분에서 어려움을 겪을지 미리 파악할 수 있고, 수업 중에 빠르고 효율적으로 학생을 지도하고 작품을 고쳐 줄 수 있다. 수공예 교사가 전체 수업을 이끄는 동안 보조 교사는 속도가 느리거나 어려워하는 아이들을 맡아 지도한다. 나중에 충분히 준비가 되었다 싶으면 역할을 바꾸어 수공예 교사가 도움이 필요한 아이들을 맡고 보조 교사가 수업을 이끌게 한다. 처음에는 쉽지 않겠지만, 수습 교사에게는 의식을 확장해서 교실 전체를 관조하는 눈을 키울 수 있는 좋은 훈련이다.

규모가 작은 학교라면 요청할 때만 와서 잠깐 도와주는 자원봉사 도우미로도 충분할 것이다. 하지만 그들에게도 기본 사항에 대한 사전 안내는 있어야 한다. 관심이 있고 기꺼이 시간을 낼 수 있다면 그들에게도 의미 있는 경험이 될 것이다. 내가 이끄는 수업의 보조 교사였다가 나중에 담임 교사나 과목 교사, 유치원 교사 혹은 수공예 교사가 된 사람이 적지 않다. 정교사가 되기 전에 수업 이끄는 법을 배울 수 있는 신입 교사는 정말 운이 좋다. 수공예 수업이나 유치원에서 보조 교사로 일하는 것은 귀중한 경험이다. 나도 훌륭한 미술과 수공예 교사이자 미국에서 첫 번째 발도르프학교를 설립한 아르비아 에게 Arvia Ege 선생님 수업에서 3년 동안 보조 교사로 일했다. 그분께 나는 경험과 영감, 그리고 가르치는 일에 대한 큰 사랑을 배웠다. 수공예 교사로 일하며 배운 미술과 공예, 아이들을 이해하는 눈, 그밖에 다른 교사들과 함께 일하면서 터득한 모든 것을 돌아볼 때 나는 수공예 수업이야말로 진정한 자기 성장의 길이라고 생각한다. 또한 의지를 키우고 훈련하는 길이기도 하다. 같은 이상을 바라보며, 그 이상을 구현하기 위한 나의 노력을 지지하는 사람들과 함께 일할 수 있었던 것은 내가 언제까지나 감사할 귀한 은총이다.

유치원

유치원 수공예 활동에 대한 질문을 자주 받는다. 가장 중요한 것은 그 연령 아이들에게 적합한 활동이 무엇인지를 파악하는 것이다. 다음은 유치원 교사인 도라 돌더Dora Dolder가 유치원 아이들이 손으로 할 수 있는 창조적인 작업을 소개하는 내용이다. 이 작업들은 학교에 입학하면서 시작하는 정식 수공예 수업의 준비 과정으로도 더할 나위 없이 훌륭하다.

유치원 수공예 활동

도라 돌더

모방의 힘이나 움직임에 대한 자연스러운 욕구 등 아동기의 특성이 건강하게 살아 있는 아이들을 수공예로 안내하는 일은 그리 어렵지 않다. 실용적 활동에서 자신을 표현하려는 의지가 유치원 연령 아이들의 근본적인 힘이기 때문이다. 유치원 수공예 활동은 학교에 입학해서 만날 수공예 수업과 본질적으로 다르다. 학교 수업에서는 연습하고 배우고 작품 만드는 과정이 단계별로 차례차례 진행되지만, 유치원에는 신나는 실험과 모방, 새로운 창조성만 존재한다. 모든 것이 아직 창조적 놀이 상태인 것이다. 행위와 환상이 끊임없이 서로의 영역을 넘나든다.[05]

---

[05] 편집부 『발도르프 킨더가르텐의 봄여름가을겨울』(푸른씨앗, 2021) 참조

우리 유치원의 수공예 활동은 야외에서 자연과 함께 시작한다. 유치원 마당에는 무수한 가능성이 널려 있다. 아이들의 생활과 놀이 속에 자연은 늘 함께한다. 아이들은 꽃봉오리와 나뭇잎, 솔가지, 풀잎, 털실 조각, 과일 껍질, 씨앗, 모래, 돌멩이, 진흙을 가지고 무언가를 만들며 논다. 겨울도 예외가 아니다. 눈으로 얼마나 멋진 것들을 만들 수 있는가. 그 수많은 활동을 다 담기에는 어떤 지면도 충분하지 않을 것이다. 아이들은 모든 감각을 통해 세상의 계절 변화와 자연 속 움직임을 파악한다.

나무에 물이 오르고 마당 가운데 소나무에서 솔방울이 떨어지는 봄이 오면 모든 아이가 좋아하는, 가장 활동적이면서도 차분한 놀이가 시작된다. 우리는 그것을 '요정 정원 만들기'라고 부른다. 먼저 떨어진 꽃봉오리와 꽃잎, 풀잎, 조약돌을 한 아름 모아 온 뒤, 솔방울의 벌어진 틈새에 하나씩 끼워 넣는다. 마음만 급하고 손은 서툰 아이들도 즐겁게 해낼 수 있는 활동이다. 작은 나무 한 그루가 피어나면 주위로 작은 세상을 만들어 준다. 마당에서 가져온 예쁜 자연물을 실로 연결하고, 감싸고, 땋고, 안에 넣고, 쌓아 올린다. 아이들의 풍성한 상상력으로 생명을 얻은 사물들은 이제 마당에서 흔히 보던 돌멩이와 솔방울 이상의 새로운 존재로 거듭난다.

여자아이들이 특히 좋아하는 '예술'은 나뭇잎 엮기다. 너무 부드러운 잎사귀나 거친 솔가지는 이 작업에 적합하지 않다. 나뭇잎을 잘 엮기 위해서는 꼼꼼하면서도 손끝이 섬세해야 한다. 정성스레 엮은 나뭇잎이 왕관이나 작은 모자, 또는 작은 바구니가 될 때 아이들의 기쁨은 하늘을 찌른다. 혹시라도 찢어지면 다시 나뭇잎을 주워와 만들면 된다. 이는 5, 6세 아이들에게 적합한 활동으로, 아이들 기질을 가늠할 수 있는 효과도 있다. 교사는 시작부터 끝까지 곁을 지키며 필요할 때 도움을 주어야 한다. 아이들 활동을 주의 깊게 관찰하면서도 자연스러운 흐름에 방해가 되지 않도록 개입은 최소화한다. 아이들은 각자의 상상력과 솜씨로 빗자루나 먼지떨이를 만들고, 화환과 목걸이를 만든다.

가을에는 색색의 단풍과 열매들이 새로운 영감의 원천이 된다. 이 시기에 아이들이 지칠 줄 모르고 빠져드는 두 가지 놀이가 있다. 첫 번째는 '밀가루 빻기'다. 바싹 말라 바스락거리는 낙엽을 손으로 문질러 가루를 낸 다음 물을 섞으면 마법처럼 멋진 색을 볼 수 있다. 아이들은 나뭇잎, 꽃봉오리, 견과류 껍데기, 버찌에서는 어떤 색이 나오는지 알아보고 싶어 눈을 반짝인다. 으깬 재료에 물을 붓고 잘 섞은 다음, 건더기를 꼭 짜낸다. 이 물에 새하얀 천을 담그면서 아이들은 까르르 웃고 즐거움에 겨워 춤을 춘다. 색이 너무 묽어서 옅은 갈색이나 노랑, 빨강, 초록밖에 안 나와도 상관없다. 그렇게 물들인 천으로 작은 인형을 만들 때 아이들의 얼굴은 다시 환해질 것이기 때문이다.

아이들은 다양한 자연물을 정성껏 다듬고 만지는 과정에서 상상력이 풍성하게 자라는 동시에 창조의 기쁨을 배운다. 아직 꿈꾸는 공감 의식 상태에서 생명으로 가득 찬 세상의 다양한 형태와 색깔, 움직임을 지각한다. 세상에 대한 경외심이 우리 영혼에 얼마나 건강한 생기를 불어넣는지 잊어서는 안 된다.(획일화되고 평면적인 레고 놀이는 정반대 효과를 낸다) 이런 놀이를 통해 아이들은 자연물 채집, 열매 따기, 실로 묶기, 매듭짓기, 바느질하기, 염색하기, 톱질하기, 추수하기, 맷돌질하기, 빵 굽기처럼 기본적인 인간 활동을 체험한다. 놀이와 일이 한 몸인 시절을 거쳐 아이들은 실제 삶 속으로 들어간다. 이런 어린 시절의 합일 경험은 학교에 들어가 대바늘로 벙어리장갑을 뜨고 코바늘뜨기를 배우면서 실제 능력으로 변형된다. 그때 비로소 살아 있는 앎이 빛을 발한다.

천연 염료로 물들인 양모는 늘 새로운 쓰임새를 주는 순수하고 아름다운 재료다. 양모로는 모래나 찰흙, 밀랍과 사뭇 다른 아름다운 만들기를 할 수 있다. 색색의 양모가 담긴 바구니를 보면 아이들은 누구나 손을 뻗어 새털처럼 가볍고 부드러우며 투명하기까지 한 조직을 만지작거리고 싶어 한다.

양모를 수업에 도입할 때 할 수 있는 활동으로 아이들이 특히 좋아하는 것은 '구름 만들기'다. 양모를 한 뭉치씩 나누어 주면 아이들은 속이 비치는 커다랗고 둥근 구름이 될 때까지 양손을 교대로 움직이며 조심스럽게 뜯어 부풀린다. '눈 오는 밤'이나 '먹구름 놀이'를 실컷 했다 싶으면 두 손 사이에 구름을 가볍게 쥐고 살살 굴리면서 공 형태를 만들어 나간다. 손바닥 속에서 양모의 온기를 느끼며 형태를 잡아가는 동안 구름은 점점 작아진다. 계속 굴리고 뭉치다 보면 마침내 작고 단단한 공이 된다. 이 작은 공을 손바닥 위에 올려놓고 이리 저리 굴리기도 하고 둥글게 둘러앉아 방향을 바꿔 가며 서로 주고받기도 한다.

언제 해도 싫증나지 않고 매력적인 놀이다. 아주 어린 아이들과 할 때는 노래나 시만 곁들여도 충분하지만, 큰 아이들에게는 역동적 요소를 첨가한다. 예를 들어 손바닥 위에 양모 공을 올려놓고 입으로 훅 불어 날리면 다른 아이가 떨어지기 전에 받는 식이다. 손바닥을 오목하게 손가락을 구부려 공간을 만든 다음 깃털처럼 가볍고 둥근 공을 올려놓고 가볍게 불면 양모 공이 손바닥 안에서 빙그르르 춤을 춘다. 손바닥 안에서 구르던 이 '빙글이'는 입김을 멈추면 잠시 정지하고, 입김을 불면 다시 춤을 춘다. 즐겁게 놀면서 연습하다 보면 양모 공과 호흡, 손이 딱 들어맞는 지점을 찾게 될 것이다. 작은 '빙글이'의 모양을 바꿔 볼 수도 있다. 손바닥의 형성력 감각이 깨어나면 적당한 힘으로 살짝 눌러서 둥근 공을 달걀 모양으로 쉽게 바꿀 수 있다. 형태가 조금만 바뀌어도 '빙글이'의 움직임은 현저히 달라진다. 어린아이들의 조절하는 재주는 놀랄 만큼 뛰어나다.

이제 '빙글이'의 끝을 엄지와 검지로 살짝 비틀어 주둥이를 만들어 보자. 공은 손바닥을 둥지 삼아 앉아 있는 작은 새로 변한다. 새의 형태가 구체적으로 완성되지는 않았지만, 어쩌면 그렇기 때문에 모든 아이가 기쁨과 애정이 담긴 눈으로 새를 바라볼 것이다. 얇은 종이나 천을 오려 날개를 만들어 두어 번 홈질해서 달아 준다. 새가 완성되면 실을 매달아 마리오네트처럼 움직일 수 있도록 나무 막대에 연결한다. 아이는 새와 함께 신나게 뛰어다닌다. 양모 한 뭉치와 두 손만으로 이렇게 풍성한 놀이를 만들 수 있다. 손을 이용해 양모로 형태를 만들고, 바느질로 고정하고, 다른 색깔 양모로 감싸거나 천을 덧대면 훨씬 다양한 변형이 가능하다.

똑같은 양모 공으로 시작했지만 어떤 아이 손에서는 토실토실한 어린 양이, 다른 아이 손에서는 꼬리 긴 여우가, 또 다른 아이 손에서는 포동포동한 토끼나 호리호리한 난쟁이가 탄생한다. 창조의 순간에 이들은 생명을 얻고 놀이 속에서 그 존재들의 세계가 확장된다. 아기 양은 목동과 양치기 개 옆에서 풀을 뜯고, 여우는 동굴 속에 들어가고, 토끼는 땅을 파고, 난쟁이는 백설공주 옆에 선다.

입학할 때가 된 아이들은 스스로 이야기를 지어서 주변 사물로 장면을 꾸미기도 한다. 색깔 천, 돌멩이, 나무뿌리, 나무토막을 가져다가 방구석이나 탁자 위에 작은 무대를 만든다. 즉석에서 떠오르는 흐름에 따라 작은 인형들은 소꿉놀이나 동화 속 등장인물로 순간순간 역할이 바뀌면서 놀이를 살아 있게 만든다. 유치원 동생들은 이 작은 극장의 관객이 되어, 움직이고 말하고 모험을 벌이는 인형들의 이야기에 넋을 놓고 빠져든다.

그러다가 아이들(6, 7세 무렵)이 더 이상 양모 뭉치로 모든 등장인물을 표현하는 데 만족하지 못하는 순간이 찾아온다. 인형에게 역할에 맞는 옷과 장신구를 입히고 싶어 한다. 인형 만들기를 할 때가 된 것이다. 새로운 기술을 경험하는 한편, 협동하는 법을 배울 기회다. 보름달처럼 둥근 양모 공을 직사각형 천(당연히 직접 염색한 천) 위에 올린다. 한 아이가 양모 공을 천으로 감싸 둥근 머리를 만든 다음 그 밑을 손으로 꼭 쥐고 있으면 다른 아이가 실로 목 부분을 동여맨다. 밑으로 늘어진 천의 네 귀퉁이를 각각 묶어 손과 발을 표현한다.

여름 내내 실크처럼 매끈하거나 벨벳처럼 보드라운, 혹은 거친 질감의 꽃과 나뭇잎을 가지고 논 아이들은 목동의 망토를 만들 천의 색깔과 질감은 왕의 옷과 달라야 한다는 것을 잘 안다. 직접 천을 만지고 살피면서 적당한 것을 선택한다. '옷 입은 인형'을 만들기 위해 직사각형으로 천을 자르고 양모 공을 감싼 다음 목 주위에서 천을 모아 쥔다. 옆 친구가 목에 리본을 묶는 것을 도와준다. 실크 실 뭉치나 양모를 바느질로 고정시켜 머리카락을 심고, 눈과 입을 그려 넣으면 작은 인형이 완성된다. 사람 형상을 암시하는 수준으로 지극히 단순한 인형이지만 아이들은 진심으로 아끼고 애정을 쏟는다. 시중에서 파는 예쁘고 값비싼 인형들보다 훨씬 풍부한 놀이가 가능하기 때문이다. 이 인형들은 웃고, 울고, 잠자고, 깡충깡충 뛰어다니고, 병도 들고, 심지어 죽기도 하고, 학교에도 입학하며 아이들이 상상하는 대로 움직인다. 어떻게 이 모든 표정, 감정, 행동이 놀이 속에서 자연스럽게 바뀌면서 표현될 수 있을까? 완벽한 형상을 갖추지 않고 형태와 표정이 암시 수준에 그친 덕에 모든 가능성이 열려 있기 때문이다. 그렇기 때문에 아이는 영혼 활동을 통해 부족한 부분을 계속해서 보완하면서 완성하고, 필요한 것을 창조해서 덧붙여야 한다. 한 가지 표정에 박제된, 변화 가능성 없는 완성된 인형은 아이 스스로 움직일 여지를 가로막는다. 뿐만 아니라 이 인형들을 위해서는 왕관과 칼, 목동의 가방, 모자, 망토, 앞치마, 빗자루, 우산 같은 장신구를 비롯해 침대와 집 같은 가구도 계속 사들여야 한다. 아이들이 인형을 만들고 놀 때 절대로 사실성을 더해 주거나 비판해서는 안 된다.

유치원 수공예 활동에서는 아름다운 천연 재료를 써서 예술성과 섬세한 감각을 일깨워 주는 것이 중요하다. 능동적으로 움직이며 스스로 창조 활동을 하는 어른의 존재 또한 창의성을 자극하는 중요한 요소다. 하지만 유치원 수공예에서는 어른의 눈높이에 맞는 완벽을 추구해서는 안 된다. 공감과 열의로 어른을 모방하지만 아직 손이 서툰 아이들을 좌절하게 만들 수 있기 때문이다. 직접 시도하고 실패하는 경험을 통해서만 아이는 요령을 터득할 수 있다. 이 경험들이 얼마나 기발하고 의미 있는 가르침을 주는지 자주 목도할 수 있다.

실생활과 이야기를 토대로 아이들은 여러 장난감을 만든다. 초보 장인들의 작품에서는 만든 이의 특성이 드러난다. 이 나이 아이들은 능숙하지는 않아도 움직임과 몸짓(을 만드는 데)에 특별한 재능이 있다.

오늘날 유치원의 과제는, 아이들이 사지에 지닌 가벼움과 유연함의 '씨앗'이 쓸모만을 강조하는 전혀 '시적이지 않은' 공예 활동으로 인해 너무 일찍 꽃피고 시들어 버리지 않도록 보호하는 것이다. 어른은 모범을 보이고 아이는 모방하면서 배운다는 교육 원리가 올바른 유치원 교육의 핵심이자 나아갈 길이다. 유치원 생활 지도의 비밀은 아이들이 모방할 수 있는 상황과 기회를 가능한 한 많이 만들어 주는 것이다. 모방의 힘으로 걷기와 말하기, 사고하기를 배운 것처럼 유치원 때는 주변에서 벌어지는 삶 자체가 아이의 발달을 이끌고 촉진한다. 인위적으로 고안한 모든 방법, 체계적으로 분류한 학습 단계는 나중에 아이들의 생명력을 약화시키는 결과를 낳을 뿐이다.[06]

06 북미 영유아 협회Early Childhood Association of North America의 허락을 받아 수록한 이 글은 국제 유치원 연맹International Kindergarten Association에서 발행한 『발도르프 유치원의 수업 계획과 실행Plan und Praxis des Waldorfkindergartens』에서 발췌했으며, 원래는 1971년 5월 『인간의 학교Die Menschenschule』에 수록된 글이다.

교과 과정

1학년

사고는 우주적 직조다. _루돌프 슈타이너

1학년 수공예 수업은 이후 이어질 모든 수공예 수업의 기초다. 수공예 교사가 1, 2학년 수공예 수업을 어떻게 이끌었는지는 아이들이 상급 학년이 되었을 때 드러날 것이다. '당신은 아이들이 수업 시간에 얼마나 조용하거나 시끄러울 거라 예상하는가?' '당신이 원하는 바를 어떻게 달성할 것인가?' 교사는 아이들을 만나기 전에 이를 포함한 여러 상황에 대해 나름대로 답을 갖고 있어야 한다. 수공예 수업은 아이들이 대화하면서 상호 교류하는 것이 가능한 시간이다. 물론 작업이 순조롭게 진행되는 선에서 너무 크지 않은 소리로 대화하는 것을 말한다. 그 선이 지켜지지 않으면 모두 입 다물고 각자 작업에만 몰두하게 한다. 1학년 수공예 수업에서는 재료를 만지기 전에 손을 씻거나 재료를 낭비하지 않는 법을 배우는 등 좋은 습관을 만들어 주는 것도 중요하다. 나는 1학년 수업에서 쓰다 남은 털실 조각을 모아서 가장자리 장식을 만들거나 속을 채우는 용도로 사용하고, 바늘을 잃어버리면 시간이 걸리더라도 찾는 습관을 들이게 한다. 가위를 제대로 쓰는 법, 안전하게 보관하는 법, 실을 쓰고 제자리에 갖다 놓는 법 등을 찬찬히 가르친다. 저학년 때는 기초 습관을 가르칠 시간이 상대적으로 넉넉하며, 이때 잘 익혀 놓으면 나중에 많은 시간을 절약할 수 있다. 이는 아이들뿐 아니라 교사에게도 아주 중요한 의지 훈련이다!

수공예는 상상력을 자극해서 능동적 창조를 이끌어 내고 의지를 새로운 방식으로 사용함으로써, 의지의 힘이 감정과 아름다움을 느끼는 가슴 영역으로 들어가게 한다. 젖니가 빠지고 영구치가 나기 시작하면 사고의 빛이 희미하게 빛나기 시작한다. 동시에 손가락이 능숙하고 섬세해지면서 손은 훨씬 정교한 작업을 수행할 준비가 된다. 아이의 마음에 아름답고 쓸모 있는 물건을 만들어서 자기가 갖거나 주변에 선물하고 싶은 소망이 생긴다.

수공예 수업 동안 교실에는 특별한 분위기가 감돌아야 한다. 기쁨과 기대감, 그리고 경외심과 참을성(작품이 조금씩 완성되어 가는 과정을 견디는 힘, 다른 사람을 돕고 협동하는 힘, 도움이 필요할 때 차례를 기다릴 수 있는 힘)이 교실에 넘쳐야 한다. 학급은 작은 공동체다. 우리는 다른 사람의 존재를 인식하고, 도움이 필요할 때 손 내밀 수 있어야 하며, 내 작품만큼 다른 사람의 작품을 소중히 여길 줄 알아야 한다.

이 나이 아이에게 어떤 일이 일어나고 있을까? 이 아이들은 주변 세계와 자신을 분리하고 지금까지와 다른 눈으로 세상을 바라보는 변화의 첫걸음이 시작되고 있다. 1학년 아이들을 보면 의지와 느낌이 조금씩 사고와 협력하기 시작하는 것을 알아볼 수 있다. 뜨개질은 사고, 의지, 느낌이 조화를 이루게 하는 데 더할 나위 없이 좋은 활동이다.

'사고하기는 우주적 직조'라는 슈타이너의 말은 깊이 생각해 볼 가치가 있다. 생각의 실타래가 이리저리 엮이면서 사고의 문양을 직조한다고 상상해 보자. 북유럽 신화에 나오는 운명의 실을 잣는 세 여신이나 테세우스Theseus 신화의 아리아드네Ariadne처럼, 동화와 신화에는 베를 짜거나 실을 잣는 장면이 자주 등장한다. 우리는 이런 상들을 마음에 품고, 아이들의 사고가 올바르게 꽃필 수 있는 풍요로운 토양을 만들어 주기 위해 노력해야 한다.

어떻게 하면 아이들의 흥미를 자극하고 영감을 불어넣을 수 있을까? 아이들의 상상력을 일깨우기 위해서는 먼저 교사 자신의 상상력을 갈고닦아야 한다. 사고 속에 상상의 힘이 살아 움직일 때 비로소 혁신적이고 참신한 생각이 탄생할 수 있다. 저학년 수업에서는 이야기와 표상을 적극적으로 활용할 때 수업 내용을 가장 효과적으로 전달할 수 있다. 기대감과 경이로움도 아이들의 마음을 사로잡는 데 중요한 요소다.

수업에 들어가기 전, 교사는 그날 진도를 얼마나 나갈지 어떤 과정으로 진행할지에 대한 뚜렷한 상을 가지고 있어야 하는 동시에, 아이들의 상태와 반응에 열린 태도로 반응해야 한다. 미리 꼼꼼하게 계획을 세워 두면 예기치 못한 상황에 쉽게 대처할 수 있고, 필요할 때 당황하지 않고 빠르게 방향을 바꿀 수 있다.

전에 일하던 학교에는 수공예 교실이 따로 없었기 때문에 바구니와 상자에 수업 재료를 담아 교실로 가지고 갔다. 1학년 첫 수공예 수업 시간에는 작은 황금 상자(겉에 금색 종이를 붙인 상자)를 들고 간다. 교탁에 가만히 내려놓고는 그것에 대해 아무 언급도 하지 않는다. 아이들에게 인사하고 자리에서 일어서라고 한 다음 짧은 시를 외우면서 손가락 놀이를 한다. 보통 이때쯤 누군가가 참다못해 상자 속에 무엇이 들었는지 묻는다. 그러면 나는 이렇게 대답한다. "곧 알게 될 거예요. 가끔 난쟁이가 몰래 상자 안에 뭘 넣어 놓을 때가 있어요. 조금 있다 함께 상자를 열어서 확인해 보기로 해요. 하지만 지금은 먼저 손가락 준비 운동을 해요." 물질주의가 팽배해진 요즘엔 "세상에 난쟁이가 어디 있어요?"라는 반응도 드물지 않다. 그리고 거의 항상 이런 반박이 이어진다. "아냐, 있어! 공원에 있는 큰 바위에서 내가 봤는데!" 아이들끼리 난쟁이가 있다 없다 이야기를 나누는 동안 나는 별 대꾸 없이 가만히 듣는다. 아이들마다 내가 제시한 이야기 속에 나오는 표상과 나름의 관계성을 찾는다. 그동안 우리는 수업을 계속 이어 나간다. 몇 년 뒤 6, 7학년이 된 아이가 복도를 지나가며 나에게 이렇게 물을 것이다. "근데 선생님, 난쟁이는 어떻게 됐어요?" "왜 우리 반에는 선물을 안 갖고 왔대요?"

　손가락 준비 운동이 끝나면 다시 자리에 앉게 한다. 처음 몇 번의 수업 시간에는 일어섰다 앉았다 하는 일이 많다. 잠시도 가만히 있지 못하는 아이들에게 도움이 될 뿐 아니라 점액질 아이들을 깨우는 효과도 있다.

　그동안 황금 상자는 가만히 책상 위에 앉아 교실을 조용한 기대감으로 물들인다. 나는 모든 아이가 준비될 때까지 기다린 다음 천천히 뚜껑을 연다. 상자 안에는 아름다운 황금 실이 들어 있다! 조심스럽게 황금 실을 꺼낸 다음, 진짜 황금처럼 귀하게 다루면서 아이들이 볼 수 있도록 높이 들어 올린다. 아이들은 기쁨과 흥분으로 어쩔 줄 모른다. 그때 이렇게 말한다. "황금 실을 받고 싶은 사람은 손을 모으고 기다리세요. 받고 나서도 다른 사람들 모두 준비될 때까지 만지지 않습니다." 모든 아이가 황금 실(황금색 털실)을 받으면 다시 한 번 자리에서 일어나 나비매듭 묶는 법을 배운다. 양끝을 잡아당겼을 때 실이 마법처럼 풀리는 것을 보여 주고, 매듭이 생겼을 때 푸는 법도 가르쳐 준다. 처음처럼 단정한 상태로 실을 황금 상자에 담아 난쟁이에게 돌려주어야 하기 때문이다.

　이후에도 아이들의 기대감 자극을 위해 황금 상자가 계속 등장한다. 다음 수업에는 상자 안에서 황금 공(황금 털실 뭉치)이 나온다. 그리고 마법의 연못(슬립매듭, 고매듭) 만드는 법을 배운다.(매듭이 단단하게 묶인 것 같지만 양쪽 끝을 잡아당기면 스르륵 풀리기 때문에 마법의 연못이라고 부른다) 그런 다음 너무 크지도 작지도 않은 적당한 크기의 마법 연못으로 사슬 엮는 법을 배운다. 처음에는 어려워하는 아이들도 있다. 매듭을 너무 단단히 조여서 아무리 당겨도 사슬이 안 풀리기도 한다. 지나치게 단단히 묶는 아이들은 보통 긴장이나 불안도가 높다. 이들은 편안한 상태에서 자유롭게 작업하도록 도와주어야 한다. 반대로 매듭이 너무 느슨한 아이들도 있다. 이들은 여러 측면에서 조여 주어야 한다. 이런 과정을 통해 아이들은 균형을 경험한다. 마침내 아름다운 사슬 왕관이 완성되면 자랑스럽게 머리에 쓰고 집으로 돌아간다.

황금 실 수업이 끝나면 상자 속에서 다른 색깔의 실이 나온다. 그러다가 어느 날 작은 황금 상자가 사라지고 나는 커다란 황금 상자를 들고 교실에 등장한다. 그 안에는 털실 공뿐만 아니라 나무로 만든 뜨개바늘이 들어 있다! 우리는 뜨개바늘 하나로 사슬 만드는 법을 배운다. 서툰 손으로 수없는 시도를 한 끝에 뜨개바늘 위에 열두 개의 예쁜 사슬을 만든다. 드디어 뜨개질을 배울 준비가 된 것이다.

뜨개질을 시작하기 전에 아이들과 함께 직접 나무로 뜨개바늘을 만드는 것이 좋지 않느냐는 질문을 받을 때가 있다. 개인적으로 나는 도구나 재료를 처음 도입할 때 상상의 힘을 자극하는 편을 선호한다. 그리고 뜨개바늘 만드는 과정이 그렇게 창의적이라고 생각하지도 않기 때문에, 가능한 한 빨리 뜨개질을 시작하는 것이 낫다고 생각한다.

다음 수업 시간에는 아이들에게 책상을 빼고 의자만 갖고 와서 큰 원으로 둘러앉게 한다. 이 과정 역시 미리 세심하게 동선과 순서를 짜서 매번 같은 방식으로 진행해야 한다.

모두 자리에 앉고 재료를 나누어 준 다음, 우리가 만든 원이 정말 둥근지 확인하고 모두가 조용해질 때까지 기다린다. 이제 시작할 준비가 되었다. 교사는 아이를 한 명씩 무릎 위에 앉힌 다음 뜨개바늘을 쥐어 주고는 그 손을 잡고 어떻게 뜨는지 보여 준다. 예전에 들려준 이야기 속 짧은 노래를 이용해서 과정을 설명한다.(59쪽에 실린 동화 참고) "들어갔다 올라가고 나와서 쏘옥 그렇게 우리는 마법의 황금천을 짠다네." 한 코를 만들 때마다 아이들은 나와 함께 이 시를 외운다. 자기 자리에 돌아가 혼자 작업할 때 시가 길잡이가 되어 줄 것이다. 다른 아이가 하는 것을 보기 전까지는 교사의 무릎 위로 올라오지 않으려는 아이도 있다. 반면, 수업 시간 내내 무릎 위에 앉아 있으려 해서 억지로 돌려보내야 하는 아이도 있다. 다혈질 성향이 너무 강해 도무지 한 자리에 가만히 앉아 있지 못하는 아이는 무릎에 앉은 지 얼마 되지도 않아 이제 혼자 할 줄 안다고 말한다. 그럴 땐 가도 좋다고 허락한다. 모든 아이가 혼자서 뜨개질을 할 수 있으려면 수업이 몇 번 더 필요하다.

바늘을 받고 처음 얼마 동안 1학년 아이들 대부분은 행복한 착각 속에서 뜨개질을 한다. 뜨개질이라고 부르기 어려운 실몽당이를 만들면서 자기들이 뜨개질을 하고 있다고 믿는 것이다. 시간이 지나면서 차츰 무엇이 잘못되었는지 깨닫기 시작한다. 코는 점점 없어지고, 가운데 구멍은 점점 커진다. 하지만 아이들은 전혀 기죽지 않는다. 선생님이 무엇이든지 고쳐 줄 것이라 확신하기 때문이다. 수업을 여러 번 거치면서 스스로 코를 세고 어떤 코가 빠졌는지 알아내기 시작한다. 그러다 어느 순간 마법처럼 뜨개질하는 법을 터득한다. 처음에는 교사의 시범을 보고 모방하지만 주로 자신의 의지와 느낌에 기대어, 그리고 긍정적 기대로 손의 감각을 깨우쳐 나간다.

완성된 작품에 대한 기대감이 리드미컬하게 반복되는 움직임에 생기를 불어넣는다. 나는 미리 견본을 보여 주거나 무엇을 만들고 있는지 귀띔해 주지 않는다. 아이들은 스스로 상상하고, 여러 가지 가능성을 떠올려 보며 지금 무엇을 만들고 있는 거 같다고 서로 이야기를 나눌 여지를 주기 위해서다. 어느 정도 시간이 지나면 지금 우리가 알록달록한 목도리를 만드는 중이라고 말해 준다. 이 말에 아이들은 언제나 뛸 듯이 기뻐하며 좋아한다.

첫 번째로 목도리를 선택한 이유는 1학년 아이들이 혼자 완성할 수 있는 단순한 과제이기 때문이다. 실 색깔을 자주 바꾸면 의지를 발휘하여 작품을 끝까지 해내는 데 큰 힘이 된다. 색깔 조합을 직접 보면서 감각을 훈련하는 데도 좋은 방법이다. 나는 첫 번째 작품에는 색깔 간의 미묘한 차이를 느낄 수 있도록 파스텔 톤의 단색 털실을 사용한다. 진한 남색, 빨강, 초록은 제외한다. 너무 강한 색은 연한 색조를 느끼는 데 방해가 되기 때문이다. 아이들은 분홍 계열 털실을 장미색, 주황, 빨강이라고 부르기도 한다. 같은 계열 색상의 미묘한 차이를 어떤 이름으로 부르고 어떻게 구별하는지도 흥미로운 관찰 요소다. 선명한 무지개 색조로 나온 것을 구할 수 있다면 식물로 천연 염색한 털실이 가장 좋다. 다른 색깔들은 나중에 도입한다.

사용하는 뜨개바늘과 털실 굵기가 맞는지도 반드시 확인해야 한다. 실이 적당히 굵어야 작업이 원활하게 진척될 뿐 아니라 완성된 목도리가 부드럽고 포근하다.

첫 작품으로는 직접 몸에 걸치는 것이 좋지만 더운 지역에 사는 사람들은 아이들 혼자서 작업할 수 있는 난이도 안에서 여러 색깔 양모를 이용한 다른 작품을 만들 수도 있다.

털실 공도 목도리와 같은 방법으로 만들 수 있다. 마지막에 가장자리를 모아 속을 채우면 된다. 한쪽 끝을 오므려 방울을 달고 반대쪽을 접어 올리면 모자가 된다.

뜨개질이나 바느질 작품은 언제나 마무리할 때 남은 실 끝을 잘

감추는 것이 중요하다. 아이들은 마지막에 매듭을 짓고, 남은 털실을 안으로 밀어 넣어 깔끔하게 마무리하는 법을 배운다. 실을 바꿀 때마다 늘어지는 실을 정리하고 올라가는 것이 좋다. 작품이 완성된 다음에 한꺼번에 정리하는 것은 아주 지루한 작업이 될 수 있기 때문이다. 실 정리가 끝나면 가장자리에 술 다는 법을 배운다.

대바늘뜨기를 배운 아이들은 이제 스웨터 같은 뜨개 작품을 보고 그냥 지나치지 않는다. 내가 입은 스웨터를 직접 짰냐는 질문을 받고 그렇다고 대답할 수 있을 때 뿌듯함을 느낀다. 아이들도 할머니나 엄마가 스웨터를 떠 주시면 내게 와서 자랑스럽게 보여 주고는 한다.

수공예 바구니를 정리하는 것도 아이들이 좋아하는 일이라 이 역할을 맡으면 영광으로 여긴다. 아이들은 엉킨 것을 풀고 헝클어진 실을 다시 감아 바구니를 아름답게 정리하는 법을 배운다. 수업이 끝나면 작품을 한자리에 단정하게 모아 놓는 역할도 돌아가면서 맡는다. 1학년 말이 되면 여러 가지 유용한 습관들이 몸에 밸 것이다. 이는 나중에 수공예 작업을 할 때 큰 도움이 된다.

이야기

본격적인 뜨개질 작업에 앞서 나는 몇 주 동안 수업을 마칠 무렵에 이야기 하나를 조금씩 나누어서 들려준다. 아르비아 에게 선생님이 내게 들려주신 특별한 이야기로, 여기서는 간단한 줄거리만 소개하겠다.

"옛날에 한 공주가 멋진 성에서 부모님과 함께 살고 있었다. 그 왕국의 모든 사람이 공주를 사랑했다. 공주는 아주 행복했지만 나이가 들면서 성벽 너머 바깥세상을 보고 싶은 갈망이 생겼다.

어느 날 공주는 우연히 황금 열쇠를 발견하고, 성 여기저기를 뒤진 끝에 작은 문 하나를 찾는다. 황금 열쇠는 자물쇠에 딱 들어맞았다. 작은 문을 열자 그 너머로 숲이 펼쳐져 있었다. 숲으로 들어간 공주는 신기하고 멋진 나라를 탐험한다. 하루 종일 돌아다닌 공주는 너무 피곤해서 그만 잠이 들어 버린다. 나무꾼과 부인이 공주를 발견해 허름한 오두막집으로 데리고 온다. 오두막에서 공주는 또 여러 가지 새로운 일을 경험한다.

숲에서 놀던 공주는 황금 공 하나를 발견한다. 공을 주우려고 다가가지만 공은 황금 실을 남기며 데굴데굴 굴러간다. 실 끝을 따라가던 공주는 마침내 마법의 왕국에 이르고, 황금 실을 엮으며 춤추고 노래하는 요정들을 만난다. "들어갔다 올라가고 나와서 쏘옥 그렇게 우리는 마법의 황금 천을 짠다네." 시간 가는 줄 모르고 요정들의 아름다운 춤을 지켜보던 공주는 어느새 잠이 들어 버린다. 눈을 떠 보니 다시 나무꾼의 오두막이었다."

이런 식으로 이야기는 이어지고, 황금 공을 발견하여 새로운 세계로 떠나는 공주의 모험은 계속된다. 세 번째로 황금 공을 따라갔을 때 공주는 요정들과 마법의 융단을 짜면서 함께 춤을 춘다.

　　이 간략한 줄거리를 토대로 이야기를 들려주면서 나는 장면이나 상황 같은 구체적 요소를 즉석에서 덧붙이며 풍부한 색채와 생동감을 채워 넣었고, 왕궁의 화려함과 오두막의 소박한 풍경 그리고 마법 왕국의 신비로운 분위기를 생생하게 대조해 묘사했다.

2학년

모든 앎은 경이로움에서 비롯한다.
　　　　　　_요한 볼프강 폰 괴테Johan Wolfgang von Goethe

　　2학년 수공예 수업도 뜨개 작업으로 시작한다. 하지만 이번에는 코바늘뜨기다. 실은 7호 코바늘에 적합한 굵기의 원색 면사를 사용한다. 코바늘뜨기에서는 두 손이 아닌 한 손이 두드러진 역할을 한다. 물론 두 손 다 사용하긴 하지만 역할 균형이 다르다. 대바늘과 다른 새롭고 강도 높은 집중력이 요구된다. 이 역시 리드미컬하고 반복적인 손동작으로, 의지를 강화하고 사고를 명료하게 해 준다.

　　나는 코바늘뜨기 첫 수업에서 늘 손가락만 사용하는 긴 사슬 엮기를 한다. 쉽게 배울 수 있는 익숙한 과제다. 아이들은 행복한 만족감을 느끼면서 열심히 몰두한다. 이럴 때 교사는 불필요한 정보를 늘어놓으며 계속 떠들지 않고 깨어 있어야 한다. 나는 가만히 귀를 기울이고 아이들 세상의 깊은 리듬에 함께 들어간다. 수업이 끝나면 사슬을 풀어 다시 털실 공으로 감아서 제자리에 정돈한다.

다음 시간에는 한 손으로 코바늘을 잡고, 다른 손으로 실 잡는 법을 배운다. 첫 번째 작품은 거의 항상 오각형 컵받침이다. 엄마에게 드릴 수 있는 아름답고 쓸모 있는 물건이다. 하지만 결코 쉬운 과제는 아니다. 처음에는 모든 변이 반듯하게 나올 때까지 여러 번 풀고 다시 떠야 한다. 한참 뜬 것을 죄다 풀고 다시 떠야 하는 경우도 많지만 이미 1학년 때부터 몸에 익은 과정이다. 완성된 작품을 선물하는 것도 근사한 일이지만, 선물 받을 사람의 행복한 얼굴을 떠올리면서 만들 때 아이들은 작품에 더 열심히 몰두하게 된다. 누군가를 기쁘게 해 주고 싶은 마음은 이후에 다른 사람을 생각할 줄 아는 이타심으로 자란다.

나는 처음부터 모든 색깔의 실을 가져가지 않는다. 오늘은 어떤 색깔이 올지에 대한 기대감을 심어 주기 위해서다. 아이들은 컵받침 가운데 부분은 밝은 색으로 뜨고 바깥으로 갈수록 어두운 색으로 바꿔가며 크기를 늘리는 법을 배운다.

나는 2학년 코바늘뜨기를 '기초 기하 수업'이라고 부른다.

오각형 컵받침이나 밑바닥이 둥근 간식 주머니, 원통형 리코더집, 공 같은 다양한 기하학적 형태를 만들기 때문이다. 여기서는 정확한 형태를 구현하는 것이 중요하다. 숫자를 이용해서 과정을 설명할 수도

있지만, 나는 아이들이 먼저 형태를 관찰하고 지각하면서 모양을 잡아 나가게 하는 편을 택한다. 코 세 개로 모서리를 만드는 법을 보여 준 다음, 자기가 만들고 있는 오각형 컵받침을 잘 관찰해서 모서리가 어디에 들어가야 하는지 찾아내게 한다. 다섯 개의 모서리가 모두 동일한 간격으로 떨어져 있는가? 아이들은 오각형 컵받침을 별이라고 부르면서 제대로 된 별 모양이 나오기를 무척 기대한다. 간식 주머니 바닥이 정말 동그란 원인지, 공은 찌그러지지 않은 온전한 구인지 살피면서 작품을 만든다. 이 과정을 통해 아이들은 형태의 특성을 몸으로 경험한다. 그리고 대부분 놀랄 만큼 아름다운 작품을 만들어 낸다.

필수 과제들을 완성하고 나면 각자 만들고 싶은 작품을 선택하게 한다.

두 색깔을 번갈아 쓰는 나선형 컵받침이나 공 담는 그물주머니, 혹은 직접 고안한 작품도 가능하다. 어떤 남학생은 공을 완성한 다음에 포수용 야구 글러브를 만들어 보겠다고 나섰다. 쉽지 않은 작업이었지만 포기하지 않고 손가락이 들어갈 구멍 만드는 법을 찾아냈다. 놀랄 만큼 멋진 디자인이었고, 정말 글러브가 완성되었다! 도심 아파트에 사는 그 아이는 직접 만든 털실 공과 글러브를 가지고 집안에서 야구를 할 수 있게 되어 무척 행복해했다.

과제를 일찍 완성하는 솜씨 좋은 아이들에게는 바자회 때 판매할 작품을 만들어 보라고 제안한다. 학교를 위해 기여하는 것은 아이들에게 좋은 경험이다. 코바늘뜨기를 어려워하는 친구들을 도와줄 수도 있다. 나는 아이들에게 "재능은 나누라고 있는 거란다"고 말해주고는 한다.

코바늘뜨기는 형태와 색깔의 관계를 배울 좋은 기회다. 아이들은 색을 관찰하고 서로 어울리는 색에 대한 감각을 깨우친다. 빨리 끝내고 싶은 욕심에 눈에 띄는 대로 털실을 집어 드는 아이는 색을 잘 관찰하고 신중하게 고를 수 있게 도와주어야 한다. 선뜻 결정하지 못하고 망설이기만 하는 아이에게는 괜찮아 보이는 대여섯 가지 색깔을 제안한다. 그러면 용기를 내서 그중 하나를 선택할 수 있다. 잘 어울리지 않는 색을 선택하는 경우도 있다. 그러나 아이들은 작품을 완성하고 나서 한 색이 다른 색들을 어떻게 방해하는지 직접 보면서 색깔 조화의 느낌을 배운다. 이렇게 키운 감각은 나중에 상급에 올라가서 색을 훨씬 섬세하게 사용해야 하는 자수 작업을 할 때 좋은 밑바탕이 된다.

내가 처음 교사 생활을 시작할 때는 보라가 가장 인기 있는 색이었지만 보라색 실은 구하기가 아주 어려웠다. 60년대 들어 히피 문화와 수놓은 밝은 색상의 옷이 유행하면서 다양한 재질과 색깔의 수공예 재료들이 시장에 나오고 대중화되었다. 수공예 교사에게는 반가운 일이 아닐 수 없었다. 남학생도 수공예가 필요하다고 몇 시간씩 부모를 설득할 필요도 없어졌다. 사실 남자아이들도 수공예를 정말 좋아한다. 그때와 비교해서 요즘은 많은 것이 달라졌다. 지금은 검정과 회색, 칙칙한 색이 인기지만, 수공예 교사는 대중의 취향이나 유행에 압도되지 말고 아름다운 색에 대한 균형 잡힌 감각을 유지해야 한다. 아름다운 색깔 경험은 아이들에게 아주 중요하기 때문이다.

2학년 후반에 나는 다시 대바늘뜨기를 도입해서 솜으로 속을 채운 작은 동물 인형이나 사람 인형, 인형 옷을 만든다. 그 밖에도 나

는 아이들에게 집에서 만들어 볼 여러 가지 작품을 제안한다. 집에서 작업할 작품의 시작을 함께 하고, 중간에도 필요하면 도와준다. 수공예 재료를 넣어 놓을 바구니나 상자를 구해서 털실, 바늘, 코바늘 등을 하나씩 장만해 넣으라고 권한다. 아이가 일요일에 이른 아침부터 잠옷 바람으로 침대에 앉아 뜨개질을 하더라는 이야기를 많은 부모가 들려주었다. 덕분에 주말 아침에 늦잠을 잘 수 있었다며 감사 인사를 전하기도 했다!

어릴 때 자기 손으로 쓸모 있는 물건을 만들어 보는 경험은 발명과 창조적 사고 능력으로 성장한다. 공예 활동을 계속하면 나이가 들수록 이 능력도 함께 성숙한다.

3학년

어린 시절에 수공예를 배운 아이들은 자기 손으로 실용적인 물건을
예술적으로 만드는 법을 알게 됩니다. 자신만이 아니라 타인을 위해
뭔가를 만들어 본 사람은 나이 들었을 때 삶이나 다른 사람들과
동떨어진 이방인이 되지 않을 것입니다. 그들은 자기 삶과 다른
사람과의 관계를 사회적이고 예술적인 방식으로 형성할 수 있을 것이며,
그로써 자기 삶 역시 풍요로워질 것입니다. _루돌프 슈타이너

3학년은 1, 2학년에 비해 상대적으로 깨어 있지만 아이들 대부분은 여전히 환상 속에서 살아간다. 하지만 동시에 이들은 놀랄 만큼 지

상의 삶과 맞닿아 있다. 성장 단계 중 '구약의 시기'로 접어들고 있으며, 선과 악, 옳음과 그름, 공정과 불공정 등 세상일을 이분법적 시각으로 보는 경향이 있다. 3학년 교사의 어려운 점은 의식의 깨어남 정도가 천차만별인 아이들을 동시에 만나야 한다는 것이다. 각자 개성이 부각되기 시작하면서 사회적 관계가 삐걱거릴 수 있기 때문이다. 3학년 수공예 교과 과정은 새로운 도전 과제와 다양한 가능성을 제시함으로써 아이들이 각자의 개성을 충분히 발휘할 수 있도록 도와준다.

1919년에 설립된 첫 발도르프학교에서는 다른 모든 유럽 학교처럼 주 6일 등교했다. 따라서 담임 과정 내내 수공예 수업을 주 2회 2시간씩 배정할 수 있었다. 하지만 요즘에는 주 5일밖에 등교하지 않기 때문에 담임 과정에서는 1시간씩 주 2회, 상급 과정에서는 2시간씩 주 1회가 전부인 경우가 보통이다. 타협과 수정이 불가피하다. 그래서 나는 1, 2학년에서 경험하면 좋을 기초 바느질 수업을 3학년의 첫 수공예 수업으로 시작했다.

이 수업에서 중요한 것은 바느질의 기초 기술과 습관을 제대로 배우고, 작품에 어울리는 디자인을 만드는 것이다. 생활에서 유용한 물건을 아름답게 제작하는 활동은 아름다움이 일상과 동떨어지지 않는 삶의 일부라는 느낌을 키워 준다. 벽에 걸린 회화만 아름다움이 아니다. 아름다움은 우리의 모든 행위와 몸짓, 그리고 우리가 만드는 모든 것에 깃들어 있어야 한다.

첫 번째 바느질 과제는 작은 테이블보다. 단색인 예쁜 정사각형 면직물과 여러 색깔 자수 실을 가져와서 가지런히 펼쳐 놓고 보여 준다. 이것만으로도 아이들의 상상력이 활발하게 움직인다. 그런 다음 자기 집 어느 공간에 놓으면 좋을지, 촛대나 예쁜 돌멩

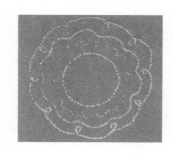

이, 작은 꽃병처럼 그 위에 올리면 좋을 물건도 생각해 보라고 한다. 그런 다음 천 한가운데 물건 놓을 공간을 비우고 그 주변을 장식할 어울리는 자수를 디자인할 준비를 한다.

먼저 직사각형 종이를 접어 정사각형으로 잘라 내는 법을 배운다. (이것도 중요한 연습이다) 정사각형 종이에 크레용으로 곡선을 이용한 디자인을 그린다. 처음에는 내가 칠판에 그린 것을 모방하지만 곧 자기만의 디자인을 만들어 본다. 색깔도 신경 써서 선택하게 한다. 몇 번의 수업을 할애해서 도안을 그리고, 충분히 준비되었다 싶으면 천에 옮겨 그린다. 그동안 바늘에 실 끼우기(도구를 사용하지 않고), 실 끝에 매듭 맺는 법 등을 연습한다. 아이들 손가락에 맞는 골무를 구할 수 있다면 골무 사용법도 함께 가르친다. 골무를 제대로 쓸 줄 알면 이후에도 훨씬 쉽게 바느질을 할 수 있다.

디자인 선을 따라 바느질을 시작하면 바늘땀 크기를 최대한 일정하게 유지하도록 노력하게 한다. 뜨개질이든 바느질이든 처음 배울 때

곡선으로 표현한 자수

몸에 익힌 것이 쉽게 습관으로 자리 잡기 때문에 지금은 완성도를 더 깐깐하게 요구한다. 실을 뜯고 다시 바느질해야 하는 경우도 적지 않다. 처음부터 이렇게 지도하면 터득하는 속도가 빨라진다. 이와 더불어 매듭을 짓는 대신, 앞에서 안보이게 바늘땀 뒤쪽으로 거슬러 뜨다가 실 끝을 잘라 마무리하는 법도 배운다. 작품의 뒷면도 앞면 못지않게 단정하고 깔끔해야 한다. 수놓기가 끝나면 천의 가장자리를 풀어 술처럼 만든다. 이 마무리 방법은 즐거운 과정이지만 제대로 지도하지 않으면 작품을 망가뜨릴 수 있다.

모두가 바느질에 몰두할 때 교실에는 평화가 찾아든다. 전체가 한 몸처럼 조화롭게 움직이고 있지만 하나하나 들여다보면 각자의 개성이 분명하다. 따로 도움을 주어야 하는 경우도 있다. 교사는 학급 전체의 분위기를 살피는 한편, 개별 작업이 어떻게 진행되는지 관찰하면서 아이들 개인의 장점과 약점을 파악한다.

두 번째 과제는 난이도가 올라간다. 콩주머니 만들기다. 별, 나비, 눈송이, 벌처럼 원래 날아다니는 속성을 지닌 사물을 단순화하는 문양을 디자인하라고 한다. 나비 날개나 물고기 눈, 지느러미 등 문양에 따라 적절한 색을 택해 바느질을 한다.

이 과제에서 아이들은 많은 것을 배운다. 종이에 원하는 문양 그리고 자르기, 잘라 낸 종이를 천에 핀으로 꽂기, 문양을 따라 바느질 선 그리기, 가위질 선 그리기 등을 배운다. 여기까지 마치면 같은 모양으로 천 두 장을 잘라서 자수 장식을 한 다음, 겉과 겉을 맞대어 시침질한다. 박음질로 전체를 꿰매고(창구멍을 둔 채) 안팎을 뒤집는다. 콩으로 속을 채운 다음 색깔 실을 이용해서 블랭킷 스티치로 가장자리를 꿰맨다. 패턴 디자인을 포함해서 총 12단계, 또는 13단계를 거쳐야 하는 상당히 어려운 과제다. 당연히 작업에 앞서 전체 과정을 설명하지 않는다. 그냥 하다 보면 어느새 콩주머니가 완성되는 것이다! 아이들은 가지고 놀 수 있는 장난감을 만든다는 사실에 행복해하면서 즐겁게 작업한다.

아이에 따라 과제가 너무 어려울 것 같으면 교사가 판단해서 난이도를 조정하거나 능력에 맞는 다른 과제를 줄 수 있다. 교사는 별도 과제를 수행하는 아이가 시간 내에 완성하도록 신경 쓰는 동시에 모든 아이가 수공예 능력에서 적절한 성장을 하고 있는지 살펴야 한다. 콩주머니가 끝나면 바늘집이나 수공예 가방처럼 또 다른 방식으로 자수 도안과 색깔 사용을 시도해 볼 수 있는 과제를 아이들이 선택해서 도전하게 할 수 있다.

학년별로 할 수 있는 모든 과제를 전부 담을 수는 없기 때문에 이 글에서는 몇 가지 예만 소개한다. 그렇다고 생각나는 대로 무작위로 선택한 것은 아니다. 학년별 교육 목표와 교실에서 만들고자 하는 분위기를 잘 전달할 수 있는 과제들을 선별했다.

수공예 수업은 수업 중에 아주 많은 일이 한꺼번에 벌어지기 때문에 자칫하면 시장 바닥처럼 어수선해질 수 있다. 교사는 그 혼란 속에서 침착함을 유지할 수 있어야 한다. 주변에서 벌어지는 상황을 놓치지 않고 파악해서 그 순간 필요한 일을 하고, 아이들에게 다음 과정을 빠르고 명확하게 보여 주어야 한다. 그날 수업할 내용을 미리 마음속으로 정리해 보는 것이 큰 도움이 된다.

아이가 수공예 시간에 겪는 어려움을 이해하고 함께 해결해 나가다 보면 아이와 진심으로 연결된다. 이런 관계가 쌓일수록 개별 아이에 대한 관심과 사랑, 존중하는 마음이 자란다. 교사의 이런 마음가짐을 아이가 느끼면 그 느낌은 아이의 행동거지에, 나아가 작품에 반영된다.

4학년

아이들이 실용적이고 쓸모 있는 모든 것에 대한 안목을 기르고, 주변
사물의 아름다움을 알아보게 해 주어야 합니다. 그러면 아이에게 세상을
창조적으로 '보는' 눈이 열립니다. _헤드비히 하우크Hedwig Hauck

아홉 살 무렵 아이들은 새로운 의식이 깨어남을 느낀다. 세상에 대한 경험과 사고 능력 역시 한 뼘 더 성장한다. 지나치게 자신을 의

식하고 쭈뼛거리거나 전에 없이 까칠해지기도 하고, 말수가 적어지면서 사색적 면모를 드러내기도 한다.

북유럽 신화는 4학년 교과 과정에서 중요한 부분을 차지한다. 이 신화는 인간 영혼 특성을 거울처럼 비춰 보여 준다. 아이들은 이야기에서 흘러나오는 지혜를 만끽하는 동시에, 자기의 내면에서 경험하는 것에 상응하는 빛과 어둠의 상에 빠져든다.

4학년 수공예의 주요 과제는 대칭 디자인을 이용한 십자수 작품이다. 십자수를 놓는 행위는 오이리트미에서 두 팔을 엇갈려 '에' 몸짓을 하는 것과 비슷하다. 아이들 내면을 일깨우고 또렷하게 만들어 주는 동시에, 진정한 자기 모습을 찾고자 애쓰는 이 시기 아이들의 개별성을 강화해 준다.

십자수로 장식할 수 있는 작품의 종류는 바늘꽂이, 수첩, 허리띠, 배낭 등 아주 다양하다. 학년 초에 우리는 만들려는 작품의 특성을 염두에 두고 대칭 디자인을 구상한다. 나는 칠판에 수직 중심선 한쪽에 형태를 그린 다음, 아이 한 명을 불러 반대편에 나머지 반쪽을 그리게 한다. 이번에 하는 디자인은 3학년 때 했던 것과는 다르다고, 올해는 고리 모양이나 중심선 너머로 선이 교차하는 문양을 그리지 않는다고 이야기해 준다.

이제 처음 그린 형태 주위에 또 다른 형태의 절반을 그려서 조화로운 공간이 생겨나게 한다. 아까처럼 아이 한 명을 칠판으로 불러 내가 그린 것의 대칭 형태를 그리게 한다. 다른 아이들은 주의 깊게 관찰하면서 제대로 된 거울상이 되려면 어디를 수정해야 하는지 이야기한다. 쉬운 일이 아니기 때문에 보통 여러 명이 나와서 시도한 끝에야 완성된다. 그런 다음 각자의 종이에 형태를 옮겨 그리면서 형태의 주변에 몇 가지 요소를 덧붙이고, 선 그리기에 사용한 색으로 형태와 형태 사이의 빈 공간을 칠한다. 이 과정을 통해 아이들은 십자수가 선이 아닌 공간을 채우는 작업이라는 것을 이해한다. 다음 시간에 같은 방식으로 '이중' 거울상 형태그리기를 연습한 뒤에 아이들은 자기만의 디자인에 몰두한다.

이런 기본 디자인 만들기는 학습 과정의 일부다. 대칭은 자신의 두 측면을 바라보는 중요한 내적 훈련이다. 칠판에 그린 형태를 종이에 옮기면서 아이들은 디자인 작업의 방향을 파악하고, 자기만의 디자인을 그릴 힘을 얻는다. 또한 색을 입히면 형태가 더 분명해진다는 것을 배운다. 간단한 작품을 만들며 이 과정을 경험하면, 이후에 더 어려운 작품을 만들 때도 작품에 걸맞은 복잡한 디자인을 고안하고 실현시킬 수 있다.

본격적인 작품으로 들어갈 때 나는 크기가 커서 수놓을 부분이 많은, 그래서 적어도 3, 4개월은 매달려야 하는 작품을 택하고는 한다. 짜임이 성글고 넓은 아이다 천과 굵은 자수실, 또는 적절한 굵기의 양모실을 이용한다. 처음에는 모든 아이가 같은 물건을 각자의 디자인으로 만드는 것이 좋다. 단계마다 배워야 할 것이 많기 때문에 서로의 작업을 보는 것이 도움이 되기 때문이다.

십자수 작품을 진행하는 데는 두 가지 방법이 있다. 어느 쪽을 택해도 무방하다. 첫 번째 방법은 천 중심에 선을 그리고 양쪽으로 칸 수를 세면서 대칭 형태로 수를 놓는 것이다. 실이 교차하는 방향을 오른쪽에서 왼쪽으로 유지하면서

대칭 디자인의 십자수 작품

정확하고 고르게 바느질하는 것이 중요하다. 경우에 따라 왼손잡이 아이들은 반대 방향으로 놓을 수도 있다. 작은 작품을 만들 때 이 방법이 좋다.

두 번째는 자유롭게 그린 곡선 도안을 창문에 대고 그 위에 모눈종이를 올려 햇빛에 비친 도안을 옮겨 그리는 방법이다. 아이들은 이 과정을 무척 좋아한다. 나는 네모 한 칸과 절반을 이용해서 곡선을 표현하는 방법을 보여 준다. 이 방식은 예술적으로 더 자유로운 표현이 가능하고, 선과 점만 이용한 디자인보다 공간을 잘 의식하게 해 준다.

모눈종이를 이용할 때는 먼저 중심 도안의 1/4을 모눈종이에 옮겨 표시하고, 그것의 사방 대칭을 그려서 형태를 완성한다. 형태 하나를 마무리 짓고 나서 다음 형태로 넘어가야 한다. 모든 도안은 이런 식으로 작업하며, 모든 과정에서 항상 공간을 의식하게 한다. 네

나무 손잡이가 달린 가방

꽃 무늬 십자수 가방

십자수 가방

대칭 디자인 십자수 필통

모 칸의 절반만 채운다는 것은 사선과 그 안쪽, 즉 전체 네모의 3/4을 수놓은 상태를 말한다. 나머지 4분의 1은 다음 칸의 색깔로 수놓는다.

지적으로 깨어난 아이들은 십자수 작업 자체는 좋아하지만 자유롭고 아름다운 대칭 도안 그리기에서 애를 먹는 경우가 많다. 반면 아름답고 창조적인 도안을 쉽게 그리는 아이들은 십자수를 놓다가 자주 주의가 흐트러지는 경향이 있다. 하지만 십자수 작업은 약하거나 느린 사고를 일깨우는 동시에 너무 지적으로 편향된 아이들에게 창의력을 요구하기 때문에 모든 아이에게 균형을 가져다 주는 효과가 있다.

새로운 의식이 깨어나는 아홉 살 무렵 아이들은 여러 면에서 이전보다 책임감이 떨어지기도 한다. 자기 존재에 대한 새롭고 낯선 느낌에 사로잡혀 생활 속으로 파들어오는 수많은 새로운 요소에 쉽게 주의가 흐트러지는 것이다. 유감스럽게도 미디어도 그중 한 요소다. 여전히 수공예를 사랑하지만 실제로 손에 잡고 작업을 하지는 못한다. 작품을 완성하고 싶으면서도 아무 생각 없이 앉아서 끝없이 수다만 떨고 있는 것이다. 당연히 교사에게는 쉽지 않은 상황이다. 때로는 단호한 태도로 수업 분위기를 이끌면서, 작업 습관이나 성취감을 잃어버리지 않도록 도와주어야 한다. 반드시 지켜야 하는 선을 교사가 확실하게 잡고 있어야 한다. 아이들 작품에 대한 관심과 염려를 말과 행동으로 표현하고 적절한 시기에 도움의 손길을 내밀어야 한다. 방과 후에 따로 남아 교사와 작업할 수도 있다. 학급 전체의 동력을 일정 수준으로 유지해 주면 대책 없이 흐트러지지 않을 것이며, 좋은 습관이 곧 되돌아 올 것이다!

5학년

발도르프학교에서는 남학생과 여학생이 기쁜 마음으로 함께
작업합니다. 작품을 구석구석 꼼꼼히 살피더라도 이것을 만든 사람이
남학생인지 여학생인지 쉽게 알아내지 못할 것입니다. _루돌프 슈타이너

수공예에서 5학년은 특별히 멋진 해다. 아동기 발달에서 전보다 균형 잡힌 시기에 접어들면서 우리는 다시 뜨개질로 돌아간다. 대부분의 아이가 뜨개질을 좋아하기에 뜨개바늘 네 개로 하는 새로운 도전

을 즐거이 맞이한다. 1학년 수공예의 대바늘뜨기를 떠올리며 그때 만들었던 난쟁이를 두고 서로 놀리거나 농담을 주고받는다. 중간에 전학와서 대바늘뜨기를 해 본 적 없는 아이가 있으면 교사가 따로 신경을 써야 하지만, 아이들을 뜨개질이라는 마법의 세계로 입문시켜 주려는 친구들이 많기 때문에 크게 문제가 되지는 않는다.

5학년에게 적합한 과제는 신체 일부의 형상을 따라 만들어 직접 몸에 걸칠 수 있는 물건이다. 발이 좋은 출발점이 될 수 있다. 아이들이 땅에 발을 단단히 딛고 서는 시기이기 때문이다. 복잡한 발꿈치 모양을 제대로 만들기 위해 수열 계산을 해야 하는 양말 뜨기는 5학년들에게 딱 맞는 과제다.

양말 뜨기는 지성과 함께 능동적 의지를 요구하는 작업이다. 뿐만아니라 뜨개질하는 동안 조화롭고 사교적인 분위기를 경험할 수 있다. 일상에서 늘 사용하는 물건을 만드는 것도 아이들에게 좋은 경험이다. 이제 아이들은 가게에서 사 온 양말, 특히 뒤꿈치 부분이 얼마나 잘 만들어졌는지 유심히 살펴본다. 뜨개질을 처음 하는 아이도 시작 단계에서 도움을 주면 양말 뜨기가 가능하다. 다른 아이들과 같은 작업을 하고 싶은 마음이 크기 때문이다.

우리는 예쁜 색깔의 소모사를 사용해서 양말을 뜨고, 다른 색깔들을 이용해서 양말목에 줄무늬를 넣는다. 마음에 드는 색깔의 털실을 고르고 나면 아이들은 당장 뜨개질을 시작하고 싶어 마음이 들뜬다. 나는 아이들에게 자기가 정말 좋아하고 기꺼이 신고 다닐 색깔을 고르라고 한다. 아주 파격적인 색을 고르는 아이도 있다! 색깔 선택에서 아이들의 기질이 드러나는 경우가 드물지 않다. 이렇게 만든 양말은 스키나 스케이트를 탈 때, 또는 추운 겨울에 훌륭한 역할을 한다.

양말 뜨기 과제가 성공하기 위해서는 털실 굵기와 바늘 두께가 지극히 중요하다. 바늘이 너무 굵거나 얇으면 뜨개질이 어려워져 의욕이 꺾이기 쉽다. 그렇게 되면 흥미를 잃고 작업 속도가 더뎌진다. 성취감은 아이들이 포기하지 않고 계속 앞으로 나가게 하는 데 꼭 필요한 요소다.

아이들에게 바늘을 네 개씩 나누어 주고 잘 관리할 것을 당부한다. 혹시라도 잃어버리거나 부러지면 각자 채워 놓아야 한다. 첫 수업은 바늘 두 개와 낡은 털실를 이용해서 열두 코를 잡고 고무뜨기 하는 법을 연습한다. 겉뜨기 두 코, 안뜨기 두 코를 교대로 떠서 5cm 정도를 올린다.

수공예 수업이 두 시간 연속인 경우에는, 특별히 시간 낭비를 하지 않는 이상, 대부분 이 단계까지 완성한다. 물론 아주 느린 경우에는 시간과 도움이 별도로 필요하지만, 너무 뒤처지지만 않게 지도하면 시간이 갈수록 솜씨가 나아질 것이다. 드디어 본격적인 양말 만들기에 돌입할 차례다. 바늘 네 개를 이용하는 법, 색깔

바꾸는 법, 양말목 줄무늬를 위해 색을 바꿀 때 실의 끝을 마무리하는 법을 배우며 양말을 짜 나간다.

아이들은 수공예 공책에 양말 짜는 과정을 단계별로 기록한다. 두 번째 양말을 만들 때는 공책에 정리한 내용을 보며 스스로 해야 하기 때문이다. 공책 정리에 너무 많은 시간을 투자하는 아이도 있는데 나는 아이들이 글씨 쓰기보다는 뜨개질에 집중하는 것이 훨씬 중요하다고 생각한다. 그래도 내가 칠판에 쓴 내용들, 뒤꿈치와 발가락 부분에서 코 줄이는 법 등은 반드시 공책에 옮겨 적게 한다. 그래야 집에서 작업할 때 참고할 수 있다.

5학년 뜨개질 수업은 아주 편안하고 사교적인 분위기라 수업 중 지켜야 할 원칙들이 몇 가지 있다. "손으로는 계속 뜨개질하면서 작은 소리로 이야기 나누기", "둘 중 하나밖에 할 수 없다면 뜨개질만 하기", "진도가 많이 쳐졌다면 10분 동안 혼자 앉아서 다른 친구들 속도 따라잡기" 이런 말을 할 때는 유머를 약간 곁들이는 것이 좋다. 하지만 결코 비꼬거나 냉소적인 태도를 보여서는 안 된다. 한 학급을 4, 5년 동안 가르쳐 왔다면 신뢰와 존중에 바탕을 둔 건강한 관계가 형성되어 있을 것이다. 아이들은 이미 교사가 무엇을 원하고 어떤 반응을 보일지 알고 있다. 교사가 언제든 도움의 손길을 내밀고 격려해 줄 거라는 신뢰를 심어 주었다면 규칙이나 해야 할 일에 엄격하고 단호한 태도를 보여도 문제가 되지 않는다. 사실 교사가 갖고 있는 에너지의 많은 부분은 조화로운 수업 분위기 형성에 들어간다. 아이들 개별을

위한 구체적인 목표 수립도 소홀해서는 안 된다. 교사의 지속적이고 섬세한 관심은 아이가 수업에 적극적으로 참여하는 데 중요한 역할을 한다. 아무튼 5학년 말에는 모든 양말이 완성되어 있어야 한다!

아이들뿐 아니라 교사에게도 엄격한 자기 관리와 목표가 필요하다. 뒤꿈치 뜨는 법, 뒤꿈치와 발가락 코 줄이는 법, 발가락 잇는 법 등을 완전히 숙지하는 것은 물론, 말로 알아듣게 설명할 줄도 알아야 한다. 때로는 이 모든 일을 동시에 해내야 할 때도 있다. 그럴 때면 아이들은 넋을 놓고 쳐다본다. 이런 부분을 아주 능숙하게 뜰 수 있게 된 아이들은 언제라도 도움을 청할 수 있는 든든한 도우미가 된다.

4학년, 5학년 때는 집에 가져가서 작업을 계속할 수 있다. 하지만 수공예 수업 시간에 반드시 챙겨 와야 한다. 깜빡 잊고 놓고 온 경우에 나는 다른 일을 준다. 진도가 느린 아이들의 두 번째 양말 첫 부분을 시작하거나 코 줄이는 법을 가르치기도 하고 공책 정리를 대신

해 주는 식이다. 더불어 수업 진도를 집에서 꼭 보충해 와야 한다. 양말을 완성한 아이들은 다른 뜨개질 작품으로 넘어갈 수 있다. 동생을 위해 아기용 스웨터를 뜨거나, 자기가 입을 스웨터를 문양을 넣어 뜨는 아이들도 있다. 양말 외에 다른 작품은 각자 구입한 실로 뜨고, 학년말에 다 못 끝내면 방학 때 집에서 꼭 완성해 올 것을 단단히 다짐받는다.

5학년 말이 되면 아이들이 개별 과제를 자기 힘으로 해낼 수 있는 힘이 생겨 간다는 것을 알아볼 수 있다. 따라서 6학년은 개별 작업 중심으로 수업을 진행한다.

6학년

수공예는 미적 차원이 아닌 교육적 차원으로 판단해야 한다. 아이의
내면 성장은 눈으로 볼 때 기쁨을 주는 작품보다, 완성도는 떨어지지만
아주 애써서 만든 작품에서 더 많이 일어난다. _헤드비히 하우크

6학년 아이들은 사춘기를 목전에 두고 있다. 자아 감각이 강해지고 주변 세상과의 관계에서 독립성을 추구하는 동시에 내면에서는 이전과 차원이 다른 깊이로 감정을 경험한다. 영혼에서 벌어지는 거센 풍랑 탓에 많은 아이가 5학년 시기의 조화와 균형을 일정 부분 상실한다. 이 아이들의 관심을 끌기 위해서는 새롭고 흥미로운 수공예 작

업이 요구된다.

지금까지 아이들은 대바늘과 코바늘을 이용해 작은 동물을 만들었고, 4학년 주요 수업 시간에는 동물학을 배웠다. 또 많은 아이가 살아 있는 동물을 좋아하며 곁에 두고 키운다. 이 모든 요소가 솜을 채운 동물 인형 만들기에 더없이 좋은 조건이다. 이 과제는 지금까지 배운 모든 기술이 총동원되어야 한다. 동물을 아름답게 그릴 수 있는 예술성, 단계별 지시 사항을 꼼꼼히 따라갈 수 있는 집중력, 그리고 바느질로 3차원 형상이 어떻게 구현될지 가늠하는 상상력이 필요하다.

루돌프 슈타이너는 동물 형상을 조각해서 만드는 것과 속을 채워서 만드는 것의 차이를 이야기했다. 조각 작업에서는 바깥에서부터 나무나 돌, 찰흙을 깎고 떼어 내면서 그 안에 숨은 형상을 찾아내는 방식으로 동물을 탄생시킨다. 천을 이용한 수공예 작업에서는 내부에서부터 형상을 빚어 나간다. 속을 채우고 모양을 잡고, 동물의 특성을 살리면서 영혼을 불어넣는 것이다. 이 과제는 영혼적 느낌이 깨어나기 시작했으나 아직 이런 감정을 어떻게 다스려야 할지 모르는 시기의 아이들에게 아주 적절하다. 어른들이 자기를 이해하지 못한다고 느낄때 아이들의 사랑과 신뢰는 흔히 주변 동물에게 흘러간다. "내 마음을 알아주는 건 우리 개밖에 없어요!" 열두 살 무렵 꽤 거친 마음의위기를 겪던 한 아이가 입버릇처럼 하던 말이다. 속을 채운 동물 인형만들기는 사랑의 몸짓이다. 아이들은 온갖 들끓는 감정을 작품 속에마음껏 쏟아 놓으면서 큰 위안을 얻는다. 작업하는 내내 자기가 만든 인형을 갖고 놀고, 끌어안고, 집에 데려갔다가 데리고 와서는 1학년 아이처럼 학교 책상 위에 올려놓고 수업을 받는다.

제일 먼저 원하는 동물을 선택하고 종이에 그린다. 원래 서식하는 자연환경 속에서 자연스럽게 움직이는 모습을 그리는 것이 좋다. 그림은 동물의 옆모습이어야 한다. 그런 다음 교사와 함께 선택한 동물이 인형으로 만들기에 적절하거나 가능한지 상의한다. 슈투트가르트 발도르프학교의 한 교사는 학생들의 도움을 받아 칠판에 코끼리 무리를 그렸다. 아이들은 칠판에 그린 수많은 코끼리 중에서 한 마리씩 골라 패턴을 만들었다. 인형이 완성되었을 때 찍은 사진을 통해 이 과정을 볼 수 있었다. 이런 식으로 영감을 주면 모든 아이가 기꺼이, 그리고 적극적으로 참여할 수 있다.

교사는 아이마다 잘 만들 수 있는 동물을 골랐는지 확인해야 한

다. 말은 인기 있는 선택이지만 어떤 아이에게는 길고 얇은 다리를 가진 동물이 너무 어려운 과제가 될 수 있다. 네 발 동물을 만들고 싶다면 곰이나 토끼처럼 쉬운 동물을 택하면 성공 가능성이 높아진다. 자기 기질과 닮은 동물을 택하는 경우가 많지만 가끔은 아주 의외의 동물을 고르기도 한다. 이런 선택은 언제나 흥미진진하다! 순한 아기 고양이 같은 아이가 사

실은 사자를 꿈꾸고 있을 지도 모른다!

그림을 그린 다음에는 그 그림을 이용해서 큰 종이에 패턴을 그리고 오린다. 이것을 어떻게 서 있게 하지? 속을 어떻게 채우지? 궁금함이 생겨난다. 이제 동물 형상에 걸맞은 천을 골라 패턴을 따라 그리고 그것을 조각별로 자른다. 조각마다 해당 부위의 이름을 써넣는 법을 배운다. 이는 나중에 옷 만들 때도 등장하는 중요한 과정이다.

그동안 교사는 동물 가죽이나 털을 표현할 수 있는 재료들을 모아놓는다. 친구들에게 동물 인형에 적합한 색깔과 짜임을 가진 양모 치마나 코트를 얻어 오기도 하고, 모피나 가죽 조각, 거친 면직물 같은 천연 재료들을 눈에 띄는 대로 모아서 '동물' 재료 바구니를 채워 둔다. 어쩌면 그 천과 재료들 역시 동물에게 영감을 받아 만든 것일지도 모른다. 재료 선택까지 마치면 본격적으로 작업을 시작한다.

처음에 구상한 상이 고스란히 실현될지 여부는 패턴을 뜨고 재료를 선택하고 바느질하는 모든 과정에 따라 결정된다. 어느 과정이라도 대충 넘어가면 형태가 망가진다. 그렇기 때문에 작업 과정 내내 교사와 아이 모두 꼼꼼히 살피고 수정하면서 천을 자르고 바느질해야 제대로 된 동물이 탄생할 수 있다. 바느질이 끝나고 양모로 속을 채워 넣을 때 아이들은 그간의 노력이 헛되지 않았다고 여길 것이다.

동물 인형은 6학년 수공예의 주요 과제다. 하지만 수공예와 공예 과목에 충분한 시간이 배정된다면 사람 인형이나 줄로 조종하는 꼭두각시 인형 같은 것도 도전해 볼 수 있다. 특히 손바느질로 인형 옷 만

들기는 7학년 수업을 위한 훌륭한 사전 연습이 될 수 있다. 인형 옷을 만들며 여러 가지 자수와 장식을 시도해 볼 수 있으며, 이는 이후 7, 8 학년에서 의복과 연극 의상 만들 때 좋은 영감으로 작용할 것이다.

7학년

나는 세계와 스스로에 대한 내 생각만큼 선하거나 악하다는 말은 정말 옳다. 나는 그 생각에 따라 행동하며, 살아가는 방식과 행동으로 그 생각을 표현하기 때문이다. _미하엘라 글렉클러Dr. Michaela Glöckler

7학년에서 아이들은 르네상스 시대의 예술적 번영과 혁명의 시기를 배운다. 교과 과정에서만 일어나는 변화가 아니라 아이들의 성장 발달 역시 르네상스와 혁명기에 진입한다. 놀랍도록 다양한 예술적 가능성을 발견하는 동시에 사고와 저항의 힘이 깨어나는 것을 느낀다. 예술 작업에서 뛰어난 창의성을 보이기도 하고 정교한 디자인을 만들고, 색깔도 능숙하게 사용한다.

지금까지는 기대하기 어려웠던 과제에 도전할 준비가 된 것이다. 올해 아이들이 도전할 과제는 손바느질로 완성도 높은 의상을 만드는 것이다. 직접 그린 예술적 디자인을 천에 옮겨 실제 입을 수 있는 옷으로 변신시키는 것은 새로운 경험이다. 첫 단계는 입고 싶은 옷을 떠올리고 디자인하는 것이다. 세부적인 부분까지 빼놓지 않고 완성한다. 자수를 여러 방식으로 활용하는 방법들도 배운다. 장식을 이

자수를 놓은 책갈피

리저리 배치하면서 자수 모양과 위치에 따라 옷이 어떻게 더 살아나는지를 찾아간다. 목과 허리, 밑단 디자인이 완전히 똑같으면 안 된다. 목 디자인은 목 아랫부분을 가리키고, 밑단 디자인은 밑단 위쪽을, 허리 장식은 양방향을 모두 강조하는 식으로 적절한 변형과 변화가 있어야 한다. 이런 디자인의 좋은 예를 과거의 뜨개질 장인들이 만든 노르웨이식 스웨터에서 찾아볼 수 있다.

학생들이 만드는 옷은 단순해야 한다. 그리고 직접 패턴을 만들어야 한다. 요즘 유행하는 옷들은 패턴 뜨기가 어렵지 않다. 나는 남학생과 여학생 모두에게 자기만의 디자인으로 여러 색의 자수를 놓은 상의와 셔츠를 만들어 보라고 권한다. 단순한 옷에 여러 방법을 동원해서 개인적 색깔을 입히는 것은 흥미로운 도전 과제다. 실질적인 옷 만들기가 끝나면 다음 과제는 미적인 요소를 불어넣어 아름다움에 한걸음 다가가는 것이다. 색색으로 수놓거나 코바늘로 장식한 단추와 단춧구멍은 옷에 아름다움을 더하는 장식품 역할도 한다. 모든 아이가 단춧구멍 꾸미는 법을 배운다. 주머니나 소매 부분에 작지만 재미있는 색깔 장식을 넣으면 정교한 자수 디자인만큼이나 강렬한 인상을 줄 수 있다.

조끼 역시 다양한 방식으로 창조적 디자인을 시도해 보기에 좋은 주제다. 목공이나 정원에서 일할 때 입는 작업용 앞치마 디자인도 재미있는 작업이다. 일할 때 필요한 도구를 수납하기 편하도록 재단하고 예쁜 색으로 몇 군데 수를 놓는다. 요리용 앞치마는 입을 사람의 개성과 취향을 고려해서 그 사람에게 맞는 형태로 디자인하고 수놓으면 좋다.

옷 만들기 후에 추가 과제로 제안할 것은 많지만, 주 5일 수업으로 수업 시수가 줄면서 학기 중에 첫 번째 과제를 끝내고 다음 과제에 도전하는 아이들 수가 손꼽을 정도로 적어졌다. 실내화 만들기도 7학년에게 좋은 과제다. 발 가장자리를 따라 윤곽선을 그리고 패턴을 만들면서 아이들은 발의 골격 구조와 비대칭적 형태를 인식하게 된다. 실내화에 수를 놓을 때는 이런 인식을 예술적인 방식으로 아름답게 표현할 수 있다.

뉴욕에 위치한 루돌프 슈타이너 학교에서 아이들은 목공 시간에 마리오네트를 만들고 수공예 시간에는 그 인형에 입힐 옷을 제작한다. 인형극 대본을 쓰고, 대사를 외우고, 무대 배경을 그리고, 소품을 만들고, 마리오네트 조종법을 연습하면서 인형에 생명을 불어넣는다. 이 모든 과정은 멋진 공연으로 마무리된다. 7학년에게 딱 맞는 르네상스적 종합 예술이 아닌가!

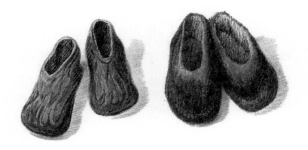

8학년

이들 중에서 우리가 맞닥뜨린 문제와 과제를 해결할 방법을 찾아낼
기술자와 예술가가 나올 수 있습니다. _루돌프 슈타이너

대바늘, 코바늘뜨기, 바느질, 자수까지 배웠다. 언제나 새롭고 흥
미로운 것을 찾는 8학년 아이들을 위해 이제 어떤 과제를 줄 수 있을
까? 올해 아이들이 만날 과제는 지금까지 배운 여러 기술을 집대성하
고 전기 재봉틀의 도움을 받아 옷 한 벌을 만드는 것이다. 흥미진진
한 도전이 아닐 수 없다.

　다른 교과 과정에서 아이들은 수작업으로 이루어지던 많은 일을
기계가 대체하기 시작하는 산업 혁명을 배운다. 재봉틀을 이용한 바
느질을 배우기에 딱 맞는 시기인 것이다. 하지만 구할 수만 있다면 전
기 재봉틀 전에 발로 밟아 돌리는 수동 재봉틀부터 경험하는 것이 좋
다. 발 재봉틀은 작동 과정이 고스란히 드러나기 때문에 아이들이 기
계 안에서 무슨 일이 벌어지는지 직접 눈으로 보면서 이해할 수 있다.
매끄럽게 바느질이 되려면 돌림 바퀴를 돌리는 팔과 발틀에 올려놓은
발과 다리가 적절하게 협응하는 리드미컬한 움직임을 찾아야함을 몸
으로 배운다. 수동을 먼저 배우면 전기 재봉틀의 진가를 제대로 알 수
있다. 전기 재봉틀이라고 모든 조작이 다 쉬운 것은 아니지만 효율성
만큼은 발 재봉틀과 비교할 수 없이 뛰어나다.

　아이들은 전기 재봉틀의 작동 원리와 함께 문제가 생겼을 때 해결

전기 재봉틀을 조작하는 학생들

하는 법도 배운다. 사소한 부분에서 문제가 생기기 쉽다. 바늘귀에서
나온 실 끝이 사라졌다면 어디서, 어떻게 찾아야 할까? 재봉틀에 실
을 다시 걸고 실패를 새로 끼우고 다시 재봉틀을 돌릴 수 있을까? 전
기 재봉틀은 속도가 대단히 빠르다. 멍하니 딴 생각할 시간이 없다.

먼저 직선 박기와 천 다루는 법을 연습한다. 사용하는 천의 특성
을 잘 파악해야 한다. 수업에서는 가능한 한 천연 섬유를 쓴다. 첫 번
째 과제는 면직물을 이용한 셔츠 만들기다. 면은 바느질이 쉽기 때문
에 첫 과제로 적절하다. 이 과제가 끝나면 실크나 다른 재질을 시도한
다.(아이가 직접 재료를 사러 나갈 때는 부모나 교사가 동행하거나 안내해 주어

야 한다) 재봉 솜씨가 좋은 아이들은 한 단계 더 나아가 웃옷이나 바지에 도전해 볼 수 있다. 예술성이 뛰어난데 집안 형편이 어려워서 옷을 잘 사지 못하는 아이가 있었다. 그 아이는 바지와 웃옷 재단하는 법을 터득한 뒤, 직접 손바느질로 만들어서 매일 입고 다녔다!

패턴을 그리는 학생

8학년에서 아이들은 기성품 옷본을 사용하는 법도 배운다. 옷본에 적힌 지시사항 읽는 법과 올바로 연결하는 법, 천을 낭비하지 않고 알뜰하게 재단하는 방법을 배운다. 핀 꽂기, 마름질, 시침질 모두 인내를 필요로 하는 섬세한 작업이다. 몸에 잘 맞는 옷 만들기는 결코 쉬운 일이 아니다. 수없이 몸에 대보고 관찰하고, 서로 도와주어야 한다. 작품마다 창의적 디자인으로 자수를 놓으면 더 좋으니, 교사는 이를 적극 권장해야 한다. 교사는 아이들에게 필요한 영감을 주는 동시에 종이 위에 도안을 그릴 때와 직접 샘플을 만들 때 새로운 요소를 도입하고 실험하는 법을 가르쳐 준다.

이 모든 과정이 긍정적인 방향으로 진행되려면 교사가 자기 역할을 정확히 인식하고 있어야 한다. 8학년이나 되었으니 이제 혼자 알아서 할 수 있다고 입버릇처럼 이야기하지만, 과제를 제대로 완수하기 위해서는 아직 교사가 꼼꼼하게 살피면서 격려해 주어야 한다. 치명적 실수를 미연에 방지하기 위해서는 수업에 들어가기 전에 항상 아이들 작품을 살펴보고 진행 상황을 점검해야 한다. 수업 중에는 필요할 때 재빨리 달려갈 태세를 갖추고, 아이들이 한눈팔지 않도록 독려한다. 집중력과 동력을 유지하는 것이 무엇보다 중요하다. 한 수업에서 성취감을 맛본 아이는 다음 시간에도 기쁜 마음으로 돌아와 작업을 이어갈 것이기 때문이다.

복잡한 실꼬기나 여러 방식으로 허리띠 만들기 등 집에서 할 수 있는 간단한 수공예 과제들도 방학 전에 완성해야 한다. 예쁜 머리띠나 연극에 쓸 모자나 의상을 꾸미는 장식을 만들 수도 있다. 옷을 수선하는 법을 가르쳐 주고 직접 수선하게 하는 것도 아주 좋은 과제다.

8학년 말에는 1학년부터 배운 것을 함께 되돌아보는 시간을 갖는다. 우리는 아이들이 그동안 배우고 성취한 모든 것에서 따뜻한 만족감을 경험하기를 소망한다. 지금까지 얼마나 많은 것을 배웠는지 하나씩 나열하다 보면 아이들은 새삼스레 놀라고 감탄하게 될 것이다. 1학년부터 8학년까지 수공예 수업은 아이들이 세상 속에서 의지를 펼치며 일하고 그 의지를 예술적으로 표현할 능력을 키워줄 뿐 아니라, 성장 중인 아이들의 사고에 힘을 북돋고 명료함을 더해 주는 역할을 한다.

2. 목공 수업

나는 하나의 사물,
하나의 명사가 아니다.
나는 하나의 동사이자 진화하는 과정이며
세상에 없어서는 안 되는 하나의 기능이다.
그리고 그대 역시 그렇다.
_벅민스터 풀러Buckminster Fuller

발도르프학교에서 공예 수업의 의미

질문을 멈추지 않는 것이 중요하다.
_알버트 아인슈타인Abert Einstein

20세기 초반에는 대부분의 사람이 땅과 밀접한 관계를 맺으며 살아갔다. 당시 아버지들은 대개 농부거나 노동자였다. 자연과 공존하는 생활 환경 속에서 아이들은 집안일을 거들고 부모가 일하는 모습을 곁에서 지켜보며 '의지'(손을 능률적으로 사용하는 법)를 훈련했고, 학교에는 사고하는 법을 배우기 위해 갔다.

지금은 상황이 완전히 달라졌다. 학생들 대부분은 도시에 살고 부모는 일하기 위해 아침마다 집을 나선다. 부모가 직장에서 일하는 행위는 아이들 눈에 보이지 않고, 노동의 직접적인 결과를 가족 구성원이 함께 느끼거나 체험하기도 어렵다. 삶과 일이 추상적으로 분리된 시대가 된 것이다.

게다가 요즘 아이들은 정보의 홍수에 파묻혀 살아간다. 사고를 끊임없이, 그리고 과도하게 자극하는 환경은 아이들의 신경 체계에 큰 스트레스를 준다. 이런 종류의 정보를 교육이라고 착각해서는 안 된다! 이런 정보는 진정한 사고의 힘을 훈련시켜 주지도, 충족시켜 주지도 못하는 사고의 모조품일 뿐이다. 뿐만 아니라 많은 아이의 일상에 건강한 리듬이나 기꺼이 몰두할 만한 의미 있는 행위가 턱없이 부족하다. 이제 '일'하기를 가르치고 의지를 단련시키는 과제가 학교 교육으로 넘어왔다.

발도르프학교의 수공예와 공예 수업 교과 과정은 이 문제를 해결하기 위해 노력한다. 오늘날의 아이들은 타고난 능력, 즉 사고를 발휘하고 그 결과를 보는 능력을 최대한 활성화시키는 법을 의식적으로 훈련해야 한다. 이들에게 정말 필요한 것은 자존감, 자기 신뢰, 자립심의 기반이 되는 실용적 기술의 발달이다.

자기 손으로 직접 작품을 완성하는 경험이 쌓일수록 아이들의 자신감도 함께 성장한다. 이는 학문적 성공의 열쇠이기도 하다. 실용적이고 구체적인 작업 과정에 참여할 때 아이들은 '배우는 법을 배운다.' 발도르프 실용 공예 교과 과정은 놀이에서 일로 전환되는 과정에서 중요한 역할을 한다. 예를 들어 목공 수업은 발달 측면에서 아이들이 새로운 분야에 관심을 갖고 새로운 기술을 익힐 준비가 되는 시기에 교과 과정에 들어온다. 우리가 아이들에게 세상에 대한 흥미와 기술을 많이 키워 줄수록 아이들은 지상에서 온전한 인간으로 살아갈 능력을 얻는 동시에 기계 문명을 기반으로 하는 문화에 종속되지 않을 것이다. 아이들은 수작업이 얼마나 멋진 일인지를 경험할 필요가 있다. 공예 수업은 교사가 아이들에게 이타적인 행위의 기쁨을 맛보게 해 줄 좋은 기회이기도 하다. 사랑하는 친구와 주변 사람들을 위한 작품을 만들며 아이들은 더불어 사는 기쁨을 배울 수 있게 된다.

목공은 발도르프학교에서 4학년(또는 5학년)부터 시작해서 12학년까지 이어진다. 어느 학년에 시작하는지는 학교 상황에 따라 다를 수 있다. 농촌 지역 아이들은 이미 일상에서 손을 많이 써 왔기 때문에 4학년에 충분히 목공을 시작할 수 있었다. 내가 수업한 학교도 그랬다. 하지만 나는 5학년부터 시작하는 것이 낫다는 의견이다.

학년별 목공 수업 내용을 소개하기 전에 이 수업의 주재료인 나무의 몇 가지 속성을 살펴보자. 첫 번째는 나무의 종류별 특징이다. 나무마다 질감, 색깔, 무르거나 단단한 정도, 밀도가 저마다 다르다.

목재 이해하기

우선 나무는 단단한 나무(하드우드)와 부드러운 나무(소프트우드)로 나눌 수 있다. 나뭇결이 둥글고 간격이 넓은 나무가 있고, 직선으로 빽빽하게 늘어선 나무도 있다.(거칠고 간격이 넓은 결을 가진 나무가 있는가 하면, 직선으로 빽빽한 결의 나무도 있다) 조각을 하다 보면 나무가 빨리 자랐는지 천천히 자랐는지, 수분이 많은지 적은지, 잘 쪼개지는지 등을 손끝으로 느낄 수 있는데, 그에 따라 조각도를 사용하는 방법이나 마무리하는 방식이 달라져야 한다. 예를 들어 느릅나무로 작품을 만들려면 나뭇결이 반듯하지 않고 뒤틀려 있어 결의 방향을 예측하기 어려운 목재 다루는 법부터 배워야 한다. 경험이 쌓이면서 아이들 스스로 나무를 알아보고 다루는 법을 터득해 나갈 것이다.

모든 나무가 저마다의 특성, 색깔, 냄새, 질감을 지닌다. 단단한 나무(물푸레나무, 단풍나무, 너도밤나무, 느릅나무, 참나무, 밤나무, 보리수, 참피나무)는 나뭇결이 촘촘하고 반들반들하며 나뭇잎은 대개 넓고 평평하다. 부드러운 나무(소나무, 전나무, 북미산 솔송나무, 미국삼나무)는 잎이 좁고 뾰족하며, 나뭇결이 성글어서 다루기가 수월하다. 다음은 목재별 특성이다

참나무 단단하고 질기다.
느릅나무 결에 꼬인 무늬가 있으며 질기고 유연하다.
호두나무 색이 풍부하고 짙으며 따뜻하고 아름다운 광이 난다.
물푸레나무 쉽게 구부러지며 껍질이 붙어 있다.
너도밤나무 색이 밝고 작은 반점이 있으며 무늬가 있지만 질기다.
벚나무 목재의 색에서 내적 온기가 드러난다.
배나무 단단하며 잘 부서진다. 섬세한 표현에 적합하다.
사과나무 나뭇결이 선명하고 뚜렷하다.

라일락 색깔 변화가 뚜렷하다.

흑단, 유창목 반들반들하고 묵직하다.

목재별로 샘플을 준비해서 아이들이 돌아가며 관찰하고 의견을 나눈다. 중요한 것은 작업 재료가 될 목재에 대한 관심을 불러일으키는 것이다. 히코리, 유창목, 설탕단풍나무, 너도밤나무는 나무 망치 만들기에 좋고(나뭇결이 촘촘하게 자라기 때문에 쇠를 두드릴 때 쉽게 패이지 않는다), 물푸레나무, 회양목, 마호가니, 양버즘나무, 호두나무, 개암나무는 손잡이를 만들기에 적합하다.(나뭇결의 탄력성이 뛰어나기 때문에 잘 휘어지지만 쉽게 부러지지 않는다)

아이들은 나무가 싹에서 묘목을 거쳐 큰 나무로 성장하는 과정을 이해하고, 숲의 형성과 재생 원리를 그림으로 떠올릴 수 있어야 한다.

숲은 인간의 삶에 수많은 기여를 한다. 해가 지면 나무는 인간이 호흡하는 데 필요한 산소를 내뿜는다. 집을 지을 수 있는 목재를 제공할 뿐 아니라, 열매와 씨앗은 인간과 동물의 먹이가 되고, 동물들은 나무와 숲 아래 서식지를 만들고 몸을 피한다. 빽빽하게 자란 나뭇가지는 비가 올 때 일종의 우산이 되어 빗방울이 쏟아지는 속도를 늦춰주고, 낙엽이 쌓인 비옥한 토양은 스펀지처럼 물을 흡수했다가 조금씩 지하로 흘려보내면서 개울이나 연못으로 합류하게 한다.

발도르프학교 공예 교사는 아이들이 자연계를 알고 이해하는 폭을 확장시키는 것 외에도 여러 책임이 있다.

나무의 성장

잎

형성층

나이테

변재

내피
외수피

심재

뿌리

뿌리털

잎	햇빛이 있는 곳에서 공기를 통해 이산화탄소를 흡수하고 토양에서 물을 빨아들여 나무에 필요한 양분을 생산한다
나이테	해마다 새로운 나이테가 생겨난다. 굵은 테는 수분이 풍부하고 성장이 많이 일어났음을 보여 준다.
변재	이들 세포를 통해 수액이 뿌리부터 시작해서 가지 끝까지 올라간다. 씨앗 생산과 새로운 나무 성장을 위한 양분도 이곳에 저장된다
형성층	매년 묵은 나무껍질과 목재 사이에 새로운 나무껍질 층과 목재를 만들기 위해 분열하고 성장하는 세포층
내피	잎에서 만든 양분은 내피 세포를 통해 나무 몸통, 가지, 뿌리로 이동하며 성장에 쓰이거나 저장된다
외수피	날씨, 동물, 곤충, 불, 질병과 건조함에서 나무를 보호한다.
심재	과거에는 변재였지만 지금은 비활동성 세포인 나무의 중심부. 나무의 힘과 내구력을 담당한다.
뿌리털	주변 토양에서 물과 용해된 무기물을 흡수한다.
뿌리	흙 속으로 파고들어 나무를 지탱하고 대지에 단단히 고정하는 역할을 한다. 흙에서 물과 무기물을 흡수해 나무 전체에 공급한다.

안전

목공 수업에서 무엇보다 중요한 과제는 작업장의 안전이다. 공간 전체가 불필요한 잡동사니 없이 깨끗해야 하고, 모든 가시파장이 포함된 충분한 조명(가능하면 자연광)이 있어야 한다. 목공실에서 일어날 수 있는 화재의 종류에 적합한 소화기를 적어도 한 대는 구급상자 옆에 비치해야 하며, 이런 물품들을 한 달에 한 번, 필요하면 그보다 자주 점검해야 한다. 모든 공예 교사는 기본적인 응급 처치 방법을 미리 훈련해 두어야 한다. 모든 가연성 재료와 도구는 잠금 장치가 있는 적절한 금속 용기에 보관하고, 걸레는 매일 적절하게 정리하거나 폐기해야 한다. 도구와 기계 장비는 안전한 장소에 깔끔하게 수납하고 설명서는 쉽게 찾아볼 수 있는 곳에 함께 보관한다. 교사는 작업장 안전을 모든 상황에서 최우선 과제로 항상 의식하고 있어야 하며, 그중에서도 수업의 첫 부분과 마지막에 가장 주의를 기울여야 한다.

수업 중 대화

저학년 목공 수업에서는 아이들과 함께 노래 부르면서 작업하는 것도 좋다. 노래를 부르면 호흡이 규칙적으로 안정된다. 노래의 리듬은 신체를 조화롭게 하며, 효율적인 움직임을 가능하게 해 준다. 뱃 사람들이 무거운 닻을 끌어올릴 때나 목화나 나무 열매를 따는 단조로운 반복 노동을 할 때 일꾼들이 입을 모아 노래를 부르는 것은 이런 이유 때문이다. 리듬은 신체가 피로해지는 것을 막아 주는 효과가 있다.

"음악과 노래에 담긴 원리와 수공예 활동을 연결하십시오... 이 연결 관계가 존재해야 합니다. 이는 아이들에게 큰 도움을 줄 것입니다. 모든 노동은 음악에서 시작했습니다. 요즘에는 더 이상 이런 노동요를 쉽게 들을 수 없지만 시골 타작 마당에 가서 귀를 기울이면 농부들이 도리깨질하는 손놀림 속에 존재하는 리듬을 알아볼 수 있을 것입니다. 우리에게는 이런 종류의 리듬이 필요합니다. 그럴 때 우리는 다시 노동 속에 정신이 깃들게 할 수 있을 것입니다."

_루돌프 슈타이너

저학년 목공 수업에서 나는 유머러스한 이야기를 몇 시간에 걸쳐 들려주기도 한다. 이런 이야기는 아이들이 기대감을 갖고 수업에 들어오게 해 주는 동시에 어린 학생들의 긴장을 풀어 주는 효과가 있다.

하지만 수업 시간에 아이들끼리 나누는 대화의 방향을 잘 이끌고 안내하면 그 안에서 더 의미 있는 수확을 얻을 수도 있다. 텔레비전이나 영화에서 본 폭력적인 장면들처럼 달갑지 않은 대화 소재들도 있다. 그런 이미지들이 아이들의 눈과 경험을 빌려 교실에서 강한 존재감을 발휘한다면 교사는 무조건 금지하기보다는 아이들이 이를 소화하고 해소할 필요가 있음을 알아볼 수 있어야 한다. 교사가 충분한 인내심과 지혜를 갖춘다면 사려 깊은 질문과 대화를 통해 아이들에게 필요한 도움을 줄 수 있을 것이다.

발도르프 교육이 멋진 이유 중 하나는 학교 분위기가 건설적이고 행복하다는 점이다. 아이들이 학교 밖에서 좋지만은 않은 온갖 자극을 접할 수 있겠지만, 최소한 학교에서만큼은 평생 소중히 간직할 긍정적인 경험들을 얻을 수 있다. 목공 수업 시간에 아이들은 일상에서 겪은 여러 가지 경험을 자유롭게 털어놓으며 소화할 기회를 얻는다. 교사는 그런 대화를 귀담아 들으면서 자연스럽게 상담이나 조언을 해 줄 수 있다.

나는 수업 시간에 수준 높은 대화를 이끌어 내고 유지하려고 노력했다. 자연을 관찰한 경험이나 자연을 소재로 한 이야기, 주기 집중 수업에서 배우는 내용이나 방학 때 여행한 이야기 등을 주고받았다. 소외되는 사람 없이 모두가 참여하면서 품위 있는 대화를 나누는 것은 그 자체로 하나의 예술이다. 서로의 이야기에 귀 기울이는 태도 역시 배우고 연습해야 하는 덕목이다. 수공예와 실용 공예 교사는 대화와 경청이라는 중요한 사회적 기술을 익히고 훈련하는 과정에도 도움을 줄 수 있다.

떠드는 소리가 너무 커진다 싶으면 이렇게 말한다. "자, 이제부터 정확히 7분하고도 19초 동안 모두 입을 꼭 다물어 주세요." 내가 그 순간 생각나는 대로 말한 시간을 정확히 재는 동안 아이들은 높은 집중력으로 과제에 집중했다. 그리고 대개의 경우 제안한 시간이 지난 뒤에도 전보다 훨씬 차분하고 진지한 상태를 유지했다.

비속어나 욕설을 쓰는 아이가 있으면 야단치는 대신 이렇게 말했다. "그런 말썽쟁이 단어가 교실에 들어오면 얼른 내쫓아 주세요. 그 녀석들은 천장 구석으로 날아올라가 숨어 있다가 교실을 지저분하게 만든 답니다." 우리 입에서 나온 모든 단어는 집단 전체에 영향을 미친다. 공동체를 의식하는 태도 역시 성장하면서 꼭 배워야 하는 중요한 사회적 기술이다. 우리는 "이런 개나리를 봤나"나 "귤 까라 그래"처럼 속상함이나 짜증을 표현하는 새로운 표현들을 만들면서 낄낄거리기도 했다.

대화를 이끄는 원칙이나 지켜야 할 규칙을 만드는 것은 별 소용이 없다. 그보다는 교사가 스스로를 오케스트라의 지휘자라고 생각하면서 전체 소리를 조율하는 태도를 갖는 것이 낫다. 그 순간 그 자리에서 벌어진 상황에 맞게 대처해야 한다. 학급에 따라, 그날 누가 결석했는지 같은 요소에 따라 분위기는 늘 달라지기 때문이다. 우리가 들숨과 날숨이 살아 있으며, 리드미컬하고 정서적으로 편안한 분위기로 수업을 이끈다면 그 경험을 통해 아이들은 정서적 능력을 얻고 앞으로의 인생에서 유용하게 그 능력을 사용할 수 있을 것이다.

생태학

　재료를 귀하게 여기고 소중히 다루는 태도는 도덕적, 사회적 책임감의 기반이 된다. 공예 수업 교실이나 작업장은 생태 의식을 일깨우는 교육의 장이 되어야 한다. 작업 과정에서 나온 크고 작은 부스러기들도 유용하게 쓰일 수 있다. 막대기는 단추로 변신할 수 있고, 가죽 조각은 유연한 경첩이 될 수 있으며, 톱밥은 인형 속을 채우는 용도로 쓰거나 목공용 접착제와 섞어 퍼티를 만들 수도 있다. 단단한 나무 조각은 상감 장식으로 쓸 수 있다.

　수공예, 목공예 교사의 불문율 중 하나는 잡동사니를 버리지 않고 모아 두는 성향이 약간은 있어야 한다는 것이다. 배우자들은 질색할지 몰라도 아이들은 쓸모없는 부스러기 취급을 받는 물건이 새로운 용도로 쓰이는 것을 보면서 속으로 기뻐한다.

　나는 온갖 재료와 자투리들을 깡통, 병, 상자에 종류별로 차곡차곡 정리해 둔다. 그러다가 '말괄량이 삐삐'처럼 어디서나 '보물'을 찾아 모으는 수집벽으로 인해 보물 창고가 너무 비좁아지거나 시간이 지나도 안 쓸 것 같은 물건들은 추운 겨울날 난로 땔감으로 긴요하게 쓰인다. 물론 아이들에게 이 모든 요소와 이유를 의식적으로 찬찬히 설명해 준다.

　나의 큰 기쁨 중 하나는 아이들이 연극이나 학급 행사에 필요한 특이한 물건을 찾으러 수공예실로 뛰어오는 것이다. 아이들은 이곳에

오면 보물 창고에서 쓸 만한 것을 찾거나 만들 수 있음을 잘 알고 있는 것이다.

이타심 키우기

북미에 사는 사람들의 과제 중 하나는 타인을 생각하는 이타심을
키우는 것입니다. _루돌프 슈타이너

공예 작품을 만들 때 우리는 선물하고 싶은 사람을 떠올리면서 그 사람이 기뻐할 모습을 상상한다. 직접 만든 작품은 생일이나 특별한 날을 맞은 아이들에게 '진짜' 선물이 된다. 오랜 시간 공들여 만든 것이기에 받는 사람은 그것을 소중하게 여기기 마련이다.

7, 8학년쯤에는 공동체를 위한 작품을 목공 수업의 주요 과제로 삼을 수 있다. 이를 통해 아이들은 그동안 갈고닦은 솜씨를 공동의 이익을 위해 발휘할 기회를 얻는다.[07]

사고하기

결론이나 이론을 내기 전에 먼저 현상을 관찰하고 연구하는 방식

---

07 이런 작업에 어울리는 작품들을 다음 장에서 소개한다.

으로 접근하면 사고 능력이 자란다. 이런 과정으로 배운 학생들은 판단력과 분별 능력을 자유롭게 키우고 훈련할 수 있다.

역동적 사고 활동을 위해서는 움직임이 필요하다. 워즈워스William Wordsworth와 괴테의 가장 아름다운 시는 모두 산책 중에 나왔다. 공예 시간에 아이들은 쉴 새 없이 움직이면서 교사가 가르치는 기술을 내적으로 모방한다. 그리고 그것은 형성력이 되어 아이들의 손으로 흘러들어 간다. 아이들이 교사의 행위를 관찰하고 그로 인해 창조하게 되는 힘은 지성에서 탄생하지 않는다. 그것은 관찰이라는 감각 활동과 의지 활동의 상호 관계의 소산임을 성인들은 알아보아야 한다. '감각'을 어떻게 교육해야 하는지에 관해서는 이 장 끝부분에서 다시 언급할 것이다.

사지를 적극적으로 움직이는 모든 활동은 혈액의 움직임을 필요로 한다. 아이들이 작업에 완전히 몰두할 때면 혈액 순환이 활발해지면서 볼이 발그레하게 달아오르는 것을 볼 수 있다. 이렇게 몸을 움직이면 체온이 올라가고 근육 내 젖산이 생성된다. 사고 활동을 할 때는 정반대의 현상이 일어난다. 사고 활동은 신체에서 알칼리성 화학 작용을 일으킨다. 사고 활동을 위해서는 차가움이 필요하다. 체온이 너무 올라가면(열이 나면) 제대로 생각할 수 없으며 심하면 헛것을 보기도 한다. 오랜 시간 사고에 몰두하면 얼굴색이 창백해진다. 사고 활동에는 신경이 관여한다. 신경은 인간 신체에서 유일하게 재생되지 않는 세포다. 세포 중에서 죽음과 가장 가까운 부분인 것이다. 우리에게는 사고와 의지 사이 균형이 필요하다. 실용 공예뿐 아니라 모든 능동적 의지 활동은 신체의 화학적 구성을 생산적인 상태로 만든다.

손으로 일할 때 사고는 살아난다. 주어진 과제를 해결할 수 있는 방법이 무수히 많고, 실수를 수정할 수 있음을 깨달을 때 아이들의 사고는 훨씬 유연해진다. 그리고 자기 손이 점점 유능해지는 것을 눈으로 보면서 진정한 자신감이 차오른다.

도덕적 판단력

공예와 도덕성은 아주 밀접한 관계가 있다. 공예를 하면서 돌이나 양털, 나무와 진실하게 만나기 위해서는 재료와 관계하는 직관적 과정에 온전히 집중하고 몰두해야만 한다. 공예 작품은 절대 급하게 만들어서는 안 된다. 끈기와 섬세함이 녹아 있어야 한다. 공예란 근본적으로 유기적이면서 세분화된 방식으로 물질에 정신을 육화시키는 과정이기 때문이다.

여러 측면에서 보아 도덕성은 사고의 대척점에 위치한다. 루돌프 슈타이너는 '도덕성은 사실 의지의 문제이지 사고의 문제가 아니다.'라고 말했다. 의지는 의식이 닿지 못하는 곳에 감추어져 있다. 우리 내면 깊은 곳에 잠들어 있다고도 말할 수 있다. 사고는 보편적인 반면 의지는 우리가 지닌 힘 중에서 가장 개별적인 요소다. 도덕률은 종교

지도자들이 인류를 위해 창조한 것이지만 도덕성 자체는 개별적 체험에 속한다. 모든 사람은 자기만의 도덕성을 지닌다. 신체에서 의지는 본능을 생성한다. 물질 육체에서 소화, 호흡, 심장 박동이 일어나게 하는 것이 바로 우리 의지의 힘이다. 감성 영역에서 의지는 열정, 욕망, 갈망을 일으킨다. 우리의 고차적 본성, 우리 자아에서 작용하는 의지는 목표를 향한 동기를 창조한다. 우리를 도덕성으로 이끄는 것이 바로 이 동기다.

공예 작업에서 동기를 갖고 계속 노력할 때 우리는 도덕성의 핵심, 즉 더 잘하고 싶다는 소망, 완벽을 향해 나아가겠다는 의도와 만난다. 도덕성이란 온 마음을 다해 진실하게 무언가를 지향하는 상태이기 때문이다. 공예 활동은 도덕적 판단을 형성하는 힘을 일깨운다. 작업을 진전시키기 위해서는 끊임없이 크고 작은 결정을 내려야만 한다. 실수를 저질렀으면 수정하고 보완하면서 계속 나가야 한다. 완전히 회복 불가능한 경우가 아니면 만들던 작품을 쉽게 폐기하거나 처음부터 새로 시작하지 않기 때문이다. 숟가락의 오목한 부분을 만들다가 너무 많이 파서 구멍이 뚫려 버렸다면 샐러드용 포크로 변형시키면 된다. 이렇게 작업 진행의 방향과 결정은 일 자체에서 나와야 하며 교사의 지시가 언제나 절대적 기준이 되어서는 안 된다. 이런 경험을 통해 아이들 마음에는 일에 대한 사랑과 존경이 자란다. 학생들이 이런 태도로 배움에 임할 때 교사는 학생들의 성장에 필요한 교육적 과제에 더 많은 시간과 힘을 쏟을 수 있다. 이 수업에서 기대하는 바가 무엇인지 분명한 언어로 명확하게 제시했을 때 아이들은 몸과 마음이 일치된 상태로 수업에 임하는 태도를 배울 수 있다.

교사는 학생들이 '올바른 것'을 성취했다는 느낌을 받을 수 있도록 수업을 이끌어야 한다. 그리고 그 경험이 몸에 밸 때까지 계속 반복되어야 한다. 이 과정이 도덕성 발달을 위한 근본 토대가 된다. 실용 예술을 통해 아이들의 '놀이'는 예술로 변형된다. 처음에는 미학적 형태감을 일깨우고, 다음에는 실용적인 형상을 만드는 능력을 개발하며, 마지막으로 일 자체가 주는 기쁨을 경험하면서 단계별로 승화된다.

감각 교육

삶은 배움이다. 우리의 에너지와 감각, 능력을 최대치로 활용하며 가장 생기 넘칠 때 우리는 가장 많이 배운다. _존 홀트John Holt

매끄러운 나무의 질감, 갓 톱질한 나무 냄새, 유칼립투스나 허브 이파리를 문질렀을 때 나는 향기, 솔방울 태우는 냄새, 이 모두가 감각 교육에 속한다. 우리는 아이들에게 가능한 한 다양하고 풍요로운 감각 경험을 제공해 주어야 한다.

아이들에게 눈가리개를 한 채 나무껍질을 만지면서 나무 이름을 알아맞히게 한다. 흙에서 갓 캐어 올린 사사프라스 나무뿌리의 신선한 향기를 맡고, 차로 끓여 맛을 본다. 잘 드는 칼로 자른 나무 조각의 매끄러운 표면을 볼에 대고 문지르면서 감촉을 느껴 본다. 낙상홍 열매 맛을 보고 페퍼민트 잎을 씹어 본다. 숲에 쓰러진 나무 위를 평균대 삼아 걸어 본다. 낙엽 더미를 헤치고·잘 삭은 흙을 한 줌 쥐어 진한 흙냄새를 맡아 본다. 모든 감각을 동원해 주변 사물을 깊이 체험하면서 아이들은 세상에 대한 자신감을 얻는다.

다음 도표는 루돌프 슈타이너가 이야기한 인간의 12감각을 정리한 것이다. 각 감각마다 공예 시간에 경험할 수 있는 해당 감각을 병기했다.

12감각

실용 공예가 감각을 강화하고 훈련한다면, 음악과 오이리트미는
감각을 아름다운 태피스트리로 직조하는 예술이다.

촉각
(우리가 물체적으로 외부 세상과 관계 맺는 감각)
처음 네 감각은 전적으로 유기체 내부에 존재한다.
나무의 질감, 매끄럽고 거친 느낌, 돌과 금속의 차가움

생명감각
(우리 몸의 병 들거나 건강한 상태를 느끼는 감각)
신체 내부로 들어가야 만날 수 있는 감각.
작업에 조용히 몰두할 때, 야외에서 상쾌한 바람을 맞으며 작업할 때

고유운동감각

(사지가 서로의 관계 속에서 어떻게 움직이는지를 지각하는 감각)

내부로 한층 더 들어갈 때 만날 수 있는 감각.

톱질, 줄질, 다듬기, 자르기, 구멍 뚫기 등 손-눈 협응이 의식적 리듬으로 진행되는 활동

균형감각

(상하좌우 공간과 관련한 자기 위치를 지각하는 감각)

위 감각들보다 더 깊은 곳에 존재

신체 자세에 따라 손뿐만 아니라 상체 전체가 움직임에 동참할 수 있다. 예를 들어, 몸을 앞뒤로 흔들면서 사포질을 할 때 상체 전체가 그 움직임을 함께 한다

미각

(외부 세상을 우리 내부로 가져오는 감각)

미각을 통해 외부세상은 우리 내부로 한층 깊이 침투한다.

뚜렷한 맛을 가진 잎과 뿌리, 나무껍질들이 있다

후각

(외부 세상을 지각하는 감각)

다음 감각들에서 우리는 신체 외부로 나간다. 후각은 가장 외부를 향한 감각이다.

나무마다 각기 다른 고유한 향이 있다. 광이 나는 나무들이 특히 향기가 강하다

시각

(세상이 우리에게 상으로 들어온다)

한층 더 깊이 침투하는 감각.

시각적 관찰 능력이 예리해지면 형태의 윤곽과 빗면의 균등함, 평면의 굴곡 정도를 알아볼 수 있다

열감각

(이를 통해 우리는 외부 세상과 밀접한 관계를 맺고, 사물의 특성을 온도로 경험한다)

위 감각들보다 우리 내면으로 한층 더 깊이 침투한다.

나무는 마찰을 통해, 신체는 사지 활동을 통해 온기를 얻는다. 돌은 주변의 온도를 받아들이고 저장하는데 대개는 서늘한 상태다

청각

(청각을 통해 우리는 외부 세상의 내적 질감을 체험한다)

내면으로 더 깊이 침투한다.

쿵쿵 두드리기, 긁어내기, 사포질, 톱질 같은 활동은 작업하는 재료에 따라 고유한 소리가 있다

언어감각

(소리에 의미를 부여하는 감각)

한층 더 깊이 침투한다.

올바른 대화의 의식적 구축과 함양

사고감각

(이를 통해 우리는 언어와 살아 있는 관계를 맺는다)

더 깊이 침투하는 감각. 언어를 형성한다.

디자인을 구상하고, 움직이는 장난감의 원리나 못 없이 목재를 끼워 맞추는 데 필요한 기하를 알아내는 사고 과정

자아감각

(이를 통해 타인의 자아에 대한 진정한 지각을 얻는다)

가장 심도 깊은 감각은 우리가 스스로를 내려놓고 타인을 있는 그대로 지각할 때 일어난다.

집단 상호 작용과 사회적 인식의 향상이 가능해진다

교과 과정

4학년

아이들은 교사의 지시가 아닌 자기 의지를 동력 삼아 작업해야 합니다.
그러면 우리는 아이들이 자기 생각에 따라 여러 물건을 만들고 조각할
수 있는 수준으로 이끌 수 있습니다. _루돌프 슈타이너

첫 시작은 아주 중요하다. 나는 목공 작업장에서 진행하는 첫 수
업에서 아이들이 특별하고 따뜻하며 흥미로운 분위기를 느끼게 하려
고 노력한다. 작업장은 깔끔하면서도 미적으로 아름다워야 한다. 도
구는 벽에 잘 보이는 위치에 질서정연하게 걸고, 언제든 사용할 수 있
도록 날과 부품을 잘 손질해 두어야 한다. 종류별로 구비된 통나무에
서 나오는 진한 나무 향기가 공간을 가득 채운다. 한마디로 문을 열고
들어오는 순간, 즉시 작업하고 싶은 열망이 샘솟는 공간이어야 한다.

4학년 아이들이 목공실에 첫 수업을 하러 들어오면 나는 아이들을 의자에 한 줄로 옆으로 나란히 앉으라고 한 뒤 간단한 게임을 한다. 모두 손을 등 뒤에 놓고 눈을 감는다. 나는 맨 끝에 앉은 아이 손에 잘 씻어 말린 복숭아씨 같은 것을 가만히 쥐어 준다. 아이는 눈을 감은 채 받은 물건을 옆 사람에게 건네주는데, 먼저 손가락과 손바닥을 이용해서 물건을 이리저리 만져 보며 최대한 탐색한다. 모든 아이가 탐색을 마치면 나는 아이들에게 손을 통해 얻은 느낌을 형용사만 이용해서 묘사해 보라고 한다. 명사가 나오면 안 된다. 여기서 중요한 것은 묘사지 사물의 이름을 알아내는 것이 아니기 때문이다. 아이들은 여기저기서 열심히 손을 들며 거칠다, 표면에 작은 구멍들이 있다, 갸름하다, 끝이 뾰족하다, 가볍다, 단단하다 같은 형용사를 이야기한다. 단어들이 모이면서 시각을 제외한 다른 감각들을 통해 파악한 대상의 상이 창조된다. 어느 정도 상이 만들어

졌다 싶으면 아이들이 추측하는 대상의 이름을 묻고, 마지막으로 직접 보여 주면서 손끝의 느낌을 확인할 수 있도록 몇 분 동안 관찰 시간을 준다. 다음엔 설탕단풍나무의 매끈한 나무토막, 참나무 껍질, 너도밤나무 열매, 도토리, 굵은 줄로 거칠게 문지른 나뭇조각 등을 같은 방식으로 돌아가며 만져 본다. 마지막 탐색 대상은 조각칼로 깎아 만든 작은 나무 달걀이다.

이 게임은 머리를 중심으로 하는 판단을 내려놓는 연습이다. 촉각을 이용해서 사물을 파악하라는 요구를 받은 아이들은 손끝, 손바닥, 둘째 손가락, 엄지손가락 등 손의 여러 부위를 적극적으로 사용해서 대상을 탐색한다. 손이 눈이 되는 것이다. 우리는 손에 대해 이야기를 나누면서, 모든 손가락이 엄지와 맞닿을 수 있는지(모지대향성)와 손 전체를 활짝 펴거나 주먹을 쥘 수 있는지(잡을 수 있는 능력)를 관찰한다. 손 덕분에 우리는 나무타기, 문 열기, 바느질하기, 꽃 심기, 집짓기 같은 일을 할 수 있다. 아이들과 이야기를 나누면서 인간의 손으로 할 수 있는 일의 항목이 늘어날 때마다 우리는 손의 위대함에 경탄한다. 그리고 우리는 다른 사람들을 위한 물건을 직접 만들 수 있는 것이 얼마나 멋진 일인지를 이야기하면서 대화를 마무리한다.

이어서 아이들에게 목공 작업실을 구석구석 살펴보라고 한다. 모든 도구가 미학적으로 아름답게 정리되어 있어야 한다. 이번엔 도구에 대해 이야기를 나눌 차례다. 이곳에 있는 모든 도구의 사용법을 하나씩 배워 나갈 것이며, 그때마다 특별한 기술을 익히게 될 거라고 말해 준다. 기대감과 의욕이 교실 가득 팽팽하게 차오른다. 도구를 하나씩 꺼내 애정을 담아 소개한다.

클램프와 바이스의 용도, 세로로 켜는 톱과 가로로 켜는 톱의 차이를 설명하고, 잘 드는 칼로 자른 나무토막이 사포질로 다듬은 나무 표면보다 매끈하다는 것도 보여 준다. 작품을 완성한 뒤에 광을 낼 때 사용하려고 특별히 장만해 둔 밀랍 크림 마감재의 달콤한 향기를 맡아 보기도 한다.

그런 다음 나는 통나무 하나와 도끼를 가져와서 절반으로 쪼갠 뒤 나뭇결을 보여 준다. 조심스럽게 은박지 두께 정도로 얇게 박편을 떼어 낸다. 그리고 나무가 성장할 때 계절의 특성이 나이테에서 잘 드러나는 통나무의 단면을 보여 준다. 아이들은 이제 나이테가 얇으면 그 계절이 건조하고 구름 낀 날이 많았음을 의미한다는 것을 알 수 있다. 마지막으로 어른 팔뚝 두께의 통나무에서 나이테를 세어 본다. 아이들은 그 정도 크기 나무가 자기들 나이의 두 배가 넘는다는 것을 알고 깜짝 놀란다. 이런 경험은 앞으로 목공 시간에 나무를 귀하게 다루는 태도를 갖게 해 준다. 경외심을 갖고 세상 사물을 대하는 자세가 생태 의식과 환경 보호라는 도덕적 감각을 일깨우는 비결이다.

아이들에게 목공 수업에서 요구하는 기준이 아주 높다는 사실을 단단히 일러둔다. 작품은 학생과 교사가 함께 꼼꼼히 살펴보고 둘 다 만족할 만한 수준에 이르렀다고 동의했을 때 비로소 완성된다.

영국 옥스퍼드에서 진행한 강의에서 루돌프 슈타이너는 수공예, 실용 공예와 예술의 연관성을 강조했다.

"모든 교육과 교수 방법이 인간 전체와 만나야 한다는 점을 고려해야 합니다. 이는 수업 내용이 교사의 심장에서 온전한 유기체로 나올 때만 가능한 일입니다. 이때 교수 내용이 영혼 요소에서 나와 물질과 실용적 측면으로 흘러드는지 알아볼 수 있을 것입니다. 그리고 물질적 측면과 실용적 측면으로 흘러드는 것이 발도르프학교에서 가장 중요한 문제입니다. 우리는 아이들이 손을 더 많이 사용하게 해야 합니다. 우리는 어린아이가 놀이에서 손을 사용하는 양식을 특정한 예술 요소로까지, 이 역시 아이 자체에서 나온 요소로 고양시키는 방향으로 수업합니다. 이는 6학년에서 예술적 측면을 자극하기 시작하면서 성취할 수 있습니다. 사실 그중 많은 요소가 더 어린 연령에 속하지만 우리는 타협할 수밖에 없습니다. 시간이 더 지나야 이상적인 상태를 구현할 수 있을 것입니다. 그때에는 아홉 살 아이가 여러 가지 일을, 실용적인 영역의 일을 포함해서, 지금은 열한 살이나 열두 살 아이가 하는 수준의 일을 할 수 있게 될 것입니다. 하지만 그런 실용적 일들의 특징은 예술적 요소를 품는 동시에 자유로운 작업이라는 데 있습니다. 아이들은 교사의 지시가 아닌 스스로의 의지를 동력 삼아 작업해야 합니다. 그러면 우리는 아이들이 자기 생각에 따라 여러 물건을 만들고 조각할 수 있는 수준으로 이끌

수 있습니다."(『교육 예술의 영혼–정신적 근본력. 교육과 사회적 삶 속 정신적 가치』 GA 305)

작업장 분위기는 편안하고 자유로와야 한다. 적절한 온기와 유머로 아이들이 긴장하지 않고 편안함을 느끼게 하되, 지나치게 흥분하지 않도록 적절한 경계를 유지하는 것이 중요하다. 4학년이면 어느 정도는 옳고 그름을 스스로 판단할 수 있는 나이다. 날카롭고 위험한 물건이 많은 곳에서 뛰어다니거나 심한 장난을 치지 않아야 한다는 것은 두말할 필요도 없이 당연한 일이다. 자칫하면 다칠 수 있기 때문이다. 이어서 아이들과 함께 상식적으로 생각해 봤을 때 목공 작업실에서 지켜야 할 또 다른 원칙들에 대해 이야기를 나눈다. 마지막으로 나는 이렇게 묻는다. "수많은 규칙을 만드는 것보다 상식에 따라 행동하는 편이 훨씬 더 낫지 않을까?" 아이들은 공간과 행동을 지배하는 기준을 세우는 데 한몫을 담당했다는 사실에 자랑스러워하며 열심히 고개를 끄덕인다.

첫 수업부터 작품을 시작하는 것이 중요하다. 위에 설명한 준비 과정은 여러 번의 수업에 걸쳐 전달해도 괜찮다.

이제 수업을 시작해 보자.

나는 아이들에게 오늘 우리가 첫 번째로 만날 도구가 모든 공구 중에서 가장 중요한 것이라고 말해 준다. 이것만 있으면, 그리고 적당한 끈기가 뒷받침해 준다면 원하는 것을 거의 모두 만들 수 있다. 이 도구는 바로 칼이다. 이어서 아이들에게 맨손 나무 조각을 위해 특별히 안전하고 실용적으로 제작된 스칸디나비아산 3.5인치짜리 슬로이드 나이프Sløyd knife를 보여 준다. 칼끝, 칼날, 슴베(칼의 자루 속에 박힌 부분), 손잡이를 각각 가리키면서 명칭을 알려 준다. 칼날 아래쪽에서 칼끝 방향으로 천천히, 절도 있는 동작으로 밀고 당기면서 칼질하는 동작을 보여 준 다음, 참피나무 토막 하나를 꺼내 실제로 깎는 모습을 시연한다. 몇 번 칼질을 한 후에 돌돌 말린 깎여진 조각들을 보여 주면서 칼날이 지나간 부분의 부드럽고 매끈한 감촉을 느껴 보라고 한다. 아이들이 먼저 손끝으로 조심스럽게 조각을 만진다. 나는 몇몇 아이들에게 볼에 대고 문질러 보라고 권한다. 아이들은 매끄러운 나무 촉감에 기쁨의 탄성을 지르곤 한다.

그런 다음에는 평소에 칼을 들고 다닐 때나 다른 사람에게 전달해 줄 때 어떻게 해야 하는지를 가르친다. 손잡이가 앞으로 오게 해서 허리 높이로 들고, 칼날을 손바닥에 쥐고 칼등이 위로 올라오게 한다는 설명과 함께 끝에 앉은 아이에게 칼을 건네 주고 지금 배운 대로 옆 사람에 건네 주게 한다. 안전을 위한 좋은 요령 하나. 항상 칼을 받으면 제대로 잡았다는 표시로 "고마워"라고 말하게 한다. 전해 준 아이는 이 말을 듣고 난 뒤에야 칼을 쥔 손을 놓아야 한다. 마지막 사람에게까지 칼이 전달되는 동안 나는 계속 동작을 수정해 준다. 칼을 들고 걸어 다닐 때 어떤 자세를 취해야 하는지도 모든 아이가 확실히 이해하게 한다.

첫 번째 목공 과제는 직사각형 참피나무를 달걀 모양으로 깎는 것이다. 달걀 모양을 만들려면 나뭇결의 방향을 잘 알아야 한다. 소근육과 대근육 조절 연습으로도 아주 훌륭하다. 볼록한 형상을 만들어 보면 결의 방향을 익힐 수 있다. 달걀 대신 작은 쥐나 물고기를 만들 수도 있다. 중요한 것은 볼록한 형태를 만들어 보는 데 있다. 일찍 완성한 아이는 라일락 나무로 봉투 칼을 만든다. 두 작품 모두 목공용 오일로 문질러 광을 내고 밀랍 마감재로 최종 마무리한다.

나무토막을 이어 만든 뱀.
가죽 조각으로 이음새를 만들어
붙여 뱀의 유연함을 표현했다.

나는 수업 시간에 자주 이야기를 들려준다. 아이들이 작업에 집중하는 데 도움을 주기 위해서다. 내가 주로 선택하는 건 『생쥐 프레더릭Frederick the Mouse』이나 『용 길들이는 자 스탠 볼로반Stan Bolovan the

Dragon Tamer』처럼 유머러스한 이야기이다. 한 편을 다 들려주려면 여러 시간이 필요한데 아이들은 언제나 눈을 반짝이며 다음 내용을 기다린다. 오랜 경험을 통해 내가 터득한 것은 4,5학년 아이들에게는 이야기가 깊이 스며드는 반면, 6~8학년 아이들에게는 교사가 적절히 개입하며 나누는 대화가 더 큰 영향을 미친다는 것이다.

마감 처리

■ **기본적으로 마감재에는 두 종류가 있다.**

표면에 흡수되는 유형: 아마유, 오동유, 대니쉬 오일

흡수성 오일은 매우 사용하기 쉽고 천으로 문질러 바르면 나무 표면 틈새를 통해 속으로 들어가서 굳는다. 천으로 문지르면 연하고 부드러운 광택이 나며, 목재의 자연스러운 결을 투명하게 드러낸다.

유동의 씨에서 추출한 오동유는 마르면서 단단한 막을 형성한다. 먼저 나무를 오동유에 푹 적신 다음, 10분가량 축축한 상태로 놓아 둔다. 그런 다음 부드러운 천으로 표면을 닦아 내고 말린다. 한 번 더 기름칠하고 결을 따라 문지르고, 24시간을 기다렸다가 다시 한 번 기름칠한다. 기름칠하는 사이사이에 #0000번 고운 철 수세미로 문지른다. 은은한 광택과 보호 기능을 원한다면 보통 세 번은 반복해서 칠해야 한다.

중합 처리 오일이란 열처리가 된 오일을 말한다. 이들은 공기 중에 있는 산소를 흡수하기 때문에 마르면 단단해진다.

어두운 색의 진한 아마유는 아마의 씨에서 추출한 오일로 전통적인 유화 물감의 전색제로 사용해 왔다. 끓인 아마유가 가장 쓰기 좋다. 건조성이 크게 향상되기 때문이다. 그러나 열처리 된 아마유는 내구성이 떨어지고 습기에 약하다.

바니시, 셸락, 래커, 폴리우레탄 같은 표면 보호용 광택제

이 광택제들은 붓이나 스프레이로 조심스럽게 칠해야 한다. 그러면 나무 표면을 담요처럼 덮어 튼튼한 보호막을 형성한다. 주로 수지로 이루어져 있으

며 단단하고 내구성이 좋다. 이들 대부분은 방수 효과가 뛰어나고 반질반질
한 광택이 난다.

래커, 바니시, 폴리우레탄은 사용하면서 주의해야 할 점이 많지만 매우 튼
튼한 방어막을 얻을 수 있다. 칠과 칠 사이에 가볍게 사포질을 해 주어야 하
고, 다음 번 칠하기 전에 반드시 송진포로 먼지를 깨끗이 제거해야 한다.

■ 추천 마감재

여러 해 동안 다양한 방법을 시도해 본 끝에 나는 위의 두 마감재를 혼합하
는 방식을 선호하게 되었다. 만드는 방법은 다음과 같다: 폴리우레탄1/3, 오
동유 1/3, 끓인 아마유 1/3, 미네랄 스피릿 약간.

이 혼합물은 나무 색상을 한층 풍부하게 해 주며, 오염에 강하고 매력적이
면서 비단 같은 광택을 내는 흡수성 마감재로 나무에 바르기도 쉽다. 칠이 마
르면 나는 밀랍 마감재를 덧바르곤 한다. 보푸라기가 나지 않는 면천으로 밀
랍을 바르면 광택에 따뜻한 질감을 더할 수 있다.

또 다른 좋은 방법은 셸락을 사용하는 '프렌치 폴리싱'이다. 셸락은 태
국 랙 깍지벌레Coccus Lacca에서 나오는 수지성 분비물이다. 이 오일은 4천년
이상 목공에 사용되어 왔으며 어떤 재료에도 잘 발리는 탁월한 접착성을 가
졌다. 반질반질한 광택을 낼 수도 있고, 무광이나 은은한 광택까지 원하는 대
로 표현할 수 있다.

■ 칠하는 순서

① 3파운드컷 셸락을 절반만 덜어 동량의 변성 알코올로 녹인 용액을 붓
에 묻혀 작품에 밑칠을 한다. 표면에 고르게 잘 덮이는지 자주 확인하
면서 칠한다. 첫 번째 칠은 얇게 바르기 때문에 어떤 조건에서도 빨리
마르는 편이다.

② 첫 번째 칠이 마르면 한 겹 더 칠한다. 두 번째 칠이 마르면 한 번 더 칠한다. 세 번째 칠을 마치고 최소 12시간 동안 말린다. 600방 습식 사포를 이용해 칠 표면을 매끈하게 갈아 낸다. 이때 나오는 잔여물과 먼지는 송진포로 닦아 낸다. 여기까지가 프렌치 폴리싱을 위한 밑작업이다.

③ 앞서 밑칠할 때 남겨 둔 셸락 3파운드컷의 절반을 가지고 프렌치 폴리싱 용액을 만든다. 뚜껑 없는 납작한 팬에 셸락을 붓는다. 낡은 파이 팬 같은 것이 좋다. 보푸라기가 나지 않는 부드러운 천(치즈 만들 때 쓰는 거름용 천 같은 것)을 공 모양으로 뭉친다. 이것을 '패드'라고 부른다. 패드를 만들 때 1~2 큰술 정도 말랑한 밀랍 반죽을 떠서 천 한가운데 놓는다. 이 패드를 셸락 용액에 담가서 촉촉하게 적신다. 뚝뚝 떨어질 정도로 흠뻑 적시지는 않는다. 패드를 손바닥에 대고 톡톡 두드려 필요 이상으로 묻은 셸락을 털어 낸다. 패드 앞면 전체가 충분히 젖었는지 확인하는 작업이기도 하다. 고무장갑을 끼는 것이 좋다. 안 그러면 손이 엄청나게 끈적끈적해질 것이다.

④ 빠른 속도로 작품에 패드를 두드린다. 구두에 왁스 바를 때처럼 나무를 가볍게 두드리고 곧 뗀다. 나무 표면에 너무 오래 머무르면 밑칠이 녹아 버릴 수 있으니 주의한다. 톡톡 두드리면서 패드가 나무 표면에서 살짝 옆으로 미끄러지게 했다가 곧바로 떼어 낸다. 이런 방식으로 왼쪽에서 오른쪽으로, 다시 오른쪽에서 왼쪽으로 작업하는데, 새로 두드릴 때 앞서 두드린 부분과 겹치게 한다. 처음에는 어려워도 연습할수록 숙련되어 갈 것이다. 바닥에서 시작해 천천히 꼭대기까지 올라갔다가 다시 바닥에서 위로 올라간다. 패드에 셸락 용액이 충분히 적셔져 있는지 확인한다. 그래야 고르게 찍힐 것이기 때문이다. 밀랍이 제 역할을 못한다고 느끼면 패드가 나무 위에서 더 부드럽게 미끄러질 수 있도록 레몬 오일이나 크림 형태의 광택제를 패드에 발라 준다.

⑤ 마감 처리가 만족스럽게 끝났다면 패드가 마르지 않도록 병에 넣고 뚜 껑을 꼭 닫아 밀봉한다. 이렇게 하면 또 쓸 수 있다. 셸락이 적어도 두 어 시간 동안 마르도록 놓아 두었다가 다시 패드를 꺼낸다. 패드에 변 성 알코올을 조금 따르고 알코올이 패드 앞부분에 충분히 퍼지도록 손 바닥으로 톡톡 두드린다. 그리고 다시 한 번 패드로 나무 표면을 두드린 다. 일명 '몰아내기'라고 부르는 이 과정은 오일을 제거하는 역할과 함 께 셸락 마감재를 더 고르게 펴 바르는 효과가 있다.

밀랍 마감재 만들기

바닥이 두꺼운 냄비에 미네랄 오일 한 컵을 넣고 약한 불로 따뜻하게 데운 다. 여기에 오일 양의 1/5이나 1/6에 해당하는 밀랍 덩어리를 넣고 녹인다. (센 불에 끓이면 불이 붙을 수 있다. 반드시 약불로 데우거나 중탕한다) 밀랍 덩어리가 조각나고 녹기 시작하면 자주 저어 준다. 미네랄 오일과 밀랍이 완 전히 섞이면 가공하지 않은 아마씨유(아마유) 한 뚜껑을 넣은 뒤, 플라스틱 뚜껑이 달린 빈 양철 깡통에 붓고 식히면서 굳힌다. 나무에 바를 때는 부드러 운 오일 혼합물을 손가락으로 넉넉히 덜어 문지르고 말린다. 어느 정도 마르 면 먼지가 날리지 않는 부드러운 천으로 여분의 오일을 닦아 낸다. 나는 아이 들에게 서너 번 정도 반복해서 오일을 입힌 뒤 문질러 광택을 내게 한다. 액 체 상태로 바르고 싶을 때는 다시 데우면 된다.

5학년

아이들이 조리용 숟가락을 만들고 싶어 한다면 반대할 이유가 전혀 없습니다. 일상생활을 벗어난 모든 것, 무엇보다 사치품은 만들지 않게 하십시오._루돌프 슈타이너

5학년 목공 수업 첫날, 아이들은 숲으로 나들이를 간다. 우리는 여러 종류의 나무를 찾아보고 자라는 모양과 생태를 관찰한다. 나뭇잎을 살펴보고 나무 윗부분과 나뭇잎 모양을 비교한다. 나무 아래 덤불을 살피고, 뿌리 근처 흙이 축축한지 모래흙인지를 보면서 숲의 생태계에 관한 이야기를 나눈다. 관찰이 끝나면 두 사람이 마주 보고 켜는 커다란 틀톱을 가져와서 나무 한 그루를 벤다. 가지를 쳐 낸 뒤 나무를 어깨에 들쳐 메고 즐거운 마음으로 돌아온다. 목적지는 목공실 외부에 마련된 통나무 다듬는 곳이다. 모두가 힘을 보태면 커다란 통나무를 지고 오는 일쯤은 식은 죽 먹기다.(숲 관리인의 허락이 있어야 한다)

5학년 목공 수업의 주제는 '오목'이다. 올해는 가공하지 않은 자연 상태의 목재를 이용한다. 상자나 필통, 수저통을 만들기로 했다면 지름이 10cm 가량인 물푸레나무를 선택한다. 물푸레나무는 나무껍질이 벗겨지지 않고 멋지게 붙어 있으며 광택을 입혔을 때 은은하게 반짝이기 때문이다.

자작나무로 돼지 저금통을 만들려면 지름이 10cm인 자작나무를 베어 온 다음 틀톱을 이용해서 아이들 수만큼 12~15cm 길이로 원기

둥을 자른다. 대패질을 하고 둥근 끌로 도려내면서 돼지 저금통의 모양을 잡는다. 구멍을 뚫을 때는 지름 2.5cm 비트를 끼운 수동 드릴을 이용한다. 다리, 귀, 머리는 슬로이드 칼로 조각한다. 돼지 저금통을 완성하면 숟가락과 국자를 만든다. 작업 속도가 빠른 아이들은 라일락으로 만든 봉투 칼이나 부메랑, 작은 그릇 같은 것도 만들 수 있다.

이 수업의 핵심은 숲에서 가져온 자연 재료로 일상에서 쓸 수 있는 물건을 만드는 것이다. 5학년 때 아이들은 주변 세상을 탐색하고 경험하기를 원한다. 따라서 이들에게 자연 상태의 나무를 만나고, 단순한 도구만으로 그것을 실용적인 물건으로 변형시키는 작업은 큰 의미가 있다. 예술적 표현은 일단 오목 형태를 만드는 데만 집중한다. 두번째 작품인 나무 숟가락 만들 때 볼록이 추가된다.

아이들은 관찰과 실험을 통해 나무 구조의 성질과 비밀을 스스로 발견해

나간다. 큰 가지와 통나무는 가로톱을 이용해서 적당한 길이로 자른다. 쪼갤 때는 쐐기와 큰 쇠망치, 손도끼를 이용하고, 대패, 긁개, 유리, 줄, 사포는 다듬고 마무리하는 데 쓴다.

나무를 길이 방향으로 쪼개면 나뭇결이 그대로 유지되기 때문에 강하고 탄력성 좋은 목재를 얻을 수 있다. 고대에는 이 부분을 공구나 손잡이, 주거지, 움막, 배의 골격을 비롯한 여러 생필품을 만드는데 사용했다.

다양한 종류의 나무토막(단풍나무, 라일락, 참나무, 너도밤나무, 호두나무, 마호가니 등)을 작업대 위에 늘어놓는다. 아이들은 전에 배웠던 목재별 특성을 다시 떠올리면서 나뭇결에 따라 목재 모양이 어떻게 다른지 관찰한다. 그런 다음 마음에 드는 나무를 고르라고 한다.

종이에 자기가 선택한 나무토막의 외곽선을 따라 그린다. 자를 이용해서 중심선을 그은 후, 그 위에 연필로 자기가 만들 숟가락 도안을 그린다. 교사의 승인을 받은 도안은 가위로 오려 내어 나무토막 위에 놓고 그린다.

교사는 숟가락 머리 부분 한가운데에 연필로 'X'를 표시하고, 아이가 나무토막을 죔쇠로 탁자에 단단히 고정하는 것을 돕는다. 그런다음 둥근끌과 나무망치를 골라 오게 한다. 나무를 파기 시작할 때는 항상 바깥에서 가운데 'X'를 향하도록 칼을 써야 한다. 손도끼를 비스듬히 쥐고 다른 도구 없이 손으로만 끌의 움직임을 조심스럽게 조절하면서 천천히 숟가락 머리 부분의 부드러운 볼록 형태를 만들어 나간다.

어느 정도 형태가 잡히면 교사는 숟가락을 뒤집어서 처음 그린 'X'의 반대편, 오목이 가장 깊은 지점에 'X'를 하나 더 그린다. 'X' 표시 주변에 360° 방향으로 화살표를 그린 뒤, 화살표를 따라서 나무를 깎아나가되 'X'에는 손대지 않는다. 이런 방식으로 아이들은 숟가락 머리 안쪽의 오목과 한몸인 볼록 형태를 만든다. 완성되면 곡면 줄과 사포로 표면을 매끈하게 만든다. 톱을 이용해서 숟가락 머리 양쪽의 절단면을 만들고, 손잡이 부분은 작은 손도끼로 조심스럽게 쪼갠다. 손잡이 형태를 대강 잡아 놓은 뒤 거친 줄을 이용해서 둥글게 다듬는다. 나는 아이들에게 두꺼운 유리 조각(깨진 콜라병 조각 같은 것)으로 손잡이를 보드랍고 매끈하게 다듬게 했다. 물론 사포로도 가능하다. 젖은 사포에 이어 마른 사포로 문지르고 아마유로 광택을 내면 된다. 마지막으로 밀랍 마감재를 바르면 완성된다.

물푸레나무의 큰 가지를 송곳으로 약간 뚫은 뒤 죔쇠로 죄어 놓고 끌로 우묵하게 속을 파낸다. 1인치 크기의 나무 조각을 잘라 뾰족한 쐐기를 만든다. 나무토막 바닥에는 끌을 이용해 뾰족한 쐐기가 딱 맞게 들어가도록 속을 움푹하게 파낸다. 이 단순하고 소박한 그릇은 다용도로 쓸모가 많으며, 나무 숟가락, 연필 같은 물건들을 담는 용기로도 쓸 수 있다. 겉에는 스파 바니시를 칠해서 마무리한다.

타원형으로 자른 소나무 몸통에 자작나무 껍질을 두른 상자. 뚜껑에는 가죽 조각으로 손잡이를 만들었다. 숟가락 만들기를 일찍 끝낸 아이들을 위한 추가 과제로 적합하다.

6학년

적절한 나이가 되면, 보통 상당히 어린 나이부터인데, 아이들에게
가지고 놀 장난감을 직접 만들게 합니다. … 나무를 깎아 장난감을
만들면서 놀이와 예술적 요소를 결합시키는 것입니다. 실제로 우리가
놀이를 예술적 조형으로, 또 제가 전에 말했던 실용적 만들기로 차츰
전환시킨다면 인간 천성 자체에 잘 부합하는 일이 될 것입니다. 아이들이
장난감을 만들 때 조형 예술의 창조성을 이용한다는 것은 실로 엄청나게
흥미로운 일입니다.

이렇게 우리는 예술적 요소를 예술과 공예로 변형시킬 수 있습니다.
아이들은 톱이나 칼처럼 단순한 도구를 만드는 법을 비롯해서
가구장이가 작업에 사용하는 다양한 도구를 만드는 법을 배울 수
있습니다. 우리 목공실에는 남학생, 여학생 모두 의욕에 가득 차
있습니다. 아이들은 칼이나 톱을 비롯한 여러 도구 만드는 일을
학교 공부의 일환으로 여기며 열정적으로 작업에 임합니다. 그리고
일상생활에서 유용하게 쓰일 물건을 만들 수 있다는 사실에 기뻐합니다.
이렇게 되면 인생을 위한 모든 본능이 깨어납니다. 우리는 한편에선
실용적 측면에 대한 감각이, 다른 한편에선 예술에 대한 감각이 실제로
형성되는 것을 목격합니다.

여기서 아주 중요한 교육의 원칙을 세울 수 있습니다. 어린아이의 놀이를
차츰 예술적 조형으로 변형시키면 그것이 결국에는 실용적 형성이
된다는 것입니다.

_루돌프 슈타이너

6학년 아이들은 과학 주요 수업 시간에 '인과 관계'를 탐색하기 시작한다. 움직이는 장난감을 설계하고 제작하기에 적절한 시기가 온 것이다.

1920년 가을, 루돌프 슈타이너는 새로 들어온 수공예 교사 막스 볼프슈겔Max Wolfshugel에게 특정 학년에 국한하지 않는 수공예 수업 전반에 대한 조언을 했다.

"수공예를 하면서 우리는 언제나, 아주 당연한 일로 아이들의 예술적 안목을 연마해 주어야 합니다. 여러 종류의 작업을 교대로 경험하게 하되, 한 번 시작한 것은 반드시 완성하게 하십시오. 쓸모 있는 물건들뿐 아니라 장난감, 아주 괜찮은 장난감을 만들게 하십시오. 예를 들어 대장장이 두 명이 서로를 향해 다가가는 장난감도 좋습니다. 그런 것을 만들면 아이들의 솜씨가 정교해집니다. 완성한 작품을 누군가를 위해 선물할 수도 있습니다."

6학년 목공 시간에 만들 수 있는 움직이는 장난감의 종류는 다양하다. 장난감들마다 '인과 관계'와 주요 수업 시간에 배우는 물리 법칙을 조금씩 다른 측면에서 경험하게 해 준다. 아이들이 만든 작품 일부를 사진으로 수록한다.

나뭇가지로 만든 나무꾼

끈을 잡아당기면 귀를 씰룩이고
날개를 퍼덕이는 부엉이

몇 가지 제한된 선택지를 주고 무엇을 만들지 아이들이 직접 고르게 한다. 직접 도안을 그리고 참피나무를 깎아 용골이 있는 돛단배를 만드는 아이들도 있다. 배의 전체 형상을 깎은 뒤, 캔버스 천을 바느질해서 돛을 만든다. 용골 위에 납으로 된 바닥짐을 올리고, 방향키로 배를 움직일 방법을 궁리한다. 이밖에도 아주 다양한 움직이는 장난감을 만든다.

나무토막과 낚싯줄로 만든
꼭두각시 인형

외부 출입문에 걸어 놓고 문 두드리는
용도로 쓰는 딱따구리

두 번째 작품으로 손거울(지름이 10cm인 둥근 거울을 사서 끼워 넣는 다), 그릇, 촛대, 봉투 칼, 도마, 나무탈 등을 만들 수 있다.

쓰러진 참나무 가지로 만든 증기 롤러

뛰어나온 부분을 누르면 그루터기 위 나뭇가지를 쪼는 새

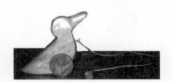

바깥쪽에 바퀴가 달린 동물을 당기면 재미난 동작을 하는 장난감

7학년

아동기의 유연하고 능수능란한 손가락은 성인이 되었을 때 경직되지
않는 창조적 사고로 이어진다. _앨스턴 엘 헤그Alstan L. Hegg

7학년부터는 수업에 변화를 주는 것이 좋다. 사춘기 아이들에게
적합한 재료는 나무와 돌, 금속이다. 이 시기 아이들은 일종의 죽음
을 경험한다.(어린아이는 죽고 청소년이 태어난다) 그 죽음의 힘을 극복할
수 있는 강력한 수단 중 하나가 아이들에게 형태를 빚고 조각할 수 있
는 기회를 주고 그 과정을 돕는 것이다. 이는 아이들의 정신에 깃든 형
성력을 통해 물질에 생명을 불어넣고 변형시키는 작업이기 때문이다.

내가 맡았던 7학년 공예 수업에서는 첫 과제로 동석凍石을 깎아 동
물 형상을 만들고, 단단한 나무로 조각상을 얹을 받침대를 만드는 작
업을 했다. 마침 학교 근처에 동석 채석장이 있었는데 그곳에서 매년
꽤 많은 양의 원석을 학교에 기부해 주신 덕이다. 잡풀과 관목, 덩굴
옻나무와 씨름하며 돌들을 옮길 때
마다 나는 발도르프 교사 양성 과정
에서 이런 일을 하는 데 필요한 교육
까지 받았어야 하는 게 아닐까 생각
해 보고는 했다.

학생들은 목공장 바깥마당에서
가슴 높이의 커다란 나무 둥치 위에

대강 잘라 놓은 돌에 벼룩시장에서 구입한 작은 손도끼를 이용해서 조각을 시작한다. 여러 동물 형상으로 깎는 이 작업을 할 때는 항상 보안경을 착용해야만 한다. 형상이 완성되었다면 여러 가지 줄, 곡면 줄, 활톱, 서폼 대패를 이용해서 동물의 세부 특징을 표현하고 표면을 매끄럽게 다듬는다. 그 다음 물을 채운 큰 통에 돌을 넣고 방수 사포를 이용해 사포질을 하면 돌 작업이 완료된다. 표면을 비단처럼 매끈하게 하려면 하얀 거품이 생길 정도로 문질러야 한다. 속건성의 투명한 스프레이 래커를 뿌리고 건조시킨 다음, 왁스칠을 하고 우리가 만든 밀랍 마감재를 이용해서 반짝반짝 윤이 나도록 광택을 낸다.

손이 빠른 학생들은 두 번째 작품으로 라일락으로 봉투 칼을 만들거나, 그렇지 않으면 나무 부스러기를 태우기도 하고, 작은 나무토막 조각이나 뚜껑 있는 상자 만들기 같은 작업을 한다. 우리는 넓적한 소나무 판을 조각해 판화를 만들고 여러 색깔 잉크로 천과 종이에 그림

을 찍기도 했다.

마지막으로 구리를 이용한 작품을 만든다. 구리와 가죽에 문양을 새겨서 책갈피를 만드는 아이들도 있고, 구리로 동물 그림 도장을 만들어 찍는 아이들도 있다. 오목한 나무틀에 구리판을 놓고 리드미컬하게 두드려 구리를 그릇으로 변형시키는 작업을 하는 아이들도 있다.

구리 그릇 만들기의 첫 번째 과제는 구리판 위에 컴퍼스로 반지름이 9cm인 원을 그리는 것이다. 금속용 가위를 이용해서 정확하게 원을 잘라 내고, 평평한 줄로 원둘레를 매끈하게 다듬는다. 가장자리를 다듬을 때는 몸에서 바깥으로 나가는 한 방향으로만 문지른다. 그런 다음 우리 작업실 한가운데 위풍당당하게 서 있는 두 개의 거대한 나무 둥치 중 하나의 오목한 부분에 구리판을 올려놓는다. 그리고 단단한 가죽망치로 리드미컬하게 두드리는데, 균일하고 정확한 망치질로 바깥쪽에서 시작해서 나선을 그리며 중앙으로 들어간다. 학생들은 구리판이 두드릴수록 단단해지는 것을 느낀다. 그러면 구리판을 뜨겁게 가열해서 다시 부드럽게 만들어야 한다.
망치 두드리는 소리가 세레나데처럼 아름답게 울려 퍼진다. 담금질한 구리 냄새가 코를 찌르고, 반짝반짝 광을 낸 구리 표면은 눈을 즐겁게 한다. 모든 감각이 최대치로 활성화된다. 작업은 점차 완성 단계에 접어든다.

그릇 형태가 대강 갖춰지면 도구를 바꾼다. 매끈하게 다듬은 둥근 머리를 단 쇠기둥을 죔쇠로 단단히 고정시켜 놓는다. 두드리는 면이 거울처럼 반질반질한 다듬망치를 꺼내 다시 한 번 그릇에 신중하게 망치질을 한다. 한 번 친 자리 바로 옆에 망치 자국을 내며 바깥에서 중심을 향해 나선형으로 들어간다. 이렇게 만든 망치 자국은 빛을 분산시키는 효과가 있다. 그릇마다 아이들 각자의 손놀림에서 나온 독특한 문양과 특색이 새겨진다. 마지막으로 손으로 문질러 광택을 낸다. 처음에는 #0000번 금속 수세미로, 다음에는 구리 광택제와 부드러운 면천으로 문지른다.

이 밖에도 이 나이 아이들은 공구의 칼날 부분(칼, 둥근끌, 끌, 대팻날, 톱날 등)을 잘 들게 갈아 날의 예리함을 유지하는 방법을 배워야 한다. 천천히 도는 흰색 습식 그라인더 사용법도 배워야 한다. 수동이든 자동이든 상관없다. 물 적신 흰색 아칸소 숫돌로 둥근끌을 가는 법 또한 알아야 한다.

나는 날어김 집게로 톱날을 제대로 날어김하는 방법과 삼각 줄로 톱날 세우는 법을 보여 준다. 학생들은 세로로 켜는 톱과 가로로 켜는 톱의 용도와 구조도 배운다. 우리는 평줄을 이용해서 도끼를 다듬는다. 도끼날이 울퉁불퉁해지지 않도록 평줄을 부채꼴 모양으로 좌우로 돌리면서 가는 방법을 사용한다. 당겨 깎는 칼(드로우 나이프)을 갈 때는 돌을, 드릴비트를 뾰족하게 만들 때는 작은 줄을 이용한다.

조각칼로 깎아 만든 냅킨꽂이

꼭두각시 인형
7학년 영어 수업에서 대화와
인용문을 공부하면서 쓴
인형극 대본의 등장인물

조각칼로 깎아 만든 액자. 두께가 6mm인
자작나무 합판을 뒤에 댔다. 엽서를 꽂아
두기에 아주 좋다.

공동체를 위한 작업

7학년과 8학년 수업에서 나는 항상 실용 공예 수업의 일부로 공동체를 위한 작품을 만든다. 목공 시간의 일부를 학교나 마을을 위해 할애하는 것이다. 그동안 우리 학교 7, 8학년들은 오리 모양 메모꽂이를 만들어 크리스마스 장터에서 팔고, 학교 마당에 벤치를 만들고, 장작 보관용 오두막 짓는 것을 돕고, 거대한 단풍나무판에 학교 명패를 새기고, 죽은 사과나무의 텅 빈 둥치를 이용해서 난쟁이 집을 만들고 꾸미는 데 손을 보탰다.

수공예 선생님들은 수업에 쓸 단추를 환영한다. 아이들은 여러 종류의 나뭇가지를 모아서 적당한 크기로 톱질하고 조각칼로 깎고 사포질하고 드릴로 구멍을 뚫고, 오일을 바르고 다시 한 번 사포질을 해서 완성한 단추들을 수공예 선생님께 선물했다.

어느 해 부모님들이 크리스마스 장터에서 판매할 작은 물품을 찾느라 애를 먹고 계셨다. 이때 아이들이 밝은 색으로 칠한 메모꽂이로 오리 여러 마리를 만들었다.(오리 주둥이에 종이를 물려 놓을 수 있다) 오리는 장터에서 큰 인기를 끌었고, 아이들은 함께 공정에 나누어 참여할 때 얼마나 많은 양을 만들 수 있는지를 깨닫고 크게 놀랐다.

공동체를 위한 작품에서 가장 인기 높았던 것은 해마다 열리는 파인힐 발도르프학교 크리스마스 장터에서 경매로 판매한 난쟁이 집이었다. 죽어서 속이 빈 사과나무의 속을 파내고 둥치를 60cm 단위로 잘라 냈다. 아이들은 둥근끌을 이용해 속을 깨끗하게 긁어 냈고, 우리는 창문과 계단을 설치해서 2층을 만들었다. 그런 다음 동석으로 난로를 만들고, 구리를 이용해 굴뚝을 만들었다. 그 외 침대와 탁자, 도끼와 장작, 갈퀴, 삽 등 상상할 수 있는 모든 것을 제작했다. 뜨개질로 만든 난쟁이 가족과 요람에 눕힌 아기를 입주시켜 작품을 완성했다.

교사회의 요청에 따라 우리는 파인힐 발도르프학교 로고를 커다란 나무판에 새겨서 학교 입구에 가져다 놓았다. 12~13cm 두께의 단풍나무판에 둥근끌을 이용해서 4인 1조로 작업했다. 작품에 참여한 모든 이의 이름을 적은 종이를 현판 뒤에 래커로 칠해서 붙여 놓았다.

8학년

우리가 사는 세상의 질은 우리가 무엇을 지각했는지에 의해서만이 아니라
우리가 인식하는 데 실패한 것에 의해서도 결정된다.
_오웬 바필드Owen Barfield

　8학년에서는 정확성을 요하는 작업을 한다. 경첩이 달린 주먹장이음[08]의 상자를 정확하게 재단하고 톱으로 잘라 만드는 작업은 남학생과 여학생 모두에게 쉽지 않은 과제다. 어떤 아이는 보석함으로 상자 도안을 만드는가 하면, 공구 상자나 CD보관함으로 만드는 아이도 있다. 학생이 상자의 사용 목적을 분명히 갖고 있는 것이 중요하다. 그래야 사고가 상자 디자인에 통합될 수 있기 때문이다.

　　　　　　주먹장이음 견본과 등대기톱 몇 개를 준비해 두어야 한다. 아울러 나는 나무로 된 목수용 자를 선호한다. 나무를 일정한 폭으로 미리 잘라 놓으면 학생들은 각자 원하는 길이로 재단해 간다. 뚜껑이 상자 모서리에 꼭 들어가게 만드는 디자인을 선택한 경

08　옮긴이: dove tail도브테일_ 비둘기 꼬리형 돌기부 이음새와 홈 부분을 끼워 맞춰
　　조립하는 방식

우에는 경첩 만들기를 건너뛸 수도 있지만, 나는 모든 아이들에게 '박아 넣는' 금속 경첩을 권한다. 어떤 경우에는 원통형 나무심으로 고정하는 나무 경첩을 만들기도 한다.

우리는 구멍과 핀을 이용해 의자 다리를 끼우고 쐐기로 고정하는 다리가 세 개인 스툴을 만들었다. 앉는 부분은 둥근끌과 바퀴살대패를 이용해 편안한 오목 형태로 깎아 다듬는다. 금속이나 접착제는 사용하지 않고 오로지 나무로만 만든다. 의자 대신 작은 탁자를 만들고 싶은 학생들도 있다. 이 경우 탁자 상판은 나무 조각을 이어붙이지 않고 통나무로 만들게 하면 된다.

학생들은 바퀴살대패, 드로우나이프, 블럭플레인 사용법을 익혀서 대패질하고 다리 모서리를 둥글게 만들고 상판을 매끄럽게 다듬었다. 대패를 청소하고 정리하는 법, 자유각도자와 맨드릴 사용법도 배웠다.

나무를 만지기 전에 먼저 아이들에게 간단한 도면을 그리고 도구, 재료 목록을 적어 보게 한다. 이 시간을 통해 학생들은 실제 작업에 앞서 전체 과정을 생각으로 짚어 볼 수 있다. 교사는 의자나 탁자를 제작할 때 언제나 아름다움과 실용성(효율성)이 공존하는지 확인하고 도와주어야 한다.

8학년에게 좋은 또 다른 작업은 퍼즐 조각을 만들어 밀어 여는 방식의 상자에 담는 것이다. 두께가 6mm인 자작나무 합판에 동화의 한 장면을 그려 퍼즐 도안을 만든다. 우리 학교에는 페달을 밟아 작동하는 멋진 띠톱기계가 있어 그것으로 조각을 잘라 냈다. 퍼즐이 완성되면 밀어 여는 뚜껑이 달린 납작한 상자에 담는다.

두께가 3cm인 단풍나무 합판에 동물이나 자연 풍경을 양각으로 정교하게 새기거나, 다양한 과일나무 목재를 이용해 손거울을 만들기도 한다.

초등 과정에서 교사의 안내에 따라 이와 같은 경험을 거치면서 실용 기술의 세부까지 볼 수 있는 안목을 키우면 청소년기에 민첩하고 유연한 사고로 변형된다. 발도르프학교 저학년 과정에서 수업은 놀이의 파생이다. 그 시기에 교사는 상급 과정 교육을 위한 초석을 놓는다. 중등 과정을 마칠 무렵 학생들은 알고자 하는 열망과 주변 세상에서 일어나는 모든 일에 대한 그칠 줄 모르는 호기심을 갖고 있어야 한다. 삶과 세상에 대한 진지한 흥미가 더 넓고 깊은 앎으로 변형되기 때문이다.

메사추세츠 주 락포트에 있는
옛 항구 판잣집 모티브

양각으로 새긴 참고래

3. 수공예의 치유 효과

보니 리버Bonnie River[09]

교육의 비밀은 학생을 존중하는 데 있다.
_랄프 왈도 에머슨Ralph Waldo Emerson

[09] 보니 리버는 오랜 기간 발도르프 교사로 일해 왔으며, 그라달리스Gradalis 발도르프 교사 교육 프로그램을 만들면서 발도르프학교에 학생들을 위한 치유 교육을 도입한 선구자다.

생후 3개월 된 아기가 바닥에 누워 손을 흔들고 손가락을 눈앞에서 활짝 펼치며 기분 좋은 소리로 옹알이하고 가릉거리며 놀고 있다. 무언가를 잡으려는 듯 허공으로 팔을 쭉 뻗고, 뻗은 팔 쪽으로 머리를 돌린다. 눈은 옆구리 공간에서 움직이고 있는 자신의 작은 손바닥을 계속 찾는다. 손을 둥글게 말아 쥐고 입을 향해 손을 당긴다. 겉으로 보이는 움직임으로는 빛줄기를 움켜잡아 그 맛을 보려는 것처럼 보인다. 주먹 쥔 손에서 다시 손가락을 풀어 부채 모양으로 편다. 그러면서 온갖 기분 좋은 소리를 낸다.

이제는 손가락의 의도적이고 조율된 움직임과 말소리 조음 사이에 능동적이며 직접적인 관련성이 있다는 것이 밝혀진 지 상당한 시간이 흘렀다. 최신 연구 결과들은 지능 발달과 눈-손 협응 사이에 밀접한 상호 관계가 있음을 입증한다. 저서 『손』에서 미국 샌프란시스코에 위치한 캘리포니아 대학 의과 대학 학장이자 신경학자인 의학박사 프랭크 윌슨은 이렇게 말했다.

"나는 인간 지능에 관한 이론 중, 손과 두뇌 기능의 상호 의존성과 그 관계의 역사적 기원, 혹은 그 역사가 현대 인간으로의 발달을 이끈 동력에 미친 영향을 무시하는 모든 이론은 완전히 방향을 잘못 잡았으며 무익한 것이라 주장한다."

눈과 손의 협응은 지극히 복잡한 학습 과정의 수직적 질서와 깊이 연결되어 있다. 신체 협응 능력이 한 단계씩 성장해 감에 따라 아이는 왼손 오른손이 중심선을 기준으로, 어깨와 반대쪽 손, 입 그리고 발과 눈을 기준으로 어디쯤에 있는지를 내면에서 파악하는 법을 배운다. 이처럼 복잡하게 연결된 움직임을 통해 3차원 공간 속 어떤 대상을 향해 사지를 협응시켜 나아갈 수 있게 하는 내면 지도가 만들어진다.

손가락을 하나씩 따로 움직이고 이용할 수 있기 전까지 아이는 여러 단계를 거쳐야 한다. 팔을 움직여 손을 시야 안에 두는 법을 배워야 하고, 사물을 쥘 수 있도록 손의 위치를 조정하는 법, 그리고 그 사물의 형태에 맞게 손 모양 만드는 법을 배워야 한다. 이런 발달 과제들을 완수했을 때에야 아이는 신체 직립을 성취했을 때 경험하게 될 모든 시각적, 공간적 정보를 받아들일 준비를 갖춘다.

촉각과 시각은 한 몸처럼 합을 맞춰 세상을 탐색하는 눈과 손의 활동을 통해 통합된다. 유아가 흥미로운 사물을 향해 사지를 조작해 다가가는 과정에서 이런 감각들이 협응 훈련을 시작한다. 사물을 눈에 보이는 곳으로 가져오는 반복 연습과 지칠 줄 모르는 노력을 거치며 아이의 움직임은 점점 더 유연하고 자연스러워진다. 고유운동감각(고유수용성감각)은 이들 감각이 통합되는 과정에서 형성된다.

눈과 손, 신체 움직임의 협응은 영유아기에 시작해 평생을 두고 이어진다. 감각들은 서로 간에 고유한 상호 관계를 맺으며 그 관계 속에서 점차 섬세하게 발달한다. 이런 감각 발달은 각 개인이 주변 및 세상과 나누려고 가져온 재능 속에서 빛나는 그 사람만의 고유한 지문이 된다.

이에 수작업의 중요성을 입증하는 연구가 하나둘씩 늘어가면서 수작업의 본질에 관한 질문이 생겨나고 있다. 손으로 하는 일에서 흥미가 기술 습득에 어느 정도 영향을 미칠까? 기술 종류에 따라 지능과 학습에 미치는 영향이 어떻게 다를까? 이와 연계된 또 다른 질문들 역시 고민해 보아야 한다. 작동 버튼을 누르면 자동으로 빵을 만들고, 자판을 두드려 글씨를 쓰는 '단추 누르기' 문화와 밀가루 반죽을 손으로 주물러 빵을 만들고, 뜨개질을 하고, 필기체로 글씨를 쓰면서 익힌 기술은 얼마나 다를까? 이에 관해 윌슨박사는 이렇게 말한다.

"…어떤 사람이 손으로 어떤 일을 잘하고 싶다는 개인적 소망을 품을 때, 그 일에 강력한 정서적 힘을 부여해 주는 지극히 복잡 미묘한 과정이 시작된다. 개인적 목표를 오랜 기간 능동적으로 추구하는 과정에서 움직임과 사고, 느낌이 하나로 통합될 때 우리에게는 아주 의미심장하면서 근본적인 차원의 변화가 일어난다."

19세기 중반의 학자인 찰스 벨 경Sir Charles Bell은 스코틀랜드 외과 의사이자 해부학자로, 다윈과 동시대를 살았다. 그는 『손, 명시적 디자인으로서 손의 구조와 핵심 자질The Hand, Its Mechanism and Vital Endowments, as Evincing Design』이라는 제목의 귀한 저서를 펴냈다. 이 책에서 그는 인류 발달사와 인류에 대한 어떤 진지한 연구도 의미 있는 행위를 하는 손의 중요성을 간과할 수 없음을 지적했다.

정신과학적 인체 생리학에 관한 루돌프 슈타이너의 강의에는 인간의 조음 기관이 신체 구조 전체의 축소판이라는 생각이 담겨 있다. 물질육체 전체는 고차 정신 존재들의 '말씀'이다. 물질육체의 모든 부분은 우주적 세계의 음조에서 창조되었다. 따라서 움직임은 지상의 '말씀'이 되고, 사고가 깃든 문장으로 변형된다.

근육 속 음조와 그것이 두뇌에서 반사되는 신경 활동에 관해 수많은 연구가 진행되었다. 감각 통합 치료 분야에서 근육 움직임을 묘사하는 단어들에는 신체를 통해 진동하는 음악적 특성이 잘 담겨 있다. 어떤 사람의 근육 체계는 음이 잘 맞는well-toned 상태일 수도, 반음 낮거나(저긴장성), 반음 높은(고긴장성) 상태일 수도 있다. 흥미롭게

도 신체장애가 있는 아이들은 거의 예외 없이 근 긴장도에 문제가 있고, 그런 상태가 그 아이의 언어 활동 속에서도 고스란히 드러난다.

말하기를 비롯한 육화 과정 장애를 인지학적으로 치료하는 카이로포네틱chirophonetics을 개발한 알프레드 바우어Alfred Bauer 박사는 손으로 상대의 신체를 가볍게 쓰다듬는 동작을 통해 발화 음성과 리듬을 재현할 수 있는 치료자의 능력을 기반으로 이 치료법을 개발했다. 이 치료법에서 치료자는 환자의 경직되고 뭉친 근육이 이완하면서, 언어기관으로 일종의 들고나는 흐름이 시작됨을 느낄 수 있다. 이때 손은 말하기에 들어 있는 고차 정신 존재들의 움직임에 대한 기억을 활성화시키는 움직임을 한다. 여기서도 역시 언어감각과 사고감각이 손의 움직임과 밀접하게 연관되어 있다고 본다.

오늘날 많은 학교에서 발도르프 수공예 교과 과정에 귀중한 지혜가 깃들어 있음을 알아보고 있다. 예를 들어, 뜨개질이 지나치게 빡빡한 아이는 글씨를 쓸 때도 과도하게 힘을 주고, 삶을 대하는 영혼의 태도 또한 긴장되고 불안한 상태다. 교사가 이런 상태를 제대로 알아보고 적절하게 지도할 때, 수공예 활동은 치유의 힘으로 작용한다. 뿐만 아니라 수공예는 아이와 주변 세상 사이 긴장감이 과하거나 부족해서 개입이 필요할 때 효과적인 치유책이 될 수 있다.

수공예 활동에서는 학생의 의지 영역(행동하기)과 감정 영역 사이의 관계가 크게 관여한다. 그리고 이 활동을 통해 또렷하게 말하는 능력 역시 활성화되는 것을 알아볼 수 있다. 흔히 말하기, 혹은 언어

감각을 인간됨을 상징하는 능력이라고 말한다. 언어는 그 사람의 지적 능력의 반증이다.

신경 심리학자들은 두뇌의 정보를 정확하게 반영하는 능력과 개인의 내면 경험과 외부 세계의 현상을 연결하는 능력이 시각, 촉각, 고유수용성감각 체계를 상호 의존적으로 사용할 때 성장한다는 것을 시간이 지날수록 더 확신하고 있다. '개념 형성'이라고도 하는 이 반영 능력은 언어 습득과 함께 손의 유의미한 움직임에 의존한다. 러시아 언어학자 비고츠키Vigotsky는 이 내용을 다음과 같은 이론으로 정리했다.

"잘 발달된 사고는 아이의 언어적 행동이 기나긴 변형 과정을 겪는 동안, 즉, 아이가 실제 사물을 손으로 조작하고 서로 다른 사물을 결합시키는 것처럼, 원래는 대상적 속성을 가진 단어를 아이가 계속해서 조작하고 결합시키는 과정을 거치는 동안 생겨난다."

비고츠키가 한 말을 수공예 관점에서 보면, 상상한 것을 만들기 위해 손으로 빚고 이리저리 조합할 때 정교한 언어 능력 발달을 담당하는 두뇌 영역이 강화된다고 말할 수 있다.

교사인 나는 사건의 흐름을 파악하는 형태론과 행동의 시점을 나타내는 동사 시제의 적절한 사용이 무슨 의미인지 안다. 움직임 양식의 순서를 파악할 수 있다는 것은 아이가 시각화 능력을 통해 움직임 '속으로 들어갈' 수 있기 때문이다. 상상 능력을 위해서는 시간 속에서 펼쳐지는 사건을 내면 공간에서 떠올릴 수 있는 감각이 필요하다. 반복된 움직임을 통해서 아이는 공간 속에 시간의 흐름을 만들 수 있게 된다. 이 능력이 독해 능력, 설명문 쓰기, 수학 문제 풀기 같은 활동의 토대다.

손을 사용함으로써 정확히 어떻게 공간과 시간이 하나로 만나게 된다는 것일까? 이는 오른손과 왼손이 맞대는 동시에 협력할 수 있다는 신비에서 비롯한다. 일반적으로 아이가 일을 시작하고 조작할 때 오른손을 사용한다면 왼손은 보조 역할을 맡는다. 보조 역할에는 들고 있는 사물을 시각-공간적으로 지각하는 것이 포함된다. 대상의 전체성에 대한 감각(공간 요소)을 통해, 분석적이고 기능적인 오른손은 공간적 대상을 적절한 시간 순서에 따라 변형시키는 활동을 수행할 수 있다. 한손으로 접시를 들고 다른 손으로 닦는 행위를 떠올려 보라. 이처럼 공간 속 사물은 두 손이 시간 흐름에 따라 서로 주고받으며 협력하는 움직임을 통해 변형된다.

우리가 신경 회로 속으로 들어가, 어떤 사람이 계획한 움직임을 수행할 때 그 사람의 뇌량 이쪽저쪽을 가로지르며 흘러가는 어마어마한 양의 신경 움직임을 직접 느껴 볼 수 있다면, 뇌의 좌반구와 우반구를 연결하는 통로가 만들어지는 과정에 놀라지 않을 수 없을 것이다. 그러다 보면 이런 질문이 떠오르게 된다. '두뇌의 좌우반구가 이어지는 것이 신체의 움직임에 달려 있다는 말인가?' 두뇌의 모든 능률이 오로지 운동 계획에 따라 좌우된다고 말하려는 것은 아니다. 하지만 영유아 운동 발달 및 움직임의 발달 과정과 두뇌 효율성 혹은 두뇌 가소성이 직접적으로 연결되었음을 지적하는 연구는 무수히 많다.

단어의 철자를 기억하려 애쓸 때 아이는 뇌의 한쪽 반구에서 단어의 시각적 형태를 찾는다. 그리고 그 형태를 뇌의 다른 영역을 이용해 종이 위에 글자로 혹은 소리로 변형시킨다. 이 과정에서 좌우반구를 가로지르는 신경 회로를 통해 신경 전달 물질 교환이 일어나면서 상호 연결된 두뇌의 여러 영역에서 정보들이 엮인다. 이 신경 연결망들이 효율적으로 기능하기 위해서는 반드시 훈련하거나 반복적으로 사용해야 한다. 신경 회로는 어떤 면에서 전깃줄과 유사하다. 절연체를 입히지 않으면 합선이 일어나 끊어질 수 있다. 수초라고 부르는 절연 물질은 반복 사용의 결과로 발달한다. 따라서 활동과 움직임을 거치면서 그 행동을 반복하고 기억하는 두뇌 능력이 강화된다. 이것이 바로 에테르체에 각인하는 아스트랄체의 비밀이다. 이 과정을 통해 기억이 탄생한다.

손의 사용은 모든 운동 체계 활동의 정점이라 할 수 있다. 아이가 흉골을 지나 쇄골을 가로질러 관절(견쇄관절)의 주위를 돌고 팔의 장골(요골)을 따라 내려가 손목과 손가락의 작은 뼈와 연골에 이르는 움직임들을 섬세하게 조절하기 위해서는 먼저 자세가 안정되어야 한다. 이런 연속된 움직임은 두뇌에 반영되고, 순차적 학습 회로가 생겨나거나 강화된다.

학습을 연구하는 신경 심리학자들은 눈과 손이 연결되는 과정에 존재하는 한 가지 중요한 요소를 언급한다. 의미 있는 행위가 두뇌 기능의 안정성과 기량 향상을 이끌어 낸다는 것이다. 그 나라 언어를 구사할 능력 없이 외국을 여행하는 사람은 몸짓, 자세, 얼굴 표정으로 의사소통한다. 이는 의미(감정이 실린 개념)가 만국 공통이기 때문에 가능한 일이다.

아이들의 학습 능력과 성취도를 시험으로 평가하는데 그 평가 도구 자체가 아이들에게 아무 의미가 없을 때, 시험관들이 예외 없이 동의하는 사실이 있다. 그 활동이 시험을 치는 사람에게 본질적 의미를 갖지 못할 때는 수행 능력이 낮아진다는 것이다.

수공예 활동에서 어떤 경험을 얻는지 상상해 보자. 먼저 작품을 마음속에 떠올린다. 재질, 색깔, 크기, 모양 등을 선택한다. 그리고 이제부터 만들 작품이 세상에 유용하고 의미 있는 것임을 안다. 의미 있는 것을 창조하고 싶은 마음과 완성된 작품에 대한 생생한 상, 그리고 질서 정연하고 잘 조직된 움직임이 함께할 때, 우리는 사고 속에서 기뻐하며 떠올린 것을 눈과 손이 사랑을 담아 창조하기 위해 필요한 모든 것을 구비한 셈이다. 그리고 그 과정에서 사고는 활발하게 움직이고, 그만큼 강화된다.

4. 인간의 손에 바치는 찬사

엘리자베스 아우어Elizabeth Auer[10]

손으로 일하는 사람은 노동자다.
손과 머리로 일하는 사람은 장인이다.
손과 머리, 그리고 가슴으로 일하는 사람은 예술가다.
_아시시의 성 프란체스코Francesco d'Assisi

---

10 엘리자베스 아우어는 뉴햄프셔주 파인힐 발도르프학교에서 찰흙 소조, 목공과 석
조 공예, 스테인드글라스와 금속 공예 수업을 했다.

두 사람의 손이 서로를 향해 다가간다. 악수를 하면서 손가락으로 상대의 피부를 느끼고, 손 전체로 힘을 느낀다. 두 손이 만날 때 한 쌍의 눈은 상대의 두 눈을 바라본다. 입에서 언어가 흘러나오고 가슴에서는 하나의 문이 열린다.

5라는 숫자를 기반으로 형성된 인간의 손은 총 27개의 뼈로 이루어져 있다. 우리의 인간성이 세상을 향해 펼쳐지는 것처럼 얇은 손목에서 바깥으로 뻗어나간다.

팔과 일체를 이루는 손은, 하나의 뼈인 상완골에서 시작해서 요골과 척골에 이르러서는 이중성으로 변하고 첫 3개의 손목뼈가 된다. 그 뒤로 4개의 손목뼈, 다시 다섯 개의 손허리뼈가 이어진다. 어깨 근육은 몸통과 연결된 위쪽 팔을 움직이는 한편, 위쪽 팔의 근육은 팔꿈치를

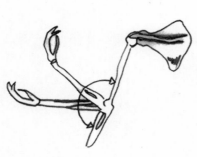

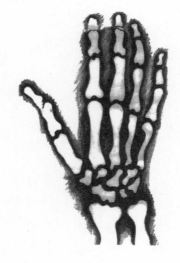

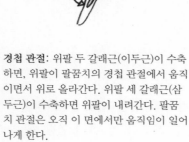

경첩 관절: 위팔 두 갈래근(이두근)이 수축하면, 위팔이 팔꿈치의 경첩 관절에서 움직이면서 위로 올라간다. 위팔 세 갈래근(삼두근)이 수축하면 위팔이 내려간다. 팔꿈치 관절은 오직 이 면에서만 움직임이 일어나게 한다.

구부리거나 펴면서 아래쪽 팔을 움직인다. 아래팔의 근육은 손바닥에 있는 손뼈와 일부 손가락뼈를 움직인다. 팔꿈치를 구부리기 위해서는 상완골과 연결된 움직임 외에도 아래팔 뼈, 요골, 척골 역시 각자의 위아래 말단부에서 맞물리며 움직여야 한다. 손바닥이 아래를 향하거나(내전) 위를 향하도록(외전) 손목을 돌릴 때 이 뼈들은 서로 교차하며 회전한다.

손목은 8개의 뼈로 이루어진 복잡한 관절로, 아주 유연하게 움직일 수 있다. 8개의 뼈는 강한 힘으로 지탱하는 인대로 둘러싸여 있으며, 각각의 뼈는 이웃하는 모든 뼈와 접촉하며 움직인다. 영유아기에는 연골이던 이 뼈들은 아동기를 거치면서 점차 단단해진다. 이들은 엄지를 비롯한 손가락들을 움직이는 작은 근육들의 지지대다.

인간 손의 뚜렷한 특징 중 하나는 운동성이 매우 뛰어난 엄지손가락의 위치다. 엄지손가락의 기다란 손허리뼈는 손바닥에 '감추어져' 있다. 첫 번째 손허리뼈 하단부에는 자유롭게 움직이는 안장 모양 관절이 있다. 이 관절 덕분에 엄지손가락은 두 면으로 굽힐 수 있고, 그 덕분에 모든 손가락과 차례로 맞닿을 수 있다. 정밀한 잡기라 부르는 이 자세가 인간 손의 유능함의 근본이다.

지극히 섬세하고 복잡한 구조의 신경망은 옆으로 뼈와 근육이 나란히 존재하고, 손에서는 손가락 쪽을 향해 뻗어나가는 형상이다. 이 신경망은 척수에서 나온 가닥들로, 척수는 심장에서 산소를 실어 나르는 동맥을 통해 흐르는 혈액과 함께 신체 움직임이 가능하도록 모든 구성 요소를 하나로 아우르는 역할을 한다. 손가락 말단부에는 엄청난 수의 신경망이 빽빽하게 차 있다. 손으로 형태를 빚는 움직임, 질료와의 상호 작용 속에서 근육의 창조적 형성력이 점차 강화된다. 손가락이 유연하고 자유로워지면서 사고 능력 역시 유연하고 자유롭게 발달한다. 혈액의 흐름과 함께 이들은 심장 내부의 움직임을 창조한다.

해변의 모래는 밀려와 부서지는 파도로 젖어 있다. 아이들은 고사리 같은 손으로 분주히 삽질을 하며 양동이에 모래를 담는다. 물기를 머금은 모래는 쌓고 다질수록 단단해진다. 양동이가 가득 차면 재빠른 손놀림으로 양동이를 거꾸로 뒤집어 평평한 바닥에 모래 뭉치를 내려놓는다. 첫 번째 모래 더미 옆으로 두 번째, 세 번째 모래 더미가 줄을 잇는다. 이리저리 두드리고 모양을 잡으면서 옆에도 놓고 위에도 쌓는다. 터널을 팔 때 아이들의 손가락은 고대 유물을 발굴하는 고고학자처럼 분주히 움직이며 모래를 밀고 퍼내면서 텅 빈 공간을 만든다.

차갑고 딱딱한, 뚜렷한 형태를 갖추지 않은 밀랍들이 있다. 여러 색깔 중에서 황금빛 밀랍 한 덩어리를 집어 든다. 손바닥의 온기가 천천히 밀랍으로 스며들면 밀랍은 말랑해지고 형태를 빚을 수 있는 상태가 된다. 손가락들이 힘을 합해 밀랍을 위아래 앞뒤로 주무르면 그동안 속까지 완전히 따뜻해진다. 잠시 후 작은 밀랍 덩어리에서 사자의 몸통이 생겨나고 머리, 다리, 꼬리가 자라난다.

이렇게 인간 정신의 형성력이 어린이의 삶 속에 깨어난다. 자기 신체를 빚고 성장하는 시기의 아이들은 손으로 흘러드는 형성력의 움직임을 내적으로 모방한다. 생산적인 활동은 손가락 끝의 움직임을 통해 혈액과 생명력을 가져다 준다.

양털은 양에게서 얻는 귀한 선물이다. 깎아낸 털은 물로 씻고 가지런히 빗어 길게 펼친다. 두 손이 서로 엇갈리며 양털을 빗는 움직임은 섬유질을 혼돈에서 단일한 방향성을 창조한다. 잡아당기고 늘이고 비틀고 꼬면서 셀 수 없이 많은 양털이 힘을 합치며 길고 긴 털실이 된다.

엄지손가락과 둘째 손가락을 가까이 맞댄다. 그 자세 그대로 꽃을 향해 다가가 꽃잎의 끝을 살짝 쥔다. 손목을 가볍게 돌리면서 꽃잎을 꽃받침에서 똑 딴다. 미역취, 자리공, 사과나무 잔가지, 너도밤나무 열매, 오배자, 지의류를 나무껍질에서 벗겨 낸다. 식물 세계에서 모아 온 선물들을 따로따로 돌절구에 넣고 강하고 힘차고 리드미컬한 움직임으로 쿵쿵 빻는다. 단단하게 저항하는 돌의 움푹 팬 부분에 힘주어 깊이 누른다. 어렵게 얻은 귀한 꽃잎 색소에 물을 섞고 열을 가해 털실을 고운 색깔로 물들인다.

여러 개의 못이 위아래 양쪽으로 마주보고 늘어서서 날실을 기다리고 있다. 손가락을 말아 털실을 아주 가볍게 쥔다. 손을 위아래로 움직이면서 못에 털실을 돌려 감는다. 둥글게 말아 쥔 손가락 사이 공간으로 털실이 미끄러지며 지나간다. 이제 날실에 씨실을 걸 차례다. 들어왔다 나가고 올라갔다 내려가며 손가락들이 서로 대화를 나눈다. 미역취로 염색한 황금 노랑색 털실과 자리공으로 염색한 보라색 털실이 팽팽하게 걸린 날실 사이를 지나가며 직조한다. 눈은 손가락이 날실가닥들 하나하나를 잘 살피는지, 털실이 위아래로 리드미컬하게 움직이며 지나가는지, 씨실을 꿸 때 가장자리 날실들이 단정하고 반듯하게 늘어서 있는지 꼼꼼하게 살핀다. 한 줄을 다 지나가면 리듬이 바뀌고 씨실은 잠시 움직임을 멈춘다. 방금 지나간 씨실이 앞선 씨실 위에 사이좋게 놓이도록 왼손과 오른손의 네 손가락이 합심해서 아래로 끌어내린다.

동물과 식물, 광물, 물은 인간을 위한 선물이다. 인간의 두 손은 그 선물을 다시 변형시켜 다른 사람의 손이 쥐고, 보고, 느끼고, 소중히 여길 수 있는 또 다른 선물로 만든다.

목재는 식물 영역으로 끌어올린 광물계의 상이다. 광물의 단단함과 함께 식물의 순수함을 지닌 목재는 물질의 단단함을 극복한 상태를 보여 준다.

연필이 종이 위를 지나가며 한중간에 긴 세로 선을 그린다. 숟가락 만들기의 첫 단계인 대칭 형태를 그릴 때 연필은 눈을 안내한다. 한 손에는 둥근끌을 쥐고 앞으로 나갈 길을 잘 보고 더듬는다. 방향을 이끄는 역할을 맡은 손이다. 반대 손은 고무망치를 쥐고 둥근끌의 손잡이를 내리친다. 컵을 만들 때는 움직임 속에 의도와 의지를 불어넣으면서 오목하게 빈 부분을 파낸다. 리드미컬한 움직임 속에서 단단한 재료가 깎여 나간다. 변형이 일어나고 있는 중이다. 두 손으로 굵은 줄을 쥐고 손잡이를 만든다. 한 손은 앞으로 밀고 나가는 힘을 제공하고, 반대 손은 그 움직임을 보완하고 균형을 맞추면서 움직임의 방향을 이끈다. 눈은 모든 움직임을 주시하면서 관찰한다. 사고는 작업 단계별로 어떻게 진행할지, 대칭 형태가 나오는지를 끊임없이 살피고 판단하면서 무수히 많은 작은 결정을 내린다. 머리와 손이 함께 일한다. 그리고 이 모든 과정은 신체에서 심장이 위치한 부위, 들숨과 날숨을 쉬며 온 몸에 생명력을 불어넣는 허파로 둘러싸인 영역 바로 앞에서 진행된다.

대리석은 흰색의 지상적 재료로 단단하면서도 때로는 쉽게 부러지는, 섬세한 형태를 지닌 광물이다. 대리석으로 작업할 때는 한 손에 들고 있는 끌의 뾰족한 끝이 이리저리 움직이면서 표면을 탐색한다. 끌은 다른 손에 쥔 고무망치에서 오는 힘을 받아들여 대리석을 조금씩 쪼개고 깎아 나간다. 천천히, 조금씩 지금껏 알지 못했던 형태가 드러난다.

형태에 대한 감각은 내부로부터 깨어난다. 아름다움에 대한 감각은 돌과 식물, 동물, 인간 세계로 뻗어나간다. 인간의 사고, 감성, 의지는 손과 머리, 그리고 가슴의 협력 속에서 표현된다.

창조적 행위에 깊이 몰입하는 것은 인생에서 맛볼 수
있는 진정한 기쁨 중 하나다. 창조적인 과정은 에너지를
소진시키기보다 생성시킨다. 그 속에서 우리는 이완되면서도
통제력 있고, 평화로우며 조화로운 상태를 느낄 수 있다.
형태를 조각하고 빚어 만들 때, 아이는 창조적인 에너지를
마음껏 발산할 수 있는 훌륭한 출구를 얻는다.

발도르프학교
상급 과정(9~12학년)

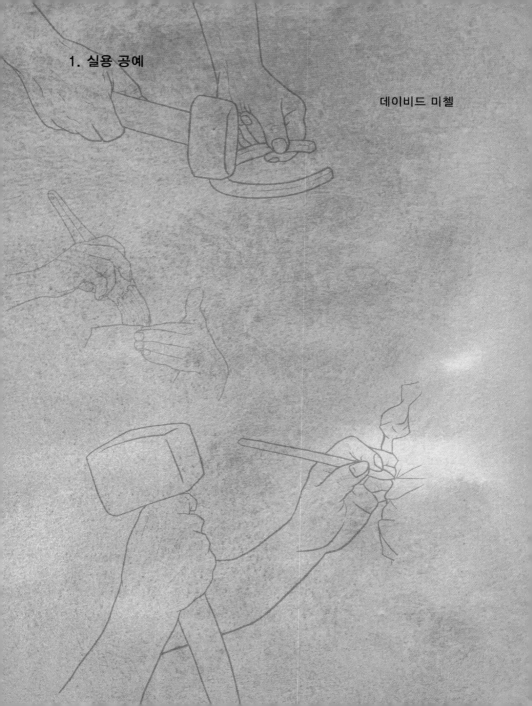

1. 실용 공예

데이비드 미첼

실용 공예와 청소년

우리는 의자에 앉을 때 의자의 아름다움을 느끼기를 원합니다.

_루돌프 슈타이너

고등 학교 과정의 모든 과목이 인간을 중심으로 구성되는 곳에서 이 상주의는 생명력을 유지할 수 있다. 과학, 예술, 종교를 인위적으로 분리하지 않는 곳에서, 그리고 양적 경험뿐 아니라 질적 경험도 육성할 때 인생을 위한 철학이 자라난다. 학생들은 컴퓨터를 배우면서도 자신에 관한 사실을 함께 배운다. 이 원칙은 공예 수업에도 동일하게 적용된다.

슈타이너는 청소년들이 직면하는 두 가지 커다란 장애물에 대해 이야기하면서, 그 난관을 맞이하는 청소년들에게 도움을 줄 수 있도록 교과 과정을 구성하는 방법을 제안했다. 첫 번째 장애물은 성적 욕구다. 이에 맞서기 위해서는 아이들이 의미 있는 일에 바삐 몰두하고 아름다움을 추구하도록 격려하며 수공예, 금속 공예, 대장일, 석공, 목공, 가구 만들기 같은 작업으로 손을 열심히 움직이게 하는 것이 좋다.

두 번째 위험은 권력과 힘에 대한 갈망이다. 이에 굴복하지 않도록 교사와 부모는 청소년들의 사고를 끊임없이 자극하고 영감을 불어넣어 주고, 위대한 사상과 도덕적으로 높은 사고를 접하는 기회를 마련해 주어야 한다. 아이들의 지성이 정체되지 않고 계속 움직이게 하며, 이타심을 키워 주어야 한다.

개념적 사고 능력은 인지 발달이 고차적 수준에 이르렀을 때 가능하다. 학생들에게 자기 작업 과정을 분석하게 하는 것은 추상적 사고를 훈련하는 데 좋은 방법이다. 구리가 특정 부분에서 왜 얇아졌는지, 주먹장 이음매가 왜 제대로 맞물리지 않는지를 분석하는 행위 자체가 그런 사고 훈련이다.

청소년 교육의 핵심은 의지력을 집중해서 발휘할 활동을 제공하는 것이다. 현대 사회는 십 대 청소년들에게 할 일을 주지 않는다! 그 나이까지 살아오면서 손가락 하나 까딱하지 않아도 거의 모든 일이 이루어졌기 때문에 아이들은 그저 빈둥거린다. 심드렁한 태도로 축 늘어져 있다가 '호르몬성 사고뭉치'가 된다. 하지만 실용 공예 수업을 통해 과제로 의지의 힘이 흘러갈 물꼬를 터 주면 전혀 다른 사람이 된다. 겉도는 태도 대신 삶 속으로 깊이 들어오고 지상의 삶에 온전히 육화한다.

사춘기에 나타나는 영혼 변화를 일종의 죽음을 경험하는 상태라고 설명하는 경우가 많다. 이 시기를 거치면서 아동기가 끝나고 청소년기가 시작된다. 루돌프 슈타이너는 사춘기를 '결코 가라앉지 않는 고통이 가랑비처럼 내리는' 상태로 묘사했다. 이 고통을 위한 해독제는 유머와 인내심이다. 더불어 손을 바삐 움직이는 활동은 이런 상태에 처한 자신을 잠시라도 잊게 해 주는 적극적 분출구가 된다. 사춘기는 삶을 조화롭게 만들기 위해 아름다움과 형태의 힘이 무엇보다 필요한 시기다.

교사의 과제는 청소년들이 고통스러운 내면 탐색을 잘 헤쳐 나가도록 안내하는 것이고, 갈 길을 찾지 못하고 갇혀 버린 의지력을 해방시키는 것이다. 그리고 작업할 때 모든 대상이 스스로 드러내는 것을 알아보는 눈을 갖도록 돕는 일이다. 아이들은 자기 의도를 그대로 구현하지 못하더라도 여러 차례 변형되는 과정을 겪어 가며, 나무나 돌 같은 재료에 귀 기울여 함께 작업하는 법을 터득해야 한다. 이는 무수한 반복을 거치면서 깨달아 가는 과정이다. 9학년 때 찰흙으로 인간 두상을 만들고 12학년에서 다시 돌로 두상을 조각하면서, 전에 알지 못했던 새로운 깨달음을 얻는다. 실용 공예에서 학생들은 형태를 빚고, 깎고, 주조해 볼 기회를 만난다. 자기 의지력을 이용해 재료를 변형시키고, 자기 정신력으로 재료에 생명을 불어넣는 경험을 얻는 것이다.

어떤 공예를 하는지에 따라 각기 종류마다 다른 능력을 키워야 한다. 나무는 재료가 가진 가능성에 '귀 기울이는' 능력을 요구한다. 대패질 하는 사람은 목재와 한 몸이 될 줄 알아야 한다. 목공예는 우리의 '느낌' 영역을 향한다. 목공예를 할 때 우리는 자의식을 내려놓고 활동 속으로 온전히 들어간다.

돌을 다룰 때는 '의지' 행위를 체계적으로 조직해야 한다. 돌을 깎아 형태를 만들기 위해서는 돌마다 지닌 고유한 결과 질감에 맞춰 작업할 수 있어야 한다. 돌 속을 '들여다보고' 그 가능성을 알아볼 수 있어야 한다. 돌을 조각하는 사람은 정과 망치로 자기 '의지'를 드러낸다. 우리의 모든 집중력을 행위와 능동적으로 연결한다.

금속 공예가는 주로 '사고'를 이용한다. 좋은 대장장이가 되기 위해 필요한 것은 힘이 아니라 정확한 망치질이다. 금속을 두드릴 때는 매번 올바른 지점을 찾아 정확하게 내리쳐야 한다. 올바른 '지점'은 행위 속에 존재하는 사고의 상징이다. 충분히 고민해서 정확하게 설계한 도면과 정교하게 제작한 절삭 기계가 거의 모든 작업의 첫 단추다. 우리 사고와 의지가 한 몸처럼 합을 이루어야 한다.

학생이 느낌을 통해 과제와 연결되고 사고 영역에서 깨어나야 비로소 앎이 의지 속으로, 그리고 능동적인 행위 속으로 흘러들 수 있다. 중국 속담에 이런 말이 있다.

들은 것은 잊어버린다.

본 것은 기억한다.

행한 것은 이해한다.

창조적 행위에 깊이 몰입하는 것은 인생에서 맛볼 수 있는 진정한 기쁨 중 하나다. 창조적인 과정은 에너지를 소진시키기보다 생성시킨다. 그 속에서 우리는 이완되면서도 통제력 있고, 평화로우며 조화로운 상태를 느낄 수 있다. 형태를 조각하고 빚어 만들 때, 아이는 창조적인 에너지를 마음껏 발산할 수 있는 훌륭한 출구를 얻는다. 의미 있는 목표를 추구하는 데 전념하면서 동시에 우울해지는 건, 아주 불가능하지는 않지만 극히 드문 일이다.

스스로를 관찰하고 올바로 평가하기, 그리고 자기 행위에 책임지는 능력은 성숙한 사람의 특성이다. 공예 활동에서 습득한 기술은 실용적 사고와 의식 성장으로 이어진다. 실용적 사고의 출발점은 관찰 능력의 성장이다. 이어지는 본문에서는 지금까지 서술한 내용이 상급 과정에서 구현되는 사례를 제시할 것이다.

교과 과정

발도르프 상급 과정에는 집짓기, 조각, 바구니 짜기, 직조, 염색, 제
본, 발재봉틀과 기계 재봉틀을 이용한 바느질, 자물쇠 만들기, 종이
만들기, 신발 만들기, 측량, 비누 만들기, 자동차 정비, 배틱[11], 법랑
공예, 캘리그래피, 스테인드글라스 공예, 석조 공예, 가구 만들기, 도
자기 만들기, 금속 공예 같은 실용 교과들이 있다. 일정 기간 동안은
모든 학생이 수업에 참여하지만, 어떤 학생들은 학년이 올라가면서 한
가지 공예에 집중해서 기량을 갈고 닦기도 한다.

11 옮긴이: battik_ 납염. 녹인 촛물을 이용해 옷감에 문양을 그리고 염료를 발라 염
     색하는 기법

사춘기는 성장 발달이 개별화되는 시기다. 청소년들은 각자의 신체 구성에 따라 아주 개별적인 방식으로 서로 다른 단계를 거치며 성장하기 때문에 일반화하기가 어렵다. 그래도 보통 진정한 변화는 10학년에서 11학년으로 넘어가는 방학 동안 일어나는 경우가 많다. 11학년에서 배우는 책 제본과 상자 만들기는 아이들의 사고가 새로운 방식으로 해방되는 것을 돕는 준비 과정이다. 이 나이에 이르면 명쾌하고 뚜렷한 사고 능력 속에서 자립과 자기 신뢰가 깨어나는 것을 관찰할 수 있다.

학교마다 여건과 문화에 따라 실력 있는 공예가를 수소문해서 수업을 의뢰한다. 상급 과정에서 자물쇠 만들기 수업을 운영할 수 있는 장인을 만나는 운 좋은 학교도 있을 것이다. 자물쇠 만들기는 기계 부품들 간 상호 관계라는 실제를 통해 사고를 가시화시키는 훌륭한 공예다.

신발 만들기 장인과 인연이 닿은 학교라면 학생들은 선반[12] 작업을 경험하고 자기 신발을 만들어 볼 수 있다. 대장장이가 있는 학교에서는 금속을 제련하고 가공해 볼 수 있다. 귀금속 공예가가 있으면 원석을 물린 장신구를 만들거나 금이나 은 철사를 이용해서 복잡하고도 섬세한 문양을 만들어 볼 수 있다.

---

[12] 옮긴이: 깎을 소재를 회전시키며 고정된 엔드밀(깎는 공구)로 깎거나 파내는 가공을 하는 공작기계

운 좋게 배틱에 정통한 섬유 공예가를 만나는 학교도 있을 것이다. 배틱은 발도르프학교에서 가장 인기 있는 공예 중 하나다. 학생들은 배틱 기법으로 염색한 옷감의 환상적인 문양을 좋아한다. 또 하나 중요한 과제는 이렇게 염색한 천으로 학생들이 연극 의상을 만들도록 지도해 줄 바느질 장인을 찾아내는 것이다.

토론토 발도르프학교에서는 목공예 수업의 일환으로 수많은 카누와 카약을 만들어 왔다. 학생들이 품질 좋은 악기를 직접 제작하는 학교를 본 적도 있다.

집짓기를 주요 프로젝트로 발전시킨 학교도 있다. 이들은 기둥과 대들보 구조의 집을 지었는데 제재소에서 목재를 잘라 오는 것부터 배선, 배관 공사까지 전부 학생들이 직접 했다. 이 집은 판매되었고, 수익은 다음 작품에 쓰였다. 이들은 또한 개별 교실을 포함해 함께 학교 건물 전체를 재건축했다. 또 다른 공예를 택해서 높은 수준으로 발전시킨 학교들도 있다. 그곳 학생들은 학교 수업에 참여한다기보다 장인 수준의 완벽함을 연마하는 도제처럼 보였다.

이런 수업에서 배울 수 있는 것이 있다. 학교마다 표현 방식은 저마다 다르지만 핵심 의도는 동일하다. 숙련된 장인인 교사의 도움을 받아 학생들이 자기 손으로 의미 있는 일을 하고, 아름다운 사물을 창조할 수 있게 하는 것이다. 내가 경험한 바에 따르면 학생들은 손을 움직일 때 제대로 사고하는 법을 터득한다. 손이 유능해지면, 다시 말해 일종의 신체 지능을 획득한 사람의 손길이 재료에 닿으면 재료는 아름다움이 구현되는 방향으로 반응한다.

독일에 위치한 히베르니아 발도르프학교에는 학생들이 운영하는 빵집이 있다. 학생들이 쉬는 시간에 와서 놀고 친구들과 어울리는 공간으로, 빵을 팔아 얻은 이익금은 전부 학교 운영에 보태거나 학급 여행을 지원하는데 쓰고, 일한 사람들에게 약간의 급여를 지급했다. 이곳에서 학생들은 재료를 주문하고 재고를 관리하거나 장부 적는 법 등을 배웠다. 이 사회적 기업은 엄청난 성공을 거두었다. 실용적인 사업이었을 뿐 아니라 여기서 일한 학생 중에 제빵사를 직업으로 택해 평생 즐겁게 일하기도 했다.

먼저 상급 과정 교사들이 모여 앉아 예산과 자원을 조사하고, 교직원들이 어떤 재주를 갖고 있는지 파악한다. 그런 다음, 인근에 어떤 공예 활동이 있는지, 학교와 함께할 만한 곳이 있는지 찾아본다. 가능하면 그 전문가를 학교 구성원으로 받아들이는 것이 좋다. 당연히 인지학에 바탕을 둔 발도르프 교과 과정의 일환이어야 한다. 교사회는 실용 예술 수업과 공예 수업, 수공예 수업을 어떻게 학교 상황에 맞게 발전시킬지 논의하고 결정한다.

가장 중요한 것은 해당 분야 일을 제대로 이해하고 능숙하게 할 줄 알면서 청소년들과 공감할 수 있는 사람, 그리고 앞으로 만날 어려움을 함께 극복해 나갈 수 있는 사람을 찾는 것이다. 외부 강사를 초청하는 방식으로 수업을 진행할 수도 있지만, 사전에 그들에게 학교의 철학과 수업 방향에 대한 분명한 상을 주어야 한다. 수업 초반에는 경험 있는 교사가 참관하면서 교사-학생의 상호 관계와 수업 운영 방식을 확인한다. 미국 앤아버에 있는 발도르프학교는 교사가 학생들을 인솔해 그 지역 대장장이가 작업하는 곳으로 간다. 실제로 운영하는 대장간에서 직접 공예 수업을 받는 방식으로 아주 훌륭하게 운영되었다. 수업 내용과 진행 방향은 사전에 대장장이와 교사회가 함께 논의해서 구성했다. 수업 운영에 대한 책임을 전문가에게 일임하지 않는 것이다. 수업 계획을 세우는 것도 수업만큼이나 중요한 일이기 때문이다.

공예 수업을 선택 과목으로 할지, 필수 과목으로 할지에 대해서는 크게 두 가지 의견이 있다. 많은 발도르프학교에서는 모든 학생이 성별 구분 없이 9, 10, 11학년에 동일한 수공예와 실용 예술, 공예 수업에 참여하게 한다. 하지만 몇몇 공예 수업을 선택 과목으로 묶어 학생이 직접 선택하게 하는 경우도 있다. 이때는 상담 교사가 있어서 개별 학생이 9학년과 10학년 때 어떤 과목을 선택해서 어떻게 참여하고 있는지 파악하고, 여러 분야의 공예와 수공예를 두루 경험하도록 도와준다. 한 분야를 전문적으로 연마하는 것은 11학년이나 12학년 이후에나 시작한다. 그 나이 아이는 한 과목이나 기술을 깊이 있게 파고 들면서 큰 성취감을 느낄 수 있다. 물론 다른 일을 제쳐 두고 거기에만 매달리는 것이 아니라 수업 시간에 집중해서 작업하고 여가 시간을 할애해서 완성도를 높이고 기술을 연마하는 정도를 말한다.

이 시기 아이들은 자기 운명을 어느 정도 느낄 수 있다. 학창 시절에 도예 과정을 선택해서 도자기 만드는 일을 평생의 업으로 삼은 학생도 있다. 목공예도 마찬가지다. 상급 과정 수업에서 집짓기의 매력을 알게 되어 전문 목수가 된 아이도 있다.

9학년 공예 수업은 제대로 된 일을 경험하고, 세상에 대한 이해를 심화시키는 내용으로 구성된다. 교사는 아이들이 스스로를 세상에 속한 존재로, 자기 두 발이 단단하게 땅을 딛고 서 있다고 느끼도록 도와주어  야 한다. 인간이 자연을 관찰하고 그 법칙을 이해해서 창조해 낸 모든 것을 파악할 수 있어야 한다. 루돌프 슈타이너는 인생의 단면을 직접 체험하는 과정이 발도르프학교의 수업에 포함되기를 원했다. 이를 아주 중요하게 여겼기 때문에 특히 10학년 과정에 몇 가지 '현장 수업 Lebenskunde'을 넣을 것을 권했고, 주로 기계 정비, 방직, 방적, 금속 가공, 제빵, 비누 만들기, 측량 실습 같은 내용이 들어간다. 하지만 이 수업은 6학년 실용 공예와 텃밭 가꾸기 수업에서 이미 시작된다.

성장 발달 차원에서 특히 중요한 의미를 갖는 수공예와 실용 공예 수업들이 있다. 9학년의 흑백 소묘, 9학년과 10학년의 찰흙 소조, 상자로 만든 베틀이나 띠 베틀을 이용한 10학년의 간단한 직조, 11학년의 책 제본, 12학년의 석조 공예가 이에 속한다. 발도르프학교 상급 과정 학생들은 모두 이 수업에 참여해야 한다. 발판 수직기를 이용한 직조, 도자기 공예, 방직, 종이 만들기와 마블링 공예, 양재 심화 과정, 금속 가공 심화 과정, 동판화 같은 수업은 선택 과목으로 한다.

교사들은 상급 과정에서 실용 공예, 순수 예술 수업과 주기 집중 수업이 서로를 보완하도록 교과 과정을 구성해야 한다. 예를 들어, 12학년 주기 집중 수업 시간에 파우스트를 배우며 인간 영혼의 본질을 탐색하는 중이라면 오후에는 석조 공예를 배치해 돌을 쪼아 인간의 두상을 만드는 과제에 도전하게 한다. 또 다른 좋은 예는 셰익스피어나 르네상스 역사를 공부할 때 책 제본 작업을 하는 것이다.

주기 집중 시간에 교사가 수업 내용과 연결된 예술 과제를 내 주기도 한다. 중세 역사 시간에 스테인드글라스를 만들고 동물학 시간에 동물을 조각하는 식이다. 발생학 시간에는 자궁 속 태아를 조소로 만들어 볼 수 있다. 가능성은 무궁무진하다.

고대 역사 시간에
올리브 나무를 이용해서
만든 아폴로 상

동물학 시간에 만든
고슴도치 조각상

동물학 시간에 만든
맹금류의 나는 모습

작품을 만들 때마다 거쳐야 하는 과정이 있다. 첫째, 만들 작품을 생각하거나 상상해 본다. 다음 단계는 사전 준비와 자료 조사, 실험이다. 그런 다음 그동안 몰두했던 생각들을 내려놓고 잠시 묵히는 시간을 갖는다. 이는 새로운 방향이 싹틀 여지를 주는 대단히 중요한 과정이다. 이제 본격적으로 작업에 착수해서 작품을 완성한 다음, 그간의 과정을 돌아본다. 마지막으로 손볼 부분을 수정한다. 이 모든 단계가 사고와 느낌, 의지를 펼치고 실행하며, 통합하는 활동이다.

수업을 하다 보면 세 부류의 학생을 볼 수 있다. 사건을 촉발하는 학생들이 있고, 벌어지는 일을 지켜보는 학생들이 있다. 세 번째는 무슨 일이 일어났는지 생각하는 아이들이다. 보통 의지 영역이 강한 아이들이 나서서 일을 벌인다. 이들은 스스로에 대한 믿음이 있고, 실수를 지나치게 걱정하지 않는다.

교사는 학생들에게 실수했을 때 지금까지 한 작업을 뒤엎고 새로 시작하기보다, 그에 맞춰 일을 조정하도록 가르쳐야 한다. 실수할까봐 전전긍긍, 불안해 해서는 앞으로 나갈 수 없기 때문이다. 실수를 하지 않는 유일한 방법은 아무 짓도 하지 않는 것이지만, 아이들에게 권장할 태도는 아니다. 우리는 아이들이 용기와 자신감을 갖기 원한다. 그리고 실용 공예 활동에서 어느 경지에 오른 아이들에게서 그러한 힘이 자란 것을 볼 수 있다.

사춘기를 거치면서 아이들은 이해하기 어려운 수수께끼로 가득 찬 내면 세계로 눈을 돌린다. 이 아이들은 모든 것을 밖으로 표출하지 않고 일부는 담아 둔 채, 새롭게 깨어난 내면 공간에서 자신을 몰아대는 힘을 소화하고 흡수한다. 이 시기 동안 아이들은 개인적 운명을 조금씩 감지한다. 실용 예술이나 공예 활동 같은 '진짜 일'을 통해 경험하는 집중력이야말로 아이들이 '내면 공간'과 '외부 세계' 사이에 적절한 균형을 갖도록 도와주는 힘이다. 사회적-인간적 관점에서 볼 때 올바른 집중력을 키워 주는 것이 상급 교육의 핵심 과제 중 하나다. 다음은 개별 공예 활동에 대한 간략한 설명이다.

도자기 공예

　　도예 공방에서 학생들이 처음 하는 일은 여러 종류의 찰흙을 섞는 것이다. 본격적으로 그릇을 빚기 전에 땅에서 퍼온 여러 색깔의 찰흙을 체로 거르고 적당한 비율로 섞어야 한다. 축축한 찰흙 속에 손을 넣어 주먹보다 조금 크게 떼어 낸다. 엄지손가락으로 중심부를 누르고 둘째 손가락으로 반대편에서 꼬집듯이 눌러서 그릇이 적당한 두께가 될 때까지 돌려 가며 모양을 만든다. 하루 이틀 정도 말린 뒤 유약을 바른다. 라쿠 소성법[13]에 따라 톱밥을 채운 금속 양동이에 넣어 굽는다. 톱밥에 불을 붙이면 하루나 이틀 정도 연기를 내며 타는데, 그 속에 그릇을 넣었다가 꺼낸다.

아직은 도구를 사용하지 않고 손으로 성형한다. 시간이 갈수록 손이 능숙해지고 촉각이 섬세해진다. 마지막 과제는 똑같이 생긴 두 개의 화분을 빚는 것이다. 두 화분은 모든 면에서 완벽하게 동일해야 한다. 결코 쉬운 일이 아니다. 교사의 승인을 얻으면 유약을 바르고 굽는다. 그런 다음 컵, 그릇, 주전자, 접시 같은 것을 빚을 수 있는 물레로 작업대를 옮긴다.

이제부터는 기계 장치가 손을 위한 보조 도구로 등장한다. 의도를 지닌 접촉에 따라 찰흙이 마법처럼 솟아오르고 넓어진다. 똑같은 모양의 그릇을 복제할 수 있게 된다. 손으

---

13 옮긴이: 900℃ 정도의 저온에서 소성한 후 뜨거운 상태에서 가마 문을 열고 집게로 기물을 꺼낸 후 톱밥이나 낙엽에 묻고 불이 붙으면 물로 급랭시켜 산화와 환원 작업을 반복적으로 거치는 기법

로 할 때 어려웠던 동일성을 이제는 쉽게 얻을 수 있게 된다.

유약과 가마는 도예가를 화학자로 만든다. 흙 속에 섞인 염분이 환상적인 색채를 끌어내고, 가마에서 타오르는 불은 한때 말랑했던 찰흙을 견고하게 만들어 준다. 마침내 우리는 오래 사용할 수 있는 식기를 얻는다.

찰흙 소조

9학년에서 하는 첫 번째 과제는 찰흙 한 덩이를 자몽 크기로 떼어 내, 흉골 근처에서 찰흙을 잡고 두 팔꿈치를 바깥쪽으로 향한 채 손을 움직여 찰흙을 동그란 구로 빚는 것이다. 이 작업에서는 자세가 매우 중요하다. 손뿐만 아니라 상체 전체와 어깨, 위쪽 팔을 함께 움직일 수 있어야 하기 때문이다.

어느 정도 구의 형태가 잡히면 팔꿈치를 내린다. 이제는 더욱 완벽한 구로 만들기 위해, 찰흙을 누르고 모양을 만들기 위해 손바닥과 엄지손가락, 다른 손가락들의 움직임을 온전히 느끼면서 작업한다. 마지막 단계에서는 손가락으로 부드럽게 표면을 쓰다듬으며 형태를 완성한다.

최대한 완벽한 구가 완성되면 철사를 이용해서 이등분한다. 둘로 나눈 조각을 탁자 위에 볼록한 부분이 위로 오게 해서 8자 모양으로 나란히 배치한다. 두 반구를 하나로 이어서 하나는 볼록, 다른 하나는 오목한 형태로 만든다. 형태는 조화롭고 평온해야 하고, 두 번 휘어져 '음양'의 형태를 갖추되 상대의 뒤집힌 거울상이 되어야 한다. 수업이 끝나면 작품이 마르지 않도록 젖은 수건으로 덮고 비닐을 씌워 놓는다.

두 번째 시간에는 먼저 첫 시간에 만든 것을 감상한 뒤, 새로운 과제를 준다. 오늘의 과제는 오목－볼록 형태를 잠자는 동물, 또는 태아기 동물 중 하나로 변형시키는 것이다.

다음 연습은 형태 변형이다. 학생들은 지난 시간에 만든 잠자는 동물을 다시 한 번 구로 변형시킨다. 완성된 구를 탁자 위에 올려놓고 눌러가면서 돌쟁이 아기의 실제 머리 크기로 타원을 만들고, 다시 이목구비를 갖춘 두상으로 변형시킨다. 아기의 통통한 볼과 아직 희미한 형태만 있는 턱, 높은 이마와 뾰족한 머리 그리고 전체적으로 말랑하고 통통한 느낌을 가진 형태를 빚는 동안 아이들과 유의미한 대화를 나눌 수 있다. 세부를 섬세하게 표현하고 싶다면 조소용 칼과 막대 등을 이용한다.

이어지는 수업에서는 지난 시간에 만든 아기 두상을 청소년 얼굴로 변형시킨다. 이목구비는 더 뚜렷해지고 개별화된다. 다음에는 청소년 얼굴을 40대의 얼굴로, 마지막에는 70살 넘은 노인의 얼굴로 변형시킨다. 이때는 모든 특징이 과장된다. 피부는 쭈글쭈글하고 코는 더 뾰족하며 앞이마는 갓난아이 때처럼 벗겨진다. 하지만 갓난아이와 달리 촉촉한 느낌을 주는 요소가 사라지고 푸석푸석해졌다. 노인 얼굴에서는 뼈와 탄력 없는 피부가 눈에 띈다.

마지막 과제는 노인 얼굴을 괴물로 바꾸는 것이다. 학생들은 어서 빨리 괴물을 만들고 싶어 안달한다. 괴물 만들기는 정말 재미난 작업이다. 머리 한쪽을 손으로 쥐고 안쪽으로 틀거나 코를 주먹코로 만들고 눈을 기괴하게 일그러뜨리면 '저 세상' 형상이 탄생한다. 이 연습의 또 다른 응용은 성숙한 얼굴 중 하나를 택해 행복함에서 슬픔으로, 혹은 반대로 변형시키는 것이다.

이 수업 동안 학생들이 최대한 서로의 얼굴을 자세히 관찰하고 특징을 파악할 것을 권한다. 사회성 키우기에 아주 좋은 연습이다.

10학년에서는 커다란 찰흙 덩이를 나눠 주고, 사자, 독수리 혹은 황소 머리를 만들라는 과제를 주는 것으로 시작한다. 손가락만 움직여서는 형태를 만들 수 없을 정도로 큰 덩어리여야 한다.

다음 과제로 넘어갈 때 나는 아이들에게 에른스트 바를라흐의 목조 작품인 〈산책하는 사람Der Spazierganger〉, 〈귀 기울여 듣는 사람들 연작Zwei Figuren vom Fries der Lauschenden〉, 〈믿음이 깊은 남자, 신의 은총을 받은 여자Der Glaubige, der Begnadete〉, 〈추위에 떠는 노파Frierende Alte〉, 〈방랑자der Wanderer〉 사진을 보여 준다. 이 작품들의 얼굴 표정은 놀랍도록 멋지다. 이제 학생들에게 내면적이거나 외면적인 몸짓을 표현하는 인간 전신상을 20cm 높이로 만들라고 한다. 먼저 원기둥을 만든다. 위에서부터 작업해 머리를 만든 다음, 몸짓 표현으로 넘어간다.

내면적 몸짓 사고, 기쁨, 좌절 등
외면적 몸짓 무언가를 밀거나 당기는 동작, 무거운 것을 지고 가는
           동작, 무거운 것을 들어 올리는 동작 등

또 다른 연습으로 찰흙을 굴려 도넛 모양으로 만들어 사용하는 방법이 있다. 먼저 찰흙 한 덩어리를 굴려서 긴 소시지 모양을 만든다. 기다란 찰흙 소시지를 감아올려 사람 머리 크기로 원통을 만든다. 이제부터는 두 손을 이용해서 원통 안과 밖에서 작업한다. 원통 바깥에 있는 손은 원통 안쪽에서 움직이는 손이 너무 많이 밀고 나가지 않도록 잡아 주는 역할을 한다. 인간의 머리를 내부에서 밖으로 작업해서 두상을 만드는 것이다. 손가락 관절 부위로 찰흙을 밀어서 코를 만드는 동안 다른 손은 바깥에서 적절하게 눌러 주는 식으로 작업한다. 머리 뒷부분은 열린 채로 놔둘 수도 있다.

이 연습의 변형은 석고로 본을 떠서 양각의 석고 틀을 만드는 것이다.

찰흙 조소 작업을 11, 12학년까지 계속할 수 있는 여건인 경우에는 보강재를 덧대 실물 크기 인간상을 만들어 볼 수 있다.

바구니 짜기

버드나무, 갈대, 억새, 나무껍질 혹은 길고 가늘게 쪼갠 나무를 이용해서 바구니를 짤 수 있다. 먼저 재료를 물에 푹 불려서 유연하게 만든다. 나무로 바구니를 짤 때는 보통 느릅나무를 사용한다. 나무를 1년 동안 물에 담가 놓았다가 봄이 되면 900g 짜리 넓적한 망치를 가지고 목재 내부 구조가 헐거워질 때까지 망치질을 한다. 그런 다음 칼을 이용해서 1.9~2.5cm 넓이의 가늘고 긴 조각으로 벗겨 낸다. 이것을 바구니가 완성될 때까지 축축한 상태로 보관해야 한다. 바구니 모양은 용도에 따라 달라지며, 재료에 따라 바구니 짜는 기법이 다르지만 쉽게 배울 수 있다.

나무껍질로 바구니를 만들 때는 먼저 바구니 바닥을 원하는 크기로 평평한 면을 엮는다. 그 위에 밑판과 같은 크기의 소나무 널빤지

를 놓고, 물을 흠뻑 먹어 유연하게 휘어지는 나무가닥을 구부려서 옆면을 올린다. 옆면이 어느 정도 올라가면 소나무 판은 치운다. 이렇게 완성한 직사각형 바구니는 튼튼하고 변형이 적으며 아주 견고하다. 바구니 짜기는 직조와 유사하다. 반복적이면서 기하학적 활동은 마음을 편하게 해 주고, 완성된 작품은 실용적일 뿐 아니라 미적으로도 아름답다.

마크라메 공예14

신화에는 베 짜기와 매듭 엮기를 지혜와 연관시키는 이야기가 숱하게 등장한다. 두 가지만 꼽자면 알렉산드로스 대왕이 푼 고르디우스 매듭 수수께끼가 있고, 크레테 섬에서 실을 풀면서 신비로운 수천 갈래의 길을 지나 미로를 빠져나온 테세우스 이야기가 있다. 테세우스는 실과 영리함을 무기로 미노타우로스를 무찔렀다. 제우스의 머리에서 태어나 사고의 세계를 지배하는 아테나는 모든 예술과 공예에 영감을 주는 존재로 불린다. 공예는 학생들에게 문제를 마주하고 극

---

14 옮긴이: 아라비아에서 유래한 레이스 기법으로 원어 Migramah는 '매듭실 레이스'를 뜻한다. 끈이나 천의 끝단에 실로 고리를 걸어 그 실을 여러 가지 방법으로 서로 묶는다.

복하는 법을 가르쳐 준다. 아이들은 정신 차리고 집중하게 만드는 동시에, 크고 작은 난관을 겪고 그 과정에서 스스로 변형되도록 이끄는 활동에 몰입한다.

마크라메는 공예 교과 과정에서 중요한 활동에 속한다. 먼저 복잡하게 꼬인 매듭을 만들 출발점을 만들어야 한다. 나선 움직임으로 시작해서 실을 교차시키면서 끝난다. 원하는 형상으로 작품이 완성되도록 매듭을 이리저리 배치하는 것은 상당히 까다로운 작업이다. 아메리카 인디언 부족들이 많이 사용한 가로감아매기매듭clove hitch을 포함한 다양한 매듭을 배우고, 원하는 문양에 따라 적당한 것을 선택한다. 완전히 깨어 있는 의식이 필요한 활동이다.

준비물

작품의 종류에 따라 필요한 조건들이 조금씩 다르지만, 모든 마크라메 작업에 공통으로 요구되는 요소들이 있다. 첫째, 빛이 충분한 곳에서 작업해야 한다. 등 뒤에도 광원이 있어 작품을 비춰줄 수 있는 환경이 바람직하다. 공간도 넉넉해야 한다. 길고 짧은 실 여러 가닥을 펼쳐 놓고 작업하기 때문이다. 주변 청결 또한 중요하다. 실에 보푸라기나 머리카락, 먼지, 흙 같은 오염물질이 쉽게 달라붙어 작품에 섞여 들어가기 때문이다.

털실, 면실, 꼰사, 푼사, 마 끈, 마크라메용 실처럼 기다란 줄이면 모두 이용이 가능하지만, 각각 장단점이 있다. 예를 들어, 마 끈은 튼튼하고 질기지만 맨손으로 작업하기에는 좀 거칠다.

마크라메 작품들 대부분은 돌이나 봉, 유목(물에 떠내려 온 나무), 허리띠 버클, 꼬아 놓은 철사 같은 지지대에 매듭을 거는 방식으로 만든다. 이런 지지대를 문양의 일부로 활용할 수도 있다. 크기가 작은 작품은 퐁뒤fondue용 꼬챙이를 봉으로 사용할 수 있다. 오래된 전구 갓도 전구가 전체와 한통으로 용접된 경우가 아니면 마크라메용 고리로 쓸 수 있다. 벼룩시장에서 저렴하게 구입할 수 있는 물건들이 훌륭한 재료가 될 수 있음을 잊지 말자. 마크라메에 필요한 기본 도구는 모두 쉽게 구할 수 있는 것들이다.

3차원 입체나 비정형 작품을 제외한 모든 마크라메 작품은 핀을 꽂아 고정시켜야 한다. 따라서 가발이나 모자 고정시킬 때 쓰는 T자형 핀과 작품을 고정시켜 둘 받침대가 필요하다. 최고의 받침대는 골판지 상자다. 스티로폼이나 코르크, 플라스틱 판보다 핀이 잘 빠지지 않고 안정적이다. 핀을 여러 번 박고 뽑아도 쉽게 찢어지지도 않는다.

깨끗한 칫솔을 이용하면 완성된 작품에서 보푸라기나 먼지를 쉽게 제거할 수 있다. 잘 드는 쪽가위도 꼭 필요하다. 플라스틱으로 된 자수용 실패도 구비해 두면 좋다. 아주 커다란 작품을 제작하기 위해서는 실도 길어야 하는데, 이럴 땐 꼭 작은 뭉치로 묶어 둔다. 그래야 실끼리 서로 엉키지 않아서 수월하게 작업할 수 있기 때문이다. 줄이 별로 길지 않고 크기가 작은 작품은 이런 수고를 할 필요가 없다. (실 길이 3~4m 이하 작품) 금속으로 된 재단용 자는 재단할 때 조각들을 똑바로 유지하는 데 큰 도움을 주기 때문에 노련한 공예가들도 자주 사용한다.

매듭

대부분의 마크라메 작품은 봉이나 금속 고리, 미리 만들어 둔 철사 틀 같은 고정된 물체에 실을 묶는 것으로 시작한다. 가장 흔히 사용하는 두번감아매기 매듭two half hitch은 오른쪽으로 한 번, 왼쪽으로 한 번씩 묶는다. 두번감아매기 매듭을 여러 번 묶으면 평매듭square knots이나 가로감아매기 매듭clove hitch 등 다음 줄에 엮고 싶은 모든 매듭이 들어갈 공간이 충분히 생긴다.

봉의 양쪽 끝에 실을 묶어 봉을 건다. 실을 원하는 길이로 끊어서 반을 접고 중간에 작은 고리를 만든다. 한 손으로 고리를 잡아 봉 밑으로 밀어 넣고 다른 손으로 받아 쥔다. 실을 봉 위로 감아서 세로로 늘어진 실을 가로질러 고리가 놓이게 한다. 엄지와 검지를 고리 안에 넣어 2개의 세로줄을 잡아당겨 고리 밖으로 뺀다. 완성된 매듭을 조이면서 모양을 다듬는다. 너무 단단해지지 않도록 주의한다.

이제 한번감아매기half hitch 매듭이 등장할 차례다. 한번감아매기는 진짜 매듭은 아니다. 다른 매듭이 있어야 완성되기 때문이다. 가로감아매기 매듭을 반만 묶은 것이기 때문에 한번감아매기half hitch라고 부른다. 이제 각자 작품의 문양과 디자인에 따라 작업을 이어 나간다.

실잣기, 염색, 직조

실잣기는 학생들이 직조실에 들어와 처음 만나는 과제다. 모든 아이가 원모를 씻고 가공하는 법, 털실용 빗과 핸드카더[15] 드럼카더[16]를 조작하고 실잣기 할 때 긴 막대에 양모 뭉치를 감아 묶어 두는 법을 배운다. 가락바퀴가 위에 있는 드롭스핀들, 아래에 있는 드롭스핀들, 터키식 스핀들, 나바호식 스핀들과 타클리식 스핀들 등 다양한 물렛가락 사용법을 익힌다. 양털의 종류별 특징과 양모 실의 유형에 따른 양털 사

용법을 배운다. 한 가닥 털실을 충분한 길이로 자아 본 뒤에는 뜨개질에 쓸 수 있는 2~3 가닥 털실 만드는 법을 배운다. 어떤 학생들은 모헤어나 여러 가지 실크 또는 낙타, 라마, 알파카 등의 털이나 모시처럼 이국적인 재료를 이용해 실잣기를 연습하기도 한다.

이어서 일상에서 쉽게 구할 수 있는 매염제와 식물 껍질, 나무 열매, 꽃, 잎, 벌레에서 추출한 색소만으로 양모, 면사, 리넨사를 염색하

---

15 옮긴이: hand carder_양모를 섞거나 다듬을 때 사용하는 도구
16 옮긴이: drum carder_솜을 타는 원통형 도구

는 법을 배운다. 쪽으로 파랑을, 코치닐과 소목으로 빨강과 보라를, 꼭두서니뿌리로 주황–빨강을, 오세이지 오렌지와 황목으로 노랑, 황금, 초록을, 아선약(감거자)과 호두껍질 가루로 갈색을, 로그우드(캄파치나무)로 연보라와 검정을, 홍화로 노랑과 빨강을 만들어 본다. 복합염도 해 보면서 어울리지 않을 것 같은 색깔들이 섞이면서 새로운 색이 나오는 것을 경험한다.

마침내 베틀로 천을 짤 차례다. 직조 도안 읽는 법을 배우고 경사 걸기threading, 직물 구조 정하기tie-up, 위사 이입 순서treadling 등 도안 요소들을 이해하는 법을 배운다. 경사를 분석하고 위사 이입 순서를 결정하는 법을 배운 다음, 해리스빌 디자인사의 플로어 베틀[17]과 크랜브룩 베틀 같은 4종광[18], 다종광 직기에 대한 직물 구조 해독하는 방법을 배운다. 옛 직조공들의 별 문양, 장미 문양 짜기도 배운다. 이제 학생 한 명 한 명에게 모눈종이에 도안 그리는 법을 보여 준다. 이렇게 하면 완성했을 때 어떤 무늬가 나올지 미리 알아볼 수 있다.

나바호 베틀로 천 짜는 것을 경험할 수도 있다. 나바호식 직조는 특별하다. 나바호 베틀은 평화롭고 명상적이며 조용하다. 결과에 집착하며 조급해하기보다 과정을 즐기는 법을 알게 된다. 나바호 사람들은 독특한 방식으로 베틀에 실을 걸기 때문에 아직 다 짜지 못한

---

17 옮긴이: floor loom_발쪽에 페달이 있는 베틀
18 옮긴이: 종광harness_경사를 위아래로 벌려 위사를 투입하는 개구를 만드는 장치

천도 손쉽게 가지고 다닐 수 있으며, 완성한 천에는 가장자리에 늘어진 부분이나 앞뒤 구분이 없다. 이 기법으로 천을 짜면 조직이 치밀하고 안정적이기 때문에 바닥 깔개, 조끼, 가방, 베갯잇, 안장깔개나 벽에 거는 직조 장식품에 적합하다.

지난 몇 년 동안 낡은 천으로 깔개 짜는 풍속이 되살아나고 있다. 오래된 옷을 재활용해서 깔개로 만드는 것을 구질구질하게 여기던 시절도 있었지만, 지금은 하나의 예술로 인정하는 분위기다. 아이들은 여러 가지 문양을 조금씩 짜 보고, 여럿이 돌아가며 짜는 방식으로 직조해 보기도 한다. 패턴 연습용 작품도 식탁 개인 매트로 쓸 수 있는 크기로 만든다. 평직 변형 외에도 날이랑 짜기warp face, 씨이랑 짜기weft face, 능직, 이랑 무늬 직물, 로그캐빈 직조 기법을 경험한다.

양재

직조 작품은 양재 시간에 옷으로 다시 태어난다. 학생들은 옷본 만들기, 치수 재기, 재단과 바느질을 배운다.

먼저 만들고 싶은 옷을 스케치하고 옷본을 뜬 다음, 천에 핀으로 고정한다. 옷본을 만들려면 공간적 상상력이 필요하다. 청소년들은 자신에게 잘 어울리면서 개성 있는 옷을 직접 만드는 경험을 거치면서 개별성이 한층 뚜렷해지는 동시에 성숙한다. 이때 중요한 것은 기하와 측량으로, 가능한 한 정확하게 치수를 재고 재단하는 것이다. 그렇지 않으면 잘라 낸 조각들이 딱 맞지 않아 오랜 시간 공들인 노력에도 불구하고 입을 수 없는 옷이 되고 만다. 전체 과정을 충분히 고민하고 정확하게 측정하고 그렸을 때만 만족스러운 결과를 얻을 수 있다.

가위나 펜을 들기 전에 먼저 할 일을 충분히 숙지하고 꼼꼼하게 검토해야 한다. 그런 뒤에 옷본에 따라 천을 자르고 재봉틀의 도움을 받아 올바른 순서로 합체한다. 학생들은 치밀하게 계획을 세우고 정확하게 실행했을 때야 비로소 자랑스럽게 입고 다닐 수 있는 옷 한 벌이 탄생한다는 사실을 배운다.

배틱 염색

루스 피트만[19]

배틱 작업실에서 상급 학생들은 만만치 않지만 창조적이고 보람 있는 경험을 얻는다. 고대 인도네시아 섬유 공예에서 나온 배틱은 오늘날 미국을 비롯한 세계 여러 나라에서 현대 섬유 공예의 주요 분야

---

19 Ruth Pittman(1927-2011)_하이모잉 학교에서 오랫동안 근무하고 학생들에게 많은 사랑을 받았던 예술 교사로 숙련된 기술과 전문 지식을 갖추었을 뿐 아니라 웃음을 사랑했던 분이다.

로 자리매김했다.

인도네시아 말로 '밀랍으로 그림을 그리다'를 의미하는 배틱 염색의 주된 특징은 전통적인 밀랍 펜인 '찬팅'을 사용해 그린 독특한 선과 투명한 염료에서 나오는 아름다운 색채의 조화다. 학생들에게는 재료 본연의 특성을 최대한 살려서 표현해 보라고 한다. 찬팅에서 흘러

나온 밀랍 선에는 상승-하강, 직각-나선, 팽창-축소 같은 자연의 리듬이 담겨 있다. 밀랍으로 그림을 그리는 어려운 기술을 터득하고, 조금씩 안목을 키워 나가는 과정에서 제한된 재료와 능력 안에서 최선을 다하는 법, 어려워도 끝까지 시도하고 실패해도 다시 도전하는 인내심과 의지력을 키운다. 배틱 염색을 통해 아이들의 예술적 능력은 중요한 성장을 한다. 형태를 창조하는 힘, 전체를 표상하고 작품 속에 조화와 통일성을 구현하는 능력이 자란다.

연습을 거듭하면서 학생들은 찬팅이 매우 흥미롭고 다재다능한 도구이며, 이를 잘 활용하면 새로운 표현 가능성을 발견하거나 혹은 재발견할 수 있음을 깨닫는다. 내면에 잠들어 있던 예술적 재능을 발견하고, 서툴고 무능력하다는 느낌이 가시고 자신의 창조 능력에 대한

자신감이 자란다. 배틱 공예 재료와 과정은 흔히 접할 수 없는 독특한 것이기에 학생들은 예상치 못한 새로운 만남에 열려 있어야 한다. 환호성을 지를 만큼 기쁜 순간도 있지만, 밀랍이 엉뚱한 곳에 주르륵 흘러 버리는 사고가 생길 수도 있다. 작업하는 내내 다음 단계와 과정을 거듭 생각하다 보면 새로운 영감이 떠오르기도 한다. 사실 더 중요한 것은 재료 특성에 대한 인식이 높아진다는 점이다. 공예 활동에 대한 존경심과 이해가 커질수록 학생들은 자유롭고 새롭게, 스스로의 힘으로 창조하는 작업을 겸손과 기쁨으로 대하게 된다.

배틱의 원리는 저항에 있다. 밀랍으로 선을 그리거나 면을 칠한 부분은 염료가 섬유 속으로 스며들지 않는다. 밀랍이 염료를 밀어내기 때문이다. 녹인 밀랍을 얼마나 고르게 잘 칠했나, 옷감을 염색물 속에 담그는 과정에서 색이 밝음에서 어둠으로, 환함에서 탁함으로, 따뜻함에서 차가움으로 얼마나 자연스럽게 연결되느냐에 작품의 성공 여부가 달려 있다. 마지막 단계는 신문지나 키친타월 사이에 밀랍 바른 천을 놓고 다리미질을 해서 밀랍을 제거하고, 문양이 제대로 드러나게 하는 것이다.

밀랍을 바르고 염색하는 동안 학생들은 매 순간 무수히 많은 결정을 내려야 한다. 어떤 결정을 내리든 색채의 조화, 형태, 리듬, 문양, 공간, 밀랍을 칠할지 말지 같은 미적인 측면을 항상 고려하고 살펴야 한다. 할 일이 많다보니 작업이 끝날 때까지 흥미가 쉽게 가라앉지 않는다. 완전히 몰입한 학생들의 열의가 작품에 온기를 불어넣는다.

작업 과정에서 일어날 수 있는 예측 불가능한 요소들은 숙련된 사람도 대처하기 쉽지 않으며 좌절의 원천이 될 수 있다. 원치 않는 곳에 밀랍이 흐르거나 의도치 않은 색이 나올 수 있다. 이런 불확실성 덕분에 작품을 아끼는 마음이 커지고, 결과에 대한 걱정과 함께 기대와 희망을 가지게 된다. 모두가 창조 경험의 일부다. 사실 많은 학생이 예측 불가능성 자체를 즐긴다. 새롭게 익힌 기술을 총동원해 최대한 섬세하게 작업하면서 약간의 대담함을 곁들일 때, 작품에 유일무이한 고유성과 함께 팔딱팔딱 살아 숨 쉬는 즉흥성이 들어간다.

전통적인 예술이나 회화와 달리 배틱에서는 실수를 만회하기가 완전히 불가능하지는 않아도 매우 어렵다. 하지만 창의성과 긍정적 상상력을 조금만 발휘하면 대부분의 실수를 '전화위복'으로 만들 수 있다. 덕분에 작품의 질이 더 높아질 수도 있고, 예술 요소와 기술 요소의 도움을 받아 새로운 영감에 이르기도 한다. 그리고 배틱은 기법 자체에 작품의 아름다움을 극대화시키고 다양한 요소들이 조화롭게 어우러지게 하는 마법이 내재한다.

초보자에게는 찬팅으로 자유롭게 밀랍 그림을 그리며 연습하고 실험하는 시간을 충분히 준다. 처음에는 문양과 색채 배열 속에서 디자인 요소를 통합시키는 연습을 위해 견본 작품을 만들어 본다. 이후에는 스카프, 베갯잇, 가방, 셔츠, 치마, 벽걸이처럼 용도가 분명한 작품들을 만든다. 회화적 특성이 강한 상을 표현하고 싶다면 캔버스에 천을 걸고 작업할 수도 있다.

복잡한 작품을 만들 때 학생들 대부분은 최종 결과물에 대한 상을 분명히 떠올리기 위해 먼저 종이에 도안을 그린다. 도안이 지나치게 꼼꼼하면 영감을 질식시킬 수 있고, 계획이 너무 허술하면 난장판이 될 수도 있다. 그런 실패와 시도 끝에 학생들은 생동감을 유지하면서 완성도를 높일 자신만의 균형점을 찾아낸다.

배틱 공예장에서는 작업용 탁자 주변에서 창조적 사교 활동이 펼쳐진다. 학생들은 밀랍과 도구, 공간뿐만 아니라 작업장의 규칙과 책임을 공유한다. 따뜻한 상부상조와 상호 존중하는 분위기가 흐른다. 배틱 공예가 가진 모든 요소가 가치 있는 작품 탄생에 기여한다. 무엇보다 정말 재미있다!

목공

상급 과정에서 목공에 있어 첫 번째로 고려할 점은 목공실의 공간 배치다. 공간은 안전하면서도 충분한 빛이 들어오고, 통풍이 잘되며 적절한 수납 공간을 보유해야 한다. 내부 설계를 위해 모눈종이에 목공실 도면을 그리고, 원목 적재부터 작품 완성까지 작업의 흐름을 상상해 본다. 새로 들어온 자재를 보관할 공간은 바깥에 마련하는 것이 편리하다. 이제 통나무를 저장하기 좋게 다듬는 데 필요한 장비들(수압 대패, 테이블 톱, 자동 대패)을 가까운 공터에 가져다 놓는다.

도구마다 필요한 공간이 다르지만, 이를 좌우하는 건 눈에 보이는 장비 크기가 전부는 아니다. 더 중요한 것은 도구와 재료가 작업 중에 다른 것과 부딪히지 않을 충분한 여유 공간을 고려하는 것이다. 테이블 톱은 장비 크기보다 훨씬 큰 공간을 필요로 한다. 커다란 목재를 절단할 때 앞, 뒤, 양 옆을 완전히 비워 두어야 하기 때문이다. 따라서 가장 먼저 자리를 배정해야 하는 품목이 테이블 톱이다.

목재를 반듯하고 평평한 사각형으로 다듬는 과정이 끝나면 수압 대패를 이용해서 목재를 원하는 모양으로 자를 것이다. 이 작업이 원활하게 진행되려면 드릴 프레스, 라우터 테이블, 띠톱을 작업대 가까이에 배치해야 한다. 작업대를 야외에 놓으면 공간이 벽이나 기둥으로 막히지 않기 때문에 작품이나 재료를 조립하거나 이동하기가 훨씬 용이하다.

목공장 구석에는 잡동사니가 쌓이기 쉽다. 나는 그곳에 드릴 프레스를 놓는다. 자칫하면 방치될 수 있는 공간에 특별한 역할을 부여하는 것이다. 주요 장비들의 위치를 결정했다면 전기 기술자에게 콘센트 설치를 요청한다. 지나가다가 전깃줄에 걸려 넘어지지 않을 위치에 설치해야 한다.

비슷한 유형의 장비들은 되도록 한군데 모아 두는 것이 좋다. 톱은 톱끼리 한쪽에 걸고, 대패, 바퀴살 대패, 스크레이퍼도 쓰임에 따라 모아 놓는다. 이렇게 하면 학생들이 장비를 사용한 뒤에 제자리에 갖다 놓는 습관을 키우는 데 도움이 된다.

문과 창문도 최대한 활용해야 한다. 띠톱이나 테이블 톱을 문가에 배치하면 기다란 목재를 자를 때 효율적이다. 학생들이 목공실에 들어왔을 때 질서 있게 정리되고 전문적인 공간이라는 느낌을 받을 때 작업할 의욕이 생긴다. 목공이 아닌 '나무를 깎아 조각'하는 공간은 이렇게까지 거창하지 않아도 된다. 앞서도 말했지만 상급 과정의 목공 작업은 두 갈래로 나뉜다. 하나는 예술적 성격이 강한 조소 작업이다. 끌로 깎고 파서 만드는 그릇, 선반으로 깎아서 만드는 그릇과 화병, 나무 조각 등이 여기에 속한다. 두 번째 갈래는 가구 제작, 소목, 집짓기 같은 작업이다. 둘 다 미적 감수성과 예술적 안목을 키워 주지만, 전자는 섬세하고 후자는 의지 측면이 강하다.

어느 쪽이든 학생들은 제대로 된 기술과 전문성을 익힐 수 있고, 또 그렇게 수업해야 한다. 가구를 제작할 때는 테이블 톱, 드릴 프레스, 대패, 수압 대패, 전기 사포를 비롯한 전동 공구를 안전하게 사용하는 법을 배워야 한다. 주먹장이음dovetail을 비롯해 딴혀쪽매spline joint, 장부촉 결합dowel joint, 비스킷 접합biscuit joint, 장부이음mortise and tenon joint 등 다양한 모서리 짜맞춤 방법도 익혀야 한다.

〈가구 작품〉

주먹장이음으로 만든 이불장

장부이음 방식으로 만든 탁자

버팀 다리가 있는 탁자

당겨 깎는 칼과 손잡이를 돌리는 방식의
송곳을 이용해 만든 등받이 없는 의자

고급 기술을 이용해 마호가니로
만든 등받이 없는 의자

기타를 완성하고 성취감에 환한 미소를 짓는 학생

토론토 발도르프학교 학생들이 만든 카약과 카누

〈목공 작품〉

줄과 긁개만 이용해서
티크목으로 만든 조소

조각칼로 깎아 만든 시계판

사탕소나무로 조화로운
움직임을 표현한 작품

참피나무를 깎아 만든 그릇과 촛대

느릅나무를 깎아 만든 그릇

단풍나무 옹이를 깎아 만든 그릇

변형 주제 연습으로 만든 촛대

호두나무로 만든 앉아 있는 여자 조각상

촛대를 꽂을 수 있도록 중앙에 뾰족한
놋쇠 나사를 박은 호두나무 촛대

단순한 기하학적 형상으로 만든
단풍나무 촛대

주먹장이음 제작 과정

주먹장이음을 위한 최적의 접합부 기울기는 사용하는 목재의 종류에 따라 다르다. 무른 나무는 1:6 비율, 단단한 나무는 1:8 비율이 적합하다. 1:8 비율이란 목재 길이 방향으로 8 눈금을 가면 가로 방향으로 1 눈금 올라간다는 뜻이다. 주먹장이음을 여러 개 제작할 계획이라면 이 비례에 따라 형판을 제작하는 것도 괜찮다. 아니면 목공 재료상에서 튼튼한 놋쇠 금형을 구입할 수도 있다. 이렇게 하면 작업 속도가 빨라질 뿐 아니라, 접합부 모양과 크기를 균일하게 맞출 수 있다.

① 그무개(마킹 게이지)를 숫장부 목재 두께에 맞추고 그 두께대로 암장부 목재 전체에 빙 돌아가며 선을 그린다. 이번에는 암장부 목재 두께에 그무개를 맞추고 그에 따라 숫장부 전체에 돌아가며 선을 그린다.

② 숫장부 목재 한쪽 끝에 암장부 목재 두께의 절반만큼 간격을 두고 직선을 그린다. 암장부 목재 두께가 1인치라면 숫장부 목재 끝에서 1/2인치 들어간 지점에 선을 그린다. 숫장부 목재의 반대편 끝에도 같은 작업을 한다.

③ 두 선 사이 거리를 재서 숫장부 전체 개수에서 하나를 뺀 수에서 각각 1/4인치씩 뺀다. 숫장부 개수가 6개고 두 선 사이 거리가 7.25인치라면 1/4인치씩 5번(전체 개수에서 하나를 뺀 수)을 뺀다. 결과는 6인치다. 이 숫자를 숫장부 전체 개수(여기서는 6개)로 나누어 암장부 크기를 결정한다.(여기서는 1인치씩) 이제 사이에 1/4인치씩 공간을 비운 1인치 넓이의 숫장부 6개가 생겼다.

④ 선들을 다 그렸으면 숫장부 기울기를 표시한다.(단단한 나무인지, 연한 나무인지에 따라 1:8 혹은 1:6 비율)

⑤ 잘 드는 등대기톱을 이용해서 숫장부를 도안대로 잘라 낸다. 톱으로 자른 단면이 대각선으로 나오도록 나무를 클램프에 비스듬히 죄어 놓고 톱질을 한다. 이렇게 하면 원하는 각도로 잘라 내기가 훨씬 수월하다. 항상 그려 놓은 선 안쪽으로 톱질을 해야 접합부가 빈 틈없이 맞물린다.

⑥ 숫장부 목재를 다 잘라 냈으면 암장부 목재를 바이스에 수직으로 죄어 놓는다. 숫장부 조각 하나를 견본으로 사용해서 암장부 목재 끝에 뾰족하게 날을 세운 연필이나 금 긋기칼로 암장부 머리 크기를 표시한다. 다 그렸으면 (아주 정확해야 한다) 1단계에서 그려 놓은 목재 두께 표시선 위에 암장부 모양을 그린다.

⑦ 암장부를 잘라 낸다. 그려 놓은 선 안쪽으로만 톱질하도록 주의한다.

⑧ 다 잘라 냈으면 암수장부가 꼭 맞는지 확인한다. 너무 뻑뻑해서 안 들어가면 거친 목공용 평줄을 이용해서 숫장부를 살살 갈아 낸다. 결합 정도를 계속 확인하면서 줄질을 한다. 결합부가 절대 헐거워져서는 안 된다.

⑨ 암수가 잘 맞으면 위에서 드릴로 뚫은 구멍에 1/4인치 나무못을 박아 튼튼하게 결합시킬지, 접착제로 붙일지를 결정한다.

목재별 특성

■ 단단한 나무

종류	상대적 무게	색깔	작업 난이도	상대적 밀도	일반 강도	부패 저항력	목재 도장성	가격
물푸레나무 갈색	중간	밝은 갈색	중간	높음	중간	낮음	중간	중간/ 높음
물푸레나무 거친 흰색	무거움	미색	높음	높음	높음	낮음	중간	중간
물푸레나무 부드러운 흰색	중간	미색	중간	중간	낮음	낮음	중간	중간/ 낮음
아보디레	중간	담황색	중간	중간	낮음	낮음	중간	높음
발사 나무	가벼움	크림색	낮음	낮음	낮음	낮음	나쁨	중간
참피나무	가벼움	크림색	낮음	낮음	낮음	낮음	중간	중간
너도밤나무	무거움	밝은 갈색	높음	높음	높음	낮음	좋음	중간
자작나무	무거움	밝은 갈색	높음	높음	높음	낮음	좋음	높음
버터넛나무	가벼움	밝은 갈색	낮음	낮음	낮음	중간	중간	중간
흑벚나무	중간	적갈색	매우 높음	높음	높음	중간	좋음	높음

밤나무	가벼움	밝은 갈색	중간	중간	중간	높음	나쁨	낮음
미루나무	가벼움	회백색	중간	낮음	낮음	낮음	나쁨	낮음
느릅나무 연한 회색	중간	연한 황갈색	높음	중간	중간	중간	중간	중간/낮음
유칼리나무	중간	적갈색	중간	중간	중간	중간	중간	중간/높음
트루 히코리	무거움	불그스레한 황갈색	높음	높음	높음	낮음	중간	낮음
호랑가시나무	중간	흰색에서 회색	중간	높음	중간	낮음	좋음	중간
테르미나미아 수페르바	중간	연한 노란색	중간	중간	중간	낮음	중간	높음
목련나무	중간	누르스름한 갈색	중간	중간	중간	낮음	좋음	중간
온두라스 마호가니	중간	황금갈색	낮음	중간	중간	높음	중간	높음
필리핀 마호가니	중간	붉은색	적당히 낮음	중간	중간	높음	중간	중간/높음
경질단풍나무	무거움	불그스레한 크림색	높음	높음	높음	낮음	좋음	중간/높음
연질단풍나무	중간	적갈색	높음	높음	높음	낮음	좋음	중간/낮음
적참나무 (평균)	무거움	밝은 갈색	높음	높음	높음	낮음	좋음	중간
백참나무 (평균)	무거움	회갈색	높음	높음	높음	높음	중간	중간/높음
튤립나무	중간	연한 노란색에서 짙은 노란색	적당히 낮음	낮음	낮음	낮음	나쁨	중간

프리마베라	중간	짙은 담황색	중간	중간	중간	중간	중간	높음
플라타너스	중간	밝은 갈색	높음	중간	중간	낮음	좋음	중간/낮음
흑호두나무	무거움	어두운 갈색	중간	높음	높음	높음	중간	높음
흑버드나무	가벼움	갈색	낮음	낮음	낮음	낮음	중간	중간/낮음

■ 부드러운 나무

테네시 레드 삼나무	중간	붉은색	매우 높음	중간	중간	높음	좋음	중간
사이프러스	중간	노란색에서 적갈색	적당히 낮음	낮음	중간	높음	나쁨	중간/높음
미송	중간	옅은 주황빛 갈색	중간	낮음	중간	중간	나쁨	중간
황소나무	중간	주황에서 적갈색	높음	중간	높음	중간	중간	중간
스트로브 잣나무	중간	연한 크림색에서 적갈색	낮음	낮음	낮음	중간	중간	중간/높음
폰데로사 소나무	가벼움	주황에서 적갈색	낮음	낮음	낮음	낮음	중간	중간
사탕소나무	가벼움	연한 고동색	낮음	낮음	낮음	중간	나쁨	중간/높음
미국삼나무	가벼움	진한 적갈색	낮음	낮음	중간	높음	나쁨	중간
가문비나무	가벼움	거의 흰색	중간	낮음	낮음	낮음	중간	중간

패턴 옮겨 그리기

복잡한 패턴을 목재에 옮겨 그리는 간단한 요령이 있다. 원하는 패턴을 복사한 종이와 가정용 다리미를 준비한다. 그림이 아래로 오도록 뒤집은 종이를 나무에 테이프로 붙이고 다리미를 천천히 앞뒤로 움직이며 다린다.(온도는 높게 설정한다.) 다리미의 열기로 복사지에 묻은 토너가 재활성화하면서 그림이 목재에 묻어난다.

스테인드글라스

스테인드글라스 수업의 적기는 중세 역사 수업 기간이다. 고딕 건축의 황금기는 서기 1100년경, 파리 근교에 위치한 성 디오니시오 수도원의 수도원장 쉬제르Suger가 '가장 찬란하게 빛나는 창문'을 건물에 설치하면서 시작했다. 쉬제르는 '사람들이 찬란한 빛을 통과해 성당 안을 지나면서 신의 광채를 느끼고, 이를 통해 인간 정신을 밝게 비추기 위해' 이와 같은 창문을 만들었다. 그 뒤로 모든 중세 교회 창문에 색을 입힌 유리가 등장했다. 색유리가 지닌 정신적 특성, 감각적 기쁨, 명상적 기도와 특정 색깔이 만나면 병이 나을 수 있다는 믿음 때문이었다. 성서에도 색에 대한 언급이 여러 군데 나온다. 창세기에는 대홍수 이후에 하느님이 인간과 맺은 계약의 증표로 무지개가 등장한다. 스테인드글라스는 아름다움과 편안함을 선사할 뿐 아니라 중세 시대 글을 읽지 못하는 평민들에게 그림 속 이야기로 가르침을 주는 기능도 했다.

오늘날 원래 장소에 보존된 가장 오래되고 완전한 스테인드글라스 창문은 독일 아우구스부르크 성당에 있다. 이 유명한 '예언자' 창문은 11세기경에 제작되었다.

스테인드글라스 제작의 첫 단계는 원하는 도안의 실물 크기로 '밑그림'을 그리는 것이다. 그런 다음 유리 조각을 모양대로 자르는 과정(절단면을 매끈하게 다듬고 조각들이 서로 꼭 맞물리게 하려면 유리 그라인더가 반드시 필요하다), 잘라 낸 유리 조각을 하나하나 얇은 납(혹은 구리) 호일로 감싸는 과정, 납땜으로 모든 조각을 하나로 연결하는 과정이 이어진다.

땜납은 유리 조각 둘레를 감싼 납이나 구리판을 연결시켜 주는 금속을 말한다. 주석과 납의 부드러운 합금인 땜납은 쉽게 녹는다. 땜납에 붙은 숫자는 주석과 납의 합금 상태를 가리키는 것으로 앞쪽 숫자가 주석 함량이다. 제일 많이 사용하는 땜납은 50/40과 60/40, 두 종류다. 60/40 땜납은 50/50보다 녹는점이 낮다.

보석 회사 〈티파니〉는 구리 호일로 유리를 감싸는 기술이 탁월하기 때문에 아주 가벼운 유리 제품을 만들 수 있다. 구리 호일 작업의 비법은 정확한 유리 절단, 매끈한 절단면, 단단하게 물린 호일, 튼튼한 땜납 구슬이다.

상자 만들기와 책 제본

나는 11학년의 책 제본 수업을 '논리적 사고 입문 과정'이라고 부른다. 책 제본은 단계별로 진행되는데, 단계마다 정확성과 꼼꼼함, 선형적 사고를 최대한 발휘해야 다음으로 넘어갈 수 있기 때문이다. 루돌프 슈타이너는 다른 어떤 수업보다 제본 수업의 필요성에 관해 많은 이야기를 했다.

"자기 성찰을 토대로 겸손하게 고백하건대, 내가 특정 연령에 책 제본하는 법을 배우지 않았다면 정신과학의 일부 내용에 대해서는 말할 수 없었을 것입니다. 책 제본 활동은 우리의 가장 내밀한 정신-영혼 존재에게 아주 특별한 가르침을 줍니다. 특히 이 수업을 인간 발달에서 올바른 시기에 경험했을 때 그렇습니다. 이는 모든 실용적 활동에 동일하게 적용할 수 있는 원칙입니다.

나는 인간 발달의 적절한 시점에 책 제본, 상자 만들기, 골판지 만들기 같은 작업을 교과 과정에 포함시키지 않는 것을 인간 존재에 대한 일종의 죄악이라고 봅니다. 이 수업들이야말로 진정으로 온전한 인간을 키우는 교육에 속합니다. 어떤 상자를 만들었는지, 어떤 책을 제본했는지는 중요하지 않습니다. 핵심은 제작 중 거치는 과정을 온전히 경험하는 것, 실질적 행위 속에서 느낌과 사고 과정을 경험하는 것입니다."

아이들이 하는 첫 번째 작업은 골판지로 뚜껑이 달린 상자를 만드는 것이다. 상자를 만들었다면 양피지, 가죽, 마블링 종이 또는 직접 그린 습식 수채화 종이로 겉을 감싸서 마무리한다.

다음 작업으로는 두꺼운 종이로 표지를 대고, 반으로 접은 종이 뭉치가 하나 들어가는 작은 크기의 실 제본 무지 공책을 만든다. 이 작업들이 잘 끝나면 본격적으로 책 만들기에 들어간다. 제본할 때는 작업대, 라잉프레스lying pres[20], 재단기plough, 마분지 절단기, 재단용

---

20 옮긴이: 종이를 압착하는 도구. 책을 사이에 끼우고 양쪽에서 조여 누르는 방식

클램프, 니핑프레스nipping press[21], 실 제본틀, 아교 냄비와 붓, 천으로 감싼 벽돌 여러 개(종이 뭉치를 누를 때 필요)가 필요하다. 책 제본 단계는 다음과 같다.

① 종이를 일정 단위씩 나누고 각각 반으로 접어 균일하게 쌓는다.
② 종이 뭉치를 하룻밤 정도 평평하게 눌러 놓는다. 면지를 만든다.
③ 꿰맬 곳을 표시하고 구멍을 뚫은 다음 실로 꿰맨다.
④ 특별하게 제작한 면지를 덧댄다.
⑤ 책등에 풀칠한다.
⑥ 가장자리를 자른다.
⑦ 책등을 둥글린다.
⑧ 책등을 깨끗하게 다듬고 접착제가 마를 때까지
    프레스에 넣어 놓는다.
⑨ 책등에 세양사나 종이를 덧댄다.
⑩ 표지로 쓸 두꺼운 종이를 꾸미고 크기에 맞게 자른다.
⑪ 책표지를 위한 보강재를 자른다.
⑫ 표지를 만든 다음 면지를 풀칠해서 붙이고 눌러 놓는다.
⑬ 겉표지에 제목을 수놓는다.
⑭ 금박 장식 등을 추가한다.

21　옮긴이: 무거운 금속판 사이에 종이 뭉치를 끼우고 위아래로 누르는 압착기

종이 만들기

　　루돌프 슈타이너는 11학년에 종이 만들기 수업이 들어가기를 원했다. 지금까지 발견된 인류 역사상 가장 오래된 종이는 무제(전한前漢 7대 황제, 기원전141~87) 시기 중국에서 만든 것이다. 우리가 책이라고 부르는 종이 묶음은 중세 초기 수도원에서 발달했으며 모양은 늘 직사각형이었다. 하지만 책의 전신은 고대 이집트 파피루스처럼 나선형으로 돌돌 만 형태였다. 그리스와 로마인들은 긴 종이를 막대에 말아서 사용했다. 문서를 읽을 때는 반대쪽 손에 두 번째 막대를 들고 되감으면서 펼쳤다.

　　종이 만드는 과정은 잘게 찢은 종잇조각이나 천(2.5cm크기 사각형 리넨이나 면이 가장 좋다) 혹은 천연 식물 섬유질을 튼튼한 믹서기에 넣고 가는 것으로 시작한다. 물과 함께 갈아서 펄프로 만드는 과정이다.

　　물이 섞인 걸쭉한 펄프를 대형 용기vat에 붓고 물을 추가한다. 몰드mould와 데클deckle이라 부르는 두 겹으로 된 틀을 용기에 넣고 펄프를 작업자 쪽으로 당기면서 떠 담는다. 수평으로 틀을 들어 올려 여분의 물이 망 사이로 빠져나가게 한다. 몰드와 데클은 물과 펄프를 분리하기 위한 장치다. 몰드라고 부르는 아래쪽 틀은 촘촘한 거름망이 달린 나무틀이다. 데클이라 부르는 위쪽 틀은 몰드 바깥 모서리 위로 딱 맞게 끼울 수 있는 나무틀이다.

　　펄프는 몰드 표면에서 마르면서 단단하게 결합한 하나의 층을 형성한다. 이를 우리는 '종이'라고 부른다. 용기에 부어 넣는 펄프 양으로 종이 두께를 조절할 수 있다. 갓 만든 종이를 몰드에서 들어 올려 펠트천 위에 올린다. 그런 다음 종이를 압축하고 건조한다. 수작업으로 종이 만들기에 필요한 도구, 염료, 물품들을 구입할 수도 있지만 창의력이 있으면 주변 물품을 이용해서 적당한 도구를 만들 수 있다.

식물성 염료로 종이를 물들일 수도 있다. 염색 후에는 체를 이용해 펄프를 꼼꼼히 헹궈야 한다. 색실, 작은 꽃잎이나 이파리, 반짝이를 펄프에 섞어 넣을 수도 있다. 조각이 너무 크면 안 된다는 점만 유의한다. 첨가한 장식품이 너무 크면 종이에 글씨를 쓸 때 방해가 되거나, 종이 가장자리가 매끈하지 않아 지저분해 보일 수 있다.

물을 담을 수 있는, 옆면이 낮은 큼직한 그릇이 있으면 종이에 쉽게 마블링 무늬를 넣을 수 있다. 그릇에 물을 2.5cm 이내로 채우고, 유성 에나멜페인트 몇 방울을 물 위에 떨어뜨린다. 오리 깃털이나 적당한 길이의 다른 깃털로 수면 위 페인트를 가볍게 쓰다듬으며 무늬를 만든다. 마음에 드는 무늬가 나오면 물 표면에 종이를 올렸다가 한쪽 모서리를 잡고 들어올린다. 하룻밤 말린 뒤 원하는 크기로 잘라 내면 책 제본에 사용할 예쁜 면지를 완성할 수 있다.

종이 만들 때 필요한 재료

- 종이나 천의 섬유 조직
- 펠트 천(낡은 담요나 면 홑이불도 가능)
- 비치는 종이와 연필
- 직선 자
- 작토X-acto 디자인 칼
- 복사지
- 튼튼한 믹서기
- 염색용 냄비
- 나무 숟가락
- 체
- 고체 접착제
- 몰드, 데클
- 재단용 상판(호마이카/코팅한 메소나이트)
- 가위
- 건조대
- 스테이플 건
- 색연필
- 증기다리미
- 강력 접착테이프

금속 공예

주조

주조 기법으로 작품을 만들 때는 제일 먼저 틀을 만들기 위해 깊이가 얕고 평평한 플라스틱 용기에 물과 석고를 붓는다. 반드시 물을 먼저 넣고 석고를 투입해야 한다. 크림 같은 농도가 되면 그릇을 탁자에서 2~3cm 가량 들어 올렸다가 가볍게 떨어뜨리기를 서너 번 반복한다. 이는 석고 안에 생긴 공기 방울을 제거하는 과정이다.

석고가 단단하게 굳으면 석고 표면에 주조할 작품을 연필로 그린 뒤에 아주 가느다란 끌을 이용해서 석고를 파낸다. 사방이 직각이면서 똑같은 모양이 되도록 최대한 신경 써야 한다. 작업 과정에서 생기는 석고 가루는 깨끗이 털어 낸다.

다음 단계는 주조할 금속에 열을 가하는 것이다. 나는 보통 녹는점이 낮은 백랍 주괴를 사용한다.(시중에서 구입) 금속 국자에 백랍을 넣고 프로판 가스 토치로 열을 가한다. 이 공정에서는 처음부터 끝까지 반드시 보안경을 착용해야 한다!

이제 거푸집에 부어 넣을 차례다. 뜨거운 금속을 미리 만들어 놓은 석고 틀에 조심스럽게 붓는다. 다시 한 번 석고 틀을 탁자 위에 내리쳐서 공기 방울을 제거한다. 충분히 식으면 작은 칼로 주물을 떼어 낸다. 석고 틀이 손상되지 않도록 조심스럽게 다루면 재사용이 가능하다. 마음에 드는 형태로 금속을 조형하는 데 성공했다면 작은 줄과 사포, 연마용 휠과 금속 광택제rouge를 이용해서 마무리 손질을 한다.

나는 학생들과 압축한 건조 모래, 숯 조각, 오래 말린 갑오징어 뼈로 섬세한 거푸집을 만들어 보기도 했다. 과정은 모두 위와 동일하다.

이 외에도 '탈납 주조'라 부르는 기법이 있다. 먼저 밀랍으로 원하는 형상을 조소한다. 치과 의사들이 쓰는 섬세한 도구를 이용해서 세부 표현을 한다. 그런 다음 밀랍에 석고를 입힌다.(매몰 주조법) 플라스틱 빨대sprue를 밀랍에 꽂고 그 주변에 석고를 입힌다. 마르면 빨대를 제거한다. 석고틀 전체를 오븐이나 가마 안에 넣고 밀랍이 완전히 녹아 없어질 때까지 열을 가한다. 그런 다음 충분히 식힌다.

차가워진 거푸집 안으로 빨대로 인해 만들어진 통로에 깔때기를 넣어 뜨거운 금속을 붓는다. 녹은 금속이 들어 있는 틀을 재빨리 양동이에 넣고 팔을 옆으로 뻗어 바닥부터 천장까지 큰 원을 그리며 빙빙 돌린다. 일정한 속도로 움직이는 것이 빠르고 힘 있게 돌리는 것보다 훨씬 중요하다. 원심력을 이용해 뜨거운 금속이 거푸집 구석구석 흘러들어 가게 하는 것이다. 돌리기가 끝나면 거푸집과 금속을 충분히 식힌다. 이제 틀을 깨뜨려 주조한 금속을 꺼내고 앞서 설명한 것과 동일한 마무리 공정을 시작한다.

더 큰 크기로 주조할 수 있지만 그 작업 설명은 이 책의 범위를 벗어나기 때문에 생략한다.

상감 기법

나는 학생들과 대장간에서 만든 책갈피용 구리판과 칼에 상감 기법으로 조각하는 작업을 했다. 과정은 동일하다. 먼저 미네랄 스피릿을 이용해서 금속 표면을 꼼꼼히 닦고 말린 뒤, 테레빈유로 희석한 아스팔트를 구석구석까지 얇고 균일하게 펴 바른다. 칠이 마르면 에칭 도구를 꺼내 미리 종이에 그려둔 디자인에 따라 그린다. 뾰족한 도구로 선을 그리면 타르가 벗겨지면서 금속이 드러난다.

악어 문양을 새겨 넣은 칼

유리로 된 오븐 접시에 금속 종류에 맞는 산을 붓고 금속판을 담근다.(반드시 물에다 산을 부어야 한다. 구리의 경우에는 질산과 물을 1:1 비율로 섞는다. 강철은 염산과 물을 2:1 비율로 혼합한다) 에칭한 선 주변으로 산이 보글보글 거품을 일으킬 것이다. 깃털을 이용해서 금속에 달라붙는 공기 방울을 제거한다. 공기 방울을 그냥 두면 산이 금속에 닿지 못해 산화된 면이 울퉁불퉁해진다.

10분가량 산에 담가 놓은 금속판을 꺼내고, 부식 작용을 중단시키기 위해 물에 집어넣는다. 원하는 만큼 깊이 부식되었는지 잘 살핀다. 산으로 녹이는 과정을 천천히 진행할수록 상감된 면이 매끈하고 균일해진다. 마음에 들 때까지 이 과정을 반복한다. 그런 다음 물이 담긴 커다란 양동이에 금속판을 넣고 산을 중화시킨다. 마지막으로 미네랄 스피릿을 이용해서 여분의 타르를 제거하고, 적봉red rouge과 부드러운 면 연마포를 이용해서 광을 낸다. 산을 다룰 때는 각별히 조심해야 한다! 보안경과 보호용 앞치마, 고무장갑을 착용하고 바람이 잘 통하는 곳에서 작업한다.

금속 광내기

최종 작품이 반짝반짝하게 광이 잘 났다는 건 모든 표면이 울퉁불퉁한 부분 없이 완벽하게 매끈할 때 얻을 수 있는 결과다. 학생들에게 작품에 불필요한 자국을 남기지 않을 것을 늘 강조하면서 다음 과정을 하나도 건너뛰지 않고 충실하게 이행하도록 지도한다.

① 줄을 이용해 모든 모서리를 매끈하게 만들거나 형태를 다듬는다.

② 탄화규소 같은 연마제를 바른 사포(건식/습식)를 이용한다. 굵고 거친 입자로 시작해서 점차 고운 사포로 바꿔 가며 작업한다. 사포질할 때 생기는 부스러기를 제거하기 위해 수시로 금속을 물에 헹군다.

- 입도 50~100방 사포는 매우 거칠다.
- 입도 200방 사포는 거칠다.
- 입도 300방 사포는 거칠기가 중간 정도.
- 입도 400방 사포는 입자가 곱다.
- 입도 500방 사포는 입자가 아주 곱다.

③ 부드러운 면을 씌운 수동 혹은 전동 버핑 기계를 사용한다. 버핑 연마제를 바퀴에 바른다. 이 과정 역시 입자가 굵고 거친 연마제부터 고운 것으로 넘어간다. 나는 두 개의 버핑 휠을 준비해서 하나는 거친 입자용, 다른 하나는 마무리 작업용으로 사용했다. 절대로 입자가 다른 연마제를 같은 휠에 섞어 발라서는 안 된다.

보빙 연마제   부석이 함유된 회색 연마제. 입자가 거칠어 광택 작업의 첫 단계에 적당하다.

화이트   또 다른 연마제

다이아몬드   다이아몬드 가루가 함유된 연마제

트리폴리   갈색의 고운 연마제로 긁힌 자국들을 없애고 근사한 광택을 낸다.

레드 루즈   마지막 단계에 쓰는 곱고 미세한 연마제(귀금속 가공용 광택제라고도 부름)

④ 크기가 작은 작품이나 모서리 많은 부분은 #0000번 철솜으로 다듬는다.

구리 공예

평평한 구리판을 오목한 그릇으로 변형시키기 위해서는 정교한 망치질로 두드리고 또 두드리는 동시에 구리판을 나선형으로 돌려야 한다. 손 조작 능력을 키우는 훈련이라 할 수 있다. 천천히 그리고 신중하게 작업하면서 항상 구리판 두께를 동일하게 유지하도록 신경 써야 한다.

상급 과정에서는 구리로 팔찌, 작은 항아리, 화병, 국자를 만든다. 학생들은 리듬을 이용하면 힘이 덜 든다는 것을 터득한다. 화병을 만들려면 열흘 동안 망치질을 해야 한다. 20시간 동안 직전 망치질과 동일한 힘으로 두드려야 아름다운 형태를 만들어 낼 수 있다. 체력이 단련된다. 구리를 두드리고 다듬는 작업은 형태와 공간에 대한 감각과 함께 리듬에 따라 움직이는 힘을 키워 준다.

구리의 단단함에서 엄청난 저항감을 느낄 수 있다. 세공용 망치는 작품과 손 사이에서 중재자 역할을 한다. 학생들은 망치 자국 바로 옆에 새로운 자국이 나도록 일정하게 망치질을 조절하면서 중앙에서 시작하여 나선형으로 두드려 나간다.

구리를 다루는 데는 수많은 방식이 존재한다. 효과적이라고 여기는 몇 가지 방식을 소개한다.

구리 그릇 만들기

① 컴퍼스를 이용해서 20~16 게이지 구리판에 원을 그리고 금속 절단용 가위로 잘라 낸다.

② 오목한 형판을 준비한다. 나는 여러 개의 나무 그루터기를 준비해 중앙에 둥근 끌로 홈을 파고 나뭇결을 매끈하게 다듬었다. 움푹한 부분 중앙에 둥글게 자른 구리판을 올리고 가죽 망치로 두드린다. 원판 가장자리부터 망치질을 시작해 중앙으로 들어온다. 필요하면 중간에 열처리를 한다.

③ 구리판이 원하는 만큼 오목해졌으면 둥근 머리를 가진 막대를 죔쇠로 고정시키고 그 위에 구리판을 뒤집어 놓는다. 다듬 망치로 두드리며 표면을 매끈하게 만든다. 중앙에서 가장자리 방향으로 나선형으로 진행한다. 고른 간격으로 신중하게 두드린 망치 자국들은 그릇 표면에 빛을 퍼뜨리고 반짝거리게 하는 예쁜 잔물결을 만든다. 평평한 납덩어리로 두드리면 구리에 특별한 무늬를 표현할 수 있다.

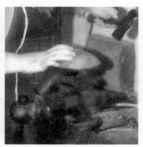

학생들이 만들 수 있는 작품으로는 국자, 반지, 팔찌, 작은 그릇 등이 있다.

주름잡기

큰 그릇을 만들고 싶을 때는 구리를 주름지게 구부리는 방식을 이용할 수도 있다. 주름잡기는 원하는 형상을 만들기 위해 구리판 가장자리를 방사형으로 접는 기법이다.

① 원판을 원하는 간격으로 구획을 나누고 연필로 표시한다.

② 눈금 있는 막대 위에 원판을 놓고 크로스핀 망치로 세로 홈을 새긴다.

③ 매끈하고 둥근 금속 머리를 단 막대나 T형 막대에 올리고 다듬 망치로 두드리며 주름을 매끈하게 편다. 항상 주름 안쪽 뾰족한 끝에서 가장자리 쪽으로 올라가는 방향으로 두드려야 한다.

납땜하기

납땜이 필요한 경우도 생길 것이다. 금속에 열을 가하면 금속 내부 결정이 쪼개지는 온도에 도달하고, 이렇게 벌어진 틈으로 땜납이 흘러 들어 가서 표면을 접합한다.

나는 은 땜납을 선호한다. 녹는점이 낮아서 사용하기에 상대적으로 수월하기 때문이다.

① 먼저 조각들이 잘 맞는지 확인한 후 사포나 철솜으로 납땜하기 좋게 잘 닦아 놓는다.

② 납땜 용제를 바른다.

③ 프로판 가스 토치로 고르게 열을 가한다. 동일한 시점에 모든 조각이 납땜에 적당한 온도에 도달해야 한다.

④ 불을 끄고 마지막으로 가열한 면의 반대편에 땜납을 바른다. 땜납이 열기를 따라 흘러들어 간다. 땜납을 과도하게 사용하지 않아야 한다. 마무리 작업이 까다로워지기 때문이다.

르푸세 기법

고대부터 내려오는 양각 기법으로 금속판 뒷면에서는 앞으로 튀어 나오게, 앞면에서는 안으로 들어가게 두드리며 형상을 만든다.

① 열처리한 구리판에 도안을 그린다.

② 얇고 넓은 그릇에 검은 역청을 담고 약한 불로 가열해 쓸 수 있는 상태로 준비해 둔다. 환기가 잘 되는 곳에서 작업해야 한다.

③ 구리판을 역청 위에 올리고 세공 펀치로 도안을 따라 두드린다.

④ 구리판을 조심스럽게 꺼내서 미네랄 스피릿이나 테레빈유에 담근다. 달라붙은 역청을 떼어 내는 과정이다.

⑤ 구리판을 뒤집어서 다시 역청에 담근다. 둥근 도구나 아이스크림 막대를 이용해서 형태를 볼록하게 다듬는다.

⑥ 완성되면 구리판을 꺼내어 닦은 뒤·액체형 금속 광택제와 부드러운 천으로 문질러 광을 낸다.(역청은 시중에서 구입)

구리 체어싱
미리 그려 놓은 도안을 따라 세공 펀치를 망치로 조심스럽게 두드리며 구리에 형상을 표현한다.

얇은 구리판에 표현한 신화적 인물

대장간 작업

10학년부터 12학년의 대장간 수업은 손 기술뿐 아니라 성격 형성에도 도움이 된다. 벌겋게 달아오른 금속의 엄청난 힘을 본 초보 대장장이들 마음에는 존경심이 샘솟지만 머뭇거릴 시간은 없다. 금속을 가공하는 것은 순간적 판단과 집중력을 요하는 작업이기 때문이다. 현대인의 삶도 정신없이 빠르고 머뭇거림 없이 대처하기를 요구한다. 작업자는 정력적으로, 때로는 폭발적으로 신체를 움직이고 힘을 써야 한다. 주춤거리거나 망설일 여유가 없다! 금속은 온도가 내려가면 가소성을 잃기 때문에 작업할 수 있는 시간이 아주 짧다. 두께가 2cm인 쇠막대를 여러 번 꼬인 모양으로 변형시키는 작업을 비교적 능숙하게 해내는 학생의 얼굴 표정은 감동적이기까지 하다. 금속 단조 작업은 결단력을 훈련하는 시간이다. 자신감도 함께 자란다. 어린 대장장이들은 화덕에 불을 지피고 유지하는 법, 산화염 방지하는 법, 올바른 방식으로 도구 다루는 법, 금속 공학 원리 이해 등 금속 공예의 기본을 배운다.

현대인에게 큰 쓸모가 있을 것 같지 않아 보이는 공예에 왜 이렇게 큰 의미를 부여하고 강조할까? 요즘 세상에 대장간 기술이 필요한 일을 하는 사람이 몇 명이나 된다고?

영국 왕립 예술 학교 교수인 브루스 아처Bruce Archer의 고모할머니는 요즘 흔히 3R(읽기reading, 쓰기writing, 산수arithmetic)이라 부르는 교육학 용어를 19세기 초에 처음 사용했다고 한다. 그녀는 이 말이 예전부터 내려오는 경구인 '읽기(와 쓰기), 어림셈(과 계산), 야금wroughting(과 기술 훈련wrighting)'이 와전된 것이라 주장한다. 과거에는 젊은이가 야금이나 대장간 일을 경험하는 것을 사고력 발달을 위한 중요한 토대로 여겼다.

대장간 일에 능숙해지면 필요한 모든 도구를 직접 만들 수 있다. 독립성과 자립 능력은 생존을 위한 주춧돌이다. 어느 정도까지는 타인에게 의존하지 않는 삶을 꿈꾸는 사람이라면 대장간 일을 조금은 알아야 한다. 대장간이라는 잊혀진 기술이 전 세계 여러 발도르프 상급 과정에서 명맥을 이어가고 있다.

대장간 꾸리기(데이비드 미첼, 마틴 크루즈)[22]

첫째로 고려할 점은 그 공간이 금속 작업에 적합한지이다. 조건은 비교적 단순하다. 작업장 안이나 밖에 설치한 화덕 공간에 그늘이 있어야 한다. 직사광선 아래에서는 금속 색깔(즉, 온도)을 확인할 수가 없기 때문이다. 내가 있던 학교의 대장간은 학생들과 함께 건물 내부와 외부 양쪽에서 모두 작업할 수 있도록 꾸며 놓았다. 학교가 위치한 지역의 기후에 따라 가능 여부가 달라질 것이다.

실내에 설치했다면 콘크리트 바닥에 수도, 전기 시설이 구비되어 있고 외부로 쉽게 드나들 수 있어야 한다. 금속을 가열하면 많은 일산화탄소가 발생하며 이는 인체에 유독하다는 사실을 명심하라. 통풍이 원활하도록 환기 시설을 갖추어야 한다. 문을 특별히 크고 넓게 만들면 환기가 잘 돼 연기와 먼지를 쉽게 내보낼 수 있을 것이다. 나는 작업 중에는 거의 항상 창

문을 열어 두었다. 다음으로 고려할 사항은 장비다. 직접 제작하거나 대체품으로 때우기보다 돈 주고 사는 것이 두말할 필요 없이 좋은 품목은 모루다. 가장 좋은 것은 무게가 68kg 이상인 제품이다. 벼룩시장이나 중고 물품 판매처에서 중고 모루를 사는 것도 괜찮은 선택이다. 모루 윗면이 고치기 힘들 정도로 손상되지 않았는지 여부만 꼼꼼히 확인하면 된다. 나는 중고 모루 몇 개를 구입해서 갈고 뜨임해서 사용했는데 새것보다 오히려 나았다.

제대로 열처리(뜨임)한 모루는 망치질할 때 경쾌하게 튕겨 오른다. '죽은' 모루에서 작업하는 것은 그야말로 고역이다. 모루는 작업자가 편안하게 작업할 수 있는 높이로 받침대에 올려 단단하게 고정시켜야 한다. 통나무를 적당한 크기로 자르거나, 미리 잘라 놓은 것 중에서 골라 쓴다. 학생의 손가락 관절 높이에 모루의 윗면이 오면 된다. 나는 쇠사슬을 모루 아래쪽 네 귀퉁이를 돌려 감고 그것을 통나무에 박아 고정했다. 이렇게 하면 흔들리지 않는다. 그런 다음 군용 벨트를 통나무에 한 바퀴 감고 박아서 망치와 집게를 꽂을 고리를 만들었다. 콘크리트로 속을 채우고 위에 납을 부은 큰 철제 통도 모루 받침대로 적당하다.

다음으로 준비할 것은 화덕이다. 시판 제품을 살 수도 있겠지만 내 눈에는 늘 터무니없이 비싸 보였다. 쓸 만한 중고 화덕을 합리적인 가격에 구입해도 좋고, 직접 만들어도 좋다.

우리 학교 대장간에는 세 개의 화덕이 있다. 하나는 넓이 4×4피트, 두께 1/4인치 강철판을 이용해서 내가 직접 제작했다. 네 귀퉁이에 높이가 3인치인 철판을 용접하고 중앙에 구멍을 뚫어 불 피울 자리를 만들었다. 송풍구, 조절 가능한 바람 구멍, 재 받침대는 모두 구입해서 부착했다. 그리고 동네 철물점에서 나사 4개로 부착하는 방식의 플랜지를 사서 철판 바닥에 용접하고, 길이 30인치, 지름 1/2인치 파이프를 이용해서 다리 네 개를 만들어 달았다. 모든 화덕은 아주 높은 온도까지 올리기 위해 공기를 강제로 불어 넣는 방법을 쓴다. 따라서 바람을 불어 넣을 도구가 필요했다. 나는 동네 중고 매장에서 헤어드라이어를 구입해서 지름 2.5인치 금속 플렉시블 호스를 클램프로 연결했다. 이 도구로 석탄에 강한 바람을 주입했다. 이 화덕은 크기가 커서 모루와 화덕을 교대로 사용할 경우에는 한 번에 6~8명 학생이 동시에 작업할 수 있었다.

학생들 2~4명이 함께 작업할 수 있는 이동식 화덕도 하나 있었다. 손으로 돌리는 버팔로 송풍기가 달려 있는 이 화덕은 뒷마당에 놓아두는 숯불 그릴처럼 생겼다. 실제로 고기 굽는 그릴로 이동식 풀무를 만드는 사람들도 있다. 화덕의 안전을 보강하기 위해 그릴에는 콘크리트를 바른다.

연기 때문에 이웃에게 불편을 끼치게 되어 나는 양자 이중 버너 프로판 가스 화덕을 구입해서 석탄 때기에 적절한 날씨가 아닐 때 사용했다. 이 화덕의 장점은 금속이 녹는점에 빨리 도달한다는 것이다. 한 시간에 2파운드 연료만 소모하기 때문에 경제적이다. 전기로 작동하는 송풍기가 내장되어 있다.

화덕, 모루, 송풍기 외에도 물통 여러 개를 준비해 두어야 한다. 20ℓ 들이 플라스틱 양동이이면 된다. 작업장 곳곳에 배치해서 뜨거운 금속을 식히거나 작은 불을 끌 때 사용한다. 통 하나에는 모래를 채워 금속 열기를 천천히 식히는 용도로 쓴다. 물통 하나에는 작은 바가지를 넣어 석탄 불 근처에 놓고 온도가 너무 높을 때 식히는 용도로, 또 불이 주변으로 번져서 필요 이상으로 석탄을 소모하지 않도록 중심으로 모아 주는 용도로 사용한다. 공구강을 뜨임할 때는 뜨거운 금속을 식힐 용도로 자동차용 폐 엔진 오일을 담은 금속 드럼통을 준비해 놓는다. 반드시 금속 드럼통이어야 한다. 그 외 모든 재료는 불이 붙어 큰 난리가 날 수 있다.

튼튼하고 쓸모 있는 작업대도 꼭 갖추어야 할 품목이다. 제작이 어렵지 않기 때문에 손재주가 좋은 사람은 직접 만들어도 좋다. 나는 정부 물품 재활용 센터에서 전체가 금속으로 된 탁자를 구입했다. 튼튼한 기계 정비용 바이스도 여러 개를 구비해야 해서 재활용 센터에서 역시 저렴한 가격으로 6개를 샀다. 대장간용 포스트 바이스[23]도 필요하다.

---

23 옮긴이: 강철 혹은 연철로 만든 바닥까지 닿는 다리가 달린 바이스

작업에 필요한 수동 연장들도 있다. 제일 중요한 몇 개만 구비해 놓으면 다른 도구는 필요에 따라 거의 다 만들어 쓸 수 있다.

집게는 뜨겁게 달군 금속을 다룰 때 사용한다. 셀 수 없이 다양한 크기와 모양의 집게가 있기 때문에 작업 종류에 따라 골라 쓰면 된다. 대부분의 금속 공예 관련 서적들에서 집게는 많을수록 좋다고 조언하고, 선반에 백여 개의 집게를 걸어 둔 대장장이를 직접 본 적도 있다. 하지만 학교 작업장에 집게는 10개 남짓이고, 그나마도 자주 쓰는 것은 2개 정도다. 내가 제일 좋아하고 자주 쓰는 것은 페딩하우스 Peddinghaus 15.5인치 평집게다. 나는 작업장에 집게와 비슷한 용도로 쓰기 위해 크기 조절이 가능한 소형 바이스 플라이어 여러 개도 구비해 놓았다.

발갛게 달아오른 금속을 두드려 모양을 잡고 형체를 만들어내기 위해서는 망치가 필요하다. 대장장이들 대부분은 적어도 망치를 대여섯 개는 갖고 있으며, 이것 없이는 작업이 불가능하다고 말할 것이다. 나는 대략 36개 정도 갖고 있으며 빠짐없이 거의 다 사용한다. 크기는 2온스부터 8파운드까지 다양하고 모양과 형태도 천차만별이다. 몇 개는 시중에서 판매하지 않아 직접 제작한 것도 있다. 금속 단조 과정 전반에서 가장 유용한 것은 1.5파운드(680g)부터 4파운드(약 1800g) 사이 망치다. 크로스핀 망치, 더블페이스 망치, 볼핀 망치, 그리고 구할 수 있으면 스트레이트핀 망치를 구비하라.

경험상 폐품 처리를 위해 강철 손잡이를 단 12파운드(약 5400g)짜리 대형 슬레지 망치는 꼭 하나 있어야 한다.

금속 절단용 도구도 필요하다. 쇠톱과 교체용 칼날은 필수품이다. 대장간 작업에서 톱질은 피할 수 없는 과정이지만 실력이 향상될수록 이 힘들고 지루한 일을 건너뛸 수 있는 방법을 터득할 것이다. 철이나 강철은 뜨거울 때 자르는 것이 가장 힘이 덜 든다. 쇠막대기나 기둥 모양 원자재를 잘라 내는 고된 작업을 가장 간단하게 해낼 수 있는 방법은 날이 넓은 정인 하디hardy를 이용하는 것이다. 끌처럼 생긴 이 도구는 모루 윗면의 네모난 구멍(당연히 하디 홀이라고 부른다)에 딱 맞는다. 빨갛게 달군 금속을 하디 위에 놓고 망치로 내리치면 잘려 나간다.

하디는 그리 어렵지 않게 만들 수 있는 도구지만 적당한 가격에 꽤 좋은 제품을 구입할 수도 있다. 이 외에도 작업 영역이 확장됨에 따라 핫 치즐[24], 콜드 치즐[25] 같은 도구들을 사 모으다가 급기야 전단기까지 구입하게 될 수도 있다.

금속에 구멍 뚫는 도구도 있어야 한다. 좋은 드릴 프레스가 있으면 일하기 편하다. 내가 지금 쓰는 것은 테이블 고정식 드릴 프레스다. 뉴햄프셔 대장간에는 기둥 고정식 수동 드릴 2개가 있었다. 나는 학생들에게 이 멋진 장비들을 이용해 기어와 톱니바퀴들이 어떤 기계적 작용을 하는지 보여 줄 수 있었다.

---

24 옮긴이: 경화 작업을 거치지 않은 대장간 작업용 끌
25 옮긴이: 경화 강철로 만들어 아주 단단한 끌. 강한 힘이 필요할 때 사용

금속을 가열한 다음 펀치를 이용해서 구멍을 뚫을 수 있다. 구멍 크기가 정확하기를 원한다면 약간 작은 펀치로 구멍을 낸 다음 크기를 넓히면 된다. 작업에 필요한 모든 펀치와 확공기를 그리 어렵지 않게 직접 제작할 수 있다. 목재에 구멍을 낼 때는 수동 드릴 하나로도 충분하다. 예산이 빠듯하거나 포부가 크다면 수동 드릴도 직접 만들 수 있다. 회전 손잡이 만드는 것도 크게 어렵지 않고, 목재용 송곳날 만드는 것도 금속용 천공 드릴을 만드는 것보다 훨씬 간단하다.

나사 절삭 가공을 위한 탭(암나사 만드는 도구)과 다이(수나사 만드는 도구)가 있으면 조립할 때 유용하다. 탭과 다이 제작은 대부분 초보 대장장이의 능력 범위를 넘어서는 일이니 일단 몇 개를 구입하기를 권한다.

마무리 공정, 다듬기, 날 세우기를 비롯한 수많은 작업을 위해 와이어 브러시와 다양한 줄이 필요하다. 대장간에는 이런 물품들을 충분히 갖추어 놓는 것이 좋다. 와이어 브러시와 줄을 직접 제작하는 것은 어렵고 지루하며 시간 소요가 많은 작업이다. 기성품을 구입할 수 있다면 돈 쓰는 것을 아까워하지 말고 넉넉히 구입할 것을 권한다. 줄에 관한 훌륭한 소책자가 있다. 보관 및 관리법, 사용법, 주요 쓰임새

구분하는 법 등에 대해 소상히 서술된 이 책은 www.nicholsontool.com에서 다운로드 받을 수 있다.

드릴 프레스처럼 기어 구동식 수동 그라인더도 꼭 필요한 도구다. 산화알루미늄 그라인딩 휠을 이용한 수동 습식 그라인더도 시중에 있기는 하다. 모든 농가 작업장과 대장간에 발로 돌리는 옛날 방식의 사암 회전 숫돌이 하나씩 있던 시절이 있었다. 숫돌 밑에 물이 담긴 쟁반이 있거나 숫돌 위에 담긴 그릇에서 물을 방울방울 떨어뜨렸다. 이런 숫돌을 구할 수 있으면 정말 운이 좋은 것이다. 숫돌 자체의 상태가 좋고 가격이 적당하면 당장 구입하라. 나머지 부속품은 고치거나 다시 제작하면 된다.

지금까지 설명한 내용으로 발도르프학교의 대장간 기본 구성을 갖출 수 있다. 물론 작업하다 보면 풀러(둥근 홈을 내는 단조 공구), 다듬개, 벌집틀, 맨드릴 등 수백 가지 자질구레한 도구들이 또 아쉬워질 것이다. 앞치마도 필요하다. 구입할 거라면 노새 가죽으로 만든 것이 좋다. 다른 재질보다 무겁고 안전하다. 구입할 품목을 적다 보면 목록이 엄청 길어질 수 있다. 여기서 소개한 도구들은 초보자에게 필요한 항목을 넘어선다. 처음부터 다 갖추기보다 어느 정도 경험을 쌓은 뒤에 늘려가는 것이 좋다. 뜨겁게 달군 금속을 망치질하고, 관련 서적 몇 권을 읽고, 장비 카탈로그도 뒤적이다가 또 몇 개 만들어 보라. 그러고 나면 어떤 것이 필요한지 감을 잡고 현명한 결정을 내릴 수 있을 것이다.

팀 맥크레이트Tim McCreight가 쓴 『금속 가공 총론The Complete Met-alsmith』(Davis Publication, 1991)을 강력히 추천한다. 지금까지 만난 모든 종류의 금속 작업 관련 서적 중에서 가장 실용적이며 좋은 책이다.

강철 단련하는 법

강철을 단련하는 과정은 정밀함을 요하는 작업이며 쓸 만한 물건을 만들고 싶다면 꼭 익혀야 하는 기술이다. 이 과정을 거치면 각이 잘 무뎌지지 않고 구멍 뚫는 도구인 펀치는 더 단단하고 정확해지는 등 모든 도구가 제 역할을 잘하게 된다.

먼저 긴 손잡이가 달린 자석을 구한다. 집게에 자석을 부착해도 괜찮다. 강철이 발갛게 달아오르기 시작하면 자석을 가지고 수시로 확인한다. 자석이 달라붙지 않아야 충분히 달궈진 것이다. 이 단계에서는 구석구석까지 동일한 수준으로 경화되어야 한다는 점을 기억하라. 전체가 선홍색으로 달아올랐는지 확인한다. 아주 크거나 두꺼운 강철이라면 속속들이 열기가 침투할 수 있도록 불 속에 '푹 담가 놓아야' 할 것이다.

이 정도까지 온도를 올리려면 송풍기를 거의 최대한으로 가동해 불을 지폈을 것이다. 이제 공기 주입을 줄이고 2~3분가량 균일하고 평온한 열기 속에 철을 놓아 둔다. 수동 송풍기를 쓴다면 간단하게 해결할 수 있는 과정이지만, 전동 송풍기라면 입구를 막으면서 공기 유입량을 조절해 주어야 한다. 나비 밸브를 설치해도 되겠지만 가장 좋은 방법은 송풍기 모터에 강도 조절 스위치를 다는 것이다. 이것은 직렬 스위치로 설치하기도 매우 쉽다. 아직 스위치를 달지 않았다면 부담되지 않는 정도로 투자할 것을 강력히 추천한다. 불을 섬세하게 조절할 수 있으면 금속 성형 작업 전반이 훨씬 용이해지기 때문이다.

경화 가공 단계에서는 정확한 온도에 도달하는 것이 핵심이다. 충분히 달궈지지 않으면 완전하게 경화되지 못하거나, 전혀 안 될 수도 있다. 속까지 제대로 뜨거워지지 않으면 표면밖에 경화되지 않는다. 위에 언급한 조건들 중 어느 하나라도(특히 마지막 두 조건) 충족되지 않으면 제대로 단련하는 것이 불가능하다. 어떤 이유에서든 충분한 온도에 이르지 못했다면 경화 과정을 다시 반복해야 한다. 처음에도 언급했지만 경화는 비교적 단순한 과정이지만 실패의 쓴맛을 보지 않으려면 유념할 사항이 몇 가지 있다.

첫째, 작업 전에 기름을 예열해 두면 철에 충격을 덜 주기 때문에 균열이 생길 가능성이 줄어든다.(대장장이들은 70~90℃가 적정 온도라는 데 동의한다) 예열 방법은 간단하다. 철 조각(연강을 비롯해 주변에 있는 아무 철 조각이면 된다)을 가열했다가 냉각액 통에 담근다. 철 조각 크기와 작업자가 원하는 온도에 따라 통의 크기, 냉각유의 초기 온도 조건이 달라진다. 학교 대장간에서 나는 커다란 커피 깡통을 사용했다. 전문가용 냉각통의 용량은 75L 이상이다. 여기에 두께 6mm, 사방 10cm 철판 두 개를 뜨겁게 달구었다가 냉각통에 담그면 예열이 된다. 손가락을 기름에 담가 온도를 확인하는데, 불편한 느낌이 들 정도로 뜨거운 것이 적정 온도다. 초보자는 온도계를 이용하는 것이 좋다. 대장장이들의 손은 불에 단련되어서 웬만한 열기에는 끄떡도 하지 않겠지만, 노련한 대장장이가 만지기 불편한 정도라면 초보자 손에는 물집이 잡히는 온도일 것이다.

본격적으로 작업을 시작하기 전에 필요한 준비를 모두 갖추었는지 확인한다. 깊고 균일한 불꽃이 이글거리고 기름도 적당히 데워졌다면, 불 속에 도구를 집어넣는다. 불길이 크지 않고 속까지 깊고 뜨거운 불이 가장 바람직하다. 그래야 산화와 탈탄소화를 최소화할 수 있다. 다른 말로 하자면 금속 표면에 울퉁불퉁한 요철이 적게 생기기 때문에 열처리 후에 갈고 다듬는 수고가 줄어든다. 고탄소강으로 작업을 할 때는 이 점을 잊지 말아야 한다. 최대한 깨끗한 연료를 사용하고 불을 깨끗하게 유지하도록 노력한다.

자석으로 온도를 확인하면서 변태점(약 800℃)에 이를 때까지 금속을 가열한다. 적정 온도가 되면 긴 손잡이가 달린 집게로 달구어진 금속을 단단히 잡고, 불에서 꺼낸 뒤 기름에 담근다. 기름통에 풍덩 빠뜨리지 말고 집게로 쥔 채 기름통의 중간 아래쯤에 금속이 잠겨 있게 한다. 냉각통 바닥이나 옆면에 부딪히면 금속이 휘거나 비틀어진다. 기름에 넣을 때 표면에 순간적으로 불이 붙을 수 있다. 그럴 때는 뜨거운 금속을 재빨리 기름에 집어넣으면 불꽃은 꺼진다.(만일의 경우를 대비해 덮개를 준비해도 좋다)

손으로 쥘 수 있을 정도로 식을 때까지 기름 속에 둔다. 건져 올

강철 명칭 및 구성 요소

번호	성분 및 함유량
10xx	일반 탄소
11xx	재황화 탄소
13xx	망간 1.75%
23xx	니켈 3.50%
25xx	니켈 5.00%
31xx	니켈 1.25%, 크롬 0.65-0.80%
33xx	니켈 3.50%, 크롬 1.55%
40xx	몰리브덴 0.25%
41xx	크롬 0.95%, 몰리브덴 0.25%
43xx	니켈 1.80%, 크롬 0.50-0.80%, 몰리브덴 0.25%
46xx	니켈 1.80%, 몰리브덴 0.25%
48xx	니켈 3.50%, 몰리브덴 0.25%
50xx	크롬 0.30% 혹은 0.60%
51xx	크롬 0.80%, 0.95% 혹은 1.05%
5xxx	탄소 1.00%, 크롬 0.50%, 1.00% 혹은 1.45%
61xx	크롬 0.80% 혹은 0.95%
86xx	니켈 0.55%, 크롬 0.50%, 몰리브덴
87xx	니켈 0.55%, 크롬 0.50%, 몰리브덴 0.25%
92xx	망간 0.85%, 실리콘 2.00%
93xx	니켈 3.25%, 크롬 1.20%, 몰리브덴 0.12%
94xx	망간 1.00%, 니켈 0.45%, 크롬 0.40%, 몰리브덴 0.12%
97xx	니켈 0.55%, 크롬 0.17%, 몰리브덴 0.20%
98xx	니켈 1.00%, 크롬 0.80%, 몰리브덴 0.25%

린 뒤에는 여분의 기름이 다시 기름통에 떨어지도록 잠시 들고 있다가 키친타월로 나머지를 꼼꼼히 닦아 낸다. 모든 과정이 제대로 진행되었다면 금속의 경도가 최대치에 이르렀을 것이다. 잘 경화되었는지 줄로 문질러 확인한다. 5160번 강철을 완전히 단련했다면 무딘 줄로는 아무 흠집이 나지 않을 것이고, 날카로운 새 줄도 미세한 자국밖에 내지 못할 것이다.

모든 과정을 제대로 밟아 왔다고 가정하면, 이제 금속은 너무 단단해져서 숫돌에 갈아 날을 세우는 것이 거의 불가능하고, 강도 높은 충격을 견디지 못해 이가 빠지는 상태가 되었을 것이다. 뜨임이 필요한 시점이다. 석유계 기름을 사용하면 이 단계에서 금속은 엔진 화재 후 자동차 오일팬처럼 시커멓고 지저분해질 것이다. 전혀 문제될 일은 아니지만 달궈진 강철이 까맣게 타버린 탄소에 덮여 온도를 확인하기가 어렵다. 그래서 다음 작업 전에 먼저 표면을 깨끗이 닦아 내야 한다.

벨트 그라인더가 없다면 입도 220방 정도의 사포로 박박 문지른다. 이때 아주 중요한 유의 사항이 있다. 담금질이나 뜨임한 금속에 어떤 종류든 전동 도구를 사용할 때 절대로 뜨거워지게 해서는 안 된다. 그라인딩 작업 중에 표면 색이 변하면 열처리가 풀릴 수 있다. 나는 그라인더 벨트 위로 물이 똑똑 떨어지게 해 놓는 것은 물론, 열처리 후 그라인딩 작업을 할 때 장갑을 끼지 않는다. 그러면 금속 온도가 올라가는 것을 너무 늦기 전에 알아차리고 조치를 취할 수 있다.

금속 표면이 깨끗하고 반질반질해졌으면 가장 까다로운 과정인 뜨임 작업에 들어갈 준비가 된 것이다. 뜨임을 하려면 철을 다시 달궈야 한다. 조직을 무르게 한다기보다 도구의 쓰임에 적당한 수준으로 철의 강도를 조절하는 과정이다.

가장 흔히 사용하는 종류의 강철은 섭씨 230~370℃ 사이에서 작업한다. 금속 강도를 결정하는 두 가지 요인은 강철의 탄소 함유량과 달구는 온도다. 탄소 함유량은 이미 알고 있다고 가정한다면, 원하는 결과에 이르는 핵심은 온도 조절이다. 온도는 눈으로 보고 판단해야 한다.

온도가 올라가면서 약한 산화 작용에 의해 금속 표면색이 여러 번 바뀔 것이다. 색깔이 곧 온도를 나타내므로 이를 기준으로 원하는 정도로 뜨임을 조절한다. 색은 옅은 담황색에서 짙은 담황색, 구릿빛에서 보랏빛으로, 짙은 파랑에서 옅은 파랑, 그리고 하늘색으로 변화한다.

색을 보고 온도를 가늠하는데 익숙해지기까지 시간이 조금 걸릴 수 있다. 반복하다 보면 점점 쉬워진다. 며칠 동안 연이어 작업할 때 조명과 밝기 상태가 일정해야 색을 정확하게 판단할 수 있다는 점만 유념하라.

은은한 빛이나 그늘에서 일해야 한다. 모든 종류의 직접 조명, 특히 직사광선을 피해야 한다. 햇빛이 대장간 안으로 직접 들어오면 철의 온도를 눈으로 정확하게 감별하기가 불가능하다. 많은 대장장이가 열처리 작업을 아침에 한다. 오전 빛이 하루 중 가장 적합하기 때문이다.

어떤 도구를 만들든 뜨임에서는 하늘색까지가 금속 가열의 최대 치다. 다음 도표를 참고해서 만드는 도구마다 적당한 온도를 찾는다. 원하는 온도에 도달하면 물이나 기름에 담가 뜨임 과정을 중단한다.

공장에서 만든 제품보다 품질이 더 좋고 오래가는 연장을 만드는 방법이 있다. 차등 뜨임이라 부르는 작업을 거치면 된다. 아주 까다롭 고 어려운 과정이다. 구체적인 과정 설명 전에 이 작업이 무엇인지, 왜 좋은지를 먼저 살펴보자.

생각해 보면 사실 도구는 부위별로 수행하는 기능이 다르고, 저 마다 다른 종류의 부담을 받는다. 이 말을 잘 설명해 주는 도구가 정 이다. 날은 경도가 높아야하지만(옅은 담황색), 수없이 내리치는 망치질 을 견뎌야 하는 반대쪽 끝 부분은 연성이 좋아야 한다. 다시 말해 망 치가 닿는 부분은 훨씬 더 오래 뜨임을 해야 한다.(작업하는 철의 종류에 따라 연한 파랑이 될 때까지 가열해야 할 수도 있다)

펀치와 드리프트[26]도 부위별로 뜨임 온도가 달라야 하는 도구에 속한다. 칼은 훨씬 더 복잡하다. 칼날이 너무 단단하면 날 세우기가 어렵고 이도 쉽게 빠지지만, 쉽게 마모되지 않으면서 예리한 절단면을 유지할 정도로는 단단해야 한다. 칼등은 썰거나 두드릴 때의 충격을 견딜 수 있어야 하고, 칼자루 속에 박히는 뾰족하고 긴 부분인 슴베는

---

26 옮긴이: 두꺼운 주철괴 등을 파쇄할 때 쓰는 공구

다질 때의 큰 충격을 견딜 수 있어야 할 뿐 아니라 혹시라도 칼을 지 렛대로 사용할 경우에 생기는 회전력과 부담을 버텨야 한다.

나는 칼의 크기와 종류, 사용한 강철 종류에 따라 칼날은 구릿빛 이나 짙은 보라색이 될 때까지 달구고, 그에 맞춰 칼등도 보라나 짙은 파랑까지 가열한다. 슴베는 하늘색까지 온도를 올린다. 상당히 까다 로운 작업이다. 온도가 가장 낮아야 하는 부분이 보통 가장 얇기 때 문에 제일 먼저 가열되기(가장 피하고 싶은 상황) 쉽기 때문이다. 부분마 다 적합한 온도로 고르지 않게 달구는 것이 과제다.

이를 위한 몇 가지 기법이 있다. 센터 펀치[27]의 경우는 아주 간단 하다. 손잡이 쪽 끝부분을 불에 넣고 열기가 뾰족한 쪽으로 올라오는 것을 관찰하며 기다린다. 운 좋게 모든 일이 제대로 진행되면 아래쪽 끝부분이 푸르스름해지는 시점에 뾰족한 끝부분이 담황색으로 변할 것이다. 이때 바로 도구 전체를 담금질하면 끝이다. 하지만 처음부터 성공하는 경우는 극히 드물다.(유별나게 운이 좋은 경우가 아니라면 대개 경 험이 많이 쌓이고 불을 자유롭게 다룰 수 있을 때 가능하다) 흔히 발생하는 상황은 둘 중 하나다. 뾰족한 부분은 담황색이지만 아래쪽은 원하는 푸른빛에 이르지 않았거나, 반대로 아래쪽은 푸르게 달궈졌지만 뾰족 한 부분의 색은 전혀 변하지 않은 것이다.

이럴 때는 도구의 한쪽 끝을 기름에 담가 그 부분만 열처리를 중

---

27 옮긴이: 공작물에 구멍을 뚫기 전에 그 중심이 오목하게 패이게 표시를 하는 공구

단시킨다. 그러면 나머지 부분과 온도를 맞출 수 있다. 원하는 상태에 이르면 도구 전체를 담금질한다.

또 다른 기법은 도구 일부를 철사로 감고 그 주변을 찰흙으로 감싸는 것이다. 이렇게 하면 노출된 부분보다 훨씬 적게 가열될 것이다. 몇 번 실험하다 보면 가장 효과적인 방법을 찾을 수 있을 것이다.

이것이 이중 뜨임 과정이다. 손도끼, 자귀, 도끼 같은 도구는 몇 가지 단계가 추가된다.

풀림, 담금질, 뜨임 요약

강철은 풀림 작업을 했을 때 가장 작업하기 쉽다.(구멍 뚫기, 줄질, 그라인딩, 자르기 등) 풀림은 철을 벌겋게 달구었다가 아주 천천히 식히는(공기 중에 놔두거나 마른 모래를 채운 양동이에 담근다) 것을 말한다. 구리로 작업할 때는 물 담은 양동이에 넣어 빨리 식힌다.

금속 열처리는 경화(담금질)와 뜨임의 두 단계로 이루어진다. 경화 단계에서는 철을 불에 넣고 특정 온도(변태점이라 부른다)까지 끌어올린다. 보통 선홍빛으로 달아오르면 된다. 이 온도에 도달하면 철은 자성을 잃는다.

담금질 철을 벌겋게 달구었다가 기름에 담근다.
뜨임 칼날 부분을 구릿빛이나 짙은 보랏빛이 될 때까지 달군다.
칼등 부분은 보랏빛이나 짙은 파랑이 될 때까지 달군다.

슴베 부분은 하늘색이 될 때까지 달군다.

한 단계를 마칠 때마다 기름에 담근다.

대장간 수업

금속 가공 입문 수업에서는 뜨거운 강철을 성형하는 기초 기술도 배운다. 나는 보통 간단한 갈고리 만들기로 시작하고는 했다. 먼저 두께가 6mm인 정사각형 쇠막대를 약 18cm 길이로 자른다. 그리고 한쪽 끝이 벌겋게 달아오를 때까지 불에 넣고 달군다. 900g짜리 망치로 연달아 두드리면서 일정한 비율로 가늘어지는 막대 모양을 만든다. 붉은빛이 사라지면 다시 불 속에 집어넣어야 한다. 차가운 철을 내리치면 쪼개져 버린다.

가늘어진 부분을 다시 달구고 조심스럽게 구부린다. 모루의 뿔 위에 놓고 고리 끝부분을 한 번 더 뒤집는다. 자루 부분도 가열하고 바이스로 고정한 다음, 멍키 스패너로 꼬인 모양을 만든다. 뜨거운 철이 얼마나 유연한지를 체험할 때마다 학생들은 경탄을 금치 못한다. 마지막으로 900g 볼핀 해머로 두드려서 끝부분을 납작하게 만들고, 벽에 박힌 못에 고리를 걸어 둘 수 있도록 펀치나 드릴을 이용해 고리에 구멍을 뚫는다. 최종 단계는 와이어 브러시로 문질러 검고 반질반질하게 다듬는 것이다.

첫 번째 고리는 말안장용. 나머지는 장식용

화분이나 냄비,
프라이팬을 거는
도구

케밥용 꼬챙이

촛불 끄는 도구
손잡이는 철,
불 끄는 부분은 구리

담금질과 뜨임 온도 맞추기

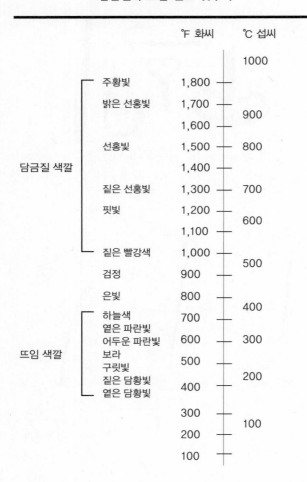

		°F 화씨	°C 섭씨
			1000
	주황빛	1,800	
	밝은 선홍빛	1,700	900
		1,600	
	선홍빛	1,500	800
담금질 색깔		1,400	
	짙은 선홍빛	1,300	700
	핏빛	1,200	600
		1,100	
	짙은 빨강색	1,000	500
	검정	900	
	은빛	800	400
	하늘색	700	
	옅은 파란빛 어두운 파란빛	600	300
뜨임 색깔	보라 구릿빛	500	200
	짙은 담황빛 옅은 담황빛	400	
		300	100
		200	
		100	

칼 만들기

　모든 도구 중 가장 기본인 칼 만들기는 쓰임새를 고려하면서 세심하게 도안하는 과정에서 시작한다. 도안이 끝나면 철을 달구고 망치로 거칠게 모양을 잡는다. 굵은 줄로 다듬은 다음, 연삭기나 칼 제작용 그라인더로 간다. 적절한 기울기로 칼의 전체 형태를 잡은 뒤에는 칼날 벼리기, 부위별 뜨임, 슴베, 손잡이, 칼집을 만드는 기나긴 과정이 이어진다. 이 모든 과정에서 꼭 필요한 것은 집중력과 체력, 높은 완성도와 무엇보다 안전에 대한 엄격한 의식이다.

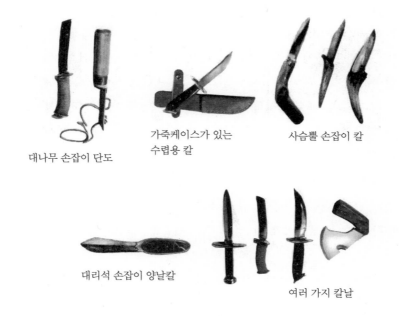

대나무 손잡이 단도

가죽케이스가 있는
수렵용 칼

사슴뿔 손잡이 칼

대리석 손잡이 양날칼

여러 가지 칼날

석조

인생은 순전한 모험이다. 그 사실을 빨리 인식할수록 우리는 더 빨리
삶을 예술로 대할 수 있을 것이다. 모든 만남에 온 마음과 정성을
쏟고, 기대한 일이 일어나지 않았을 때 상황을 있는 그대로 인지하고
받아들이는 유연한 태도를 지닐 수 있다. 우리는 창조적 존재로
창조되었으며, 필요할 때면 언제나 새로운 대응 방법을 강구할 수
있음을 기억하라. _마야 안젤루Maya Angelou

상급 과정을 마무리하는 해인 12학년에 학생들은 주기 집중 수업
에서 괴테의 『파우스트』를 배운다. 인간 존재의 본질을 놓고 깊은 이
야기를 나누는 몇 주 동안, 실용 공예 시간에는 커다란 돌덩이를 조
각해서 실물 크기로 인간 두상을 만든다. 석조는 느리고 고된 작업이
다. 돌 깊은 곳에 숨어 있는 아름다움을 더듬어 찾는, 힘들지만 근사
한 여정이기도 하다.

석조 작업 재료는 설화 석고, 대리석, 사암, 동석, 석회암을 비롯해
서 화강암(담즙질 학생들을 위한 재료)까지 다양하다. 단단한 돌에는 카
바이드 도구를 사용하지만, 연한 돌에 사용할 도구들은 대장간에서
쉽게 만들 수 있다. 두께가 1.9cm인 경화강 막대를 여러 길이로 마련
한다. 18cm 길이로 자르고 끝을 뾰족하게 간 다음, 열처리하고 경화시
킨다. 나는 학생들에게 다음의 5가지 기법을 가르친다.

깨기   손도끼나 뾰족한 도구로 돌덩이를 큼직한 조각으로 깬다.

쪼개기   뾰족한 도구로 돌 조각을 조금씩 떼어 낸다.

박리   돌의 결을 따라 얇은 편을 떠낸다.

평탄화   톱니 모양 끌이나 평끌을 이용해 돌을 납작한 면으로
다듬는다.

분쇄   도드락망치나 카바이드 정으로 돌 표면을 두드려서
불면 날아갈 정도로 가루나 입자 형태로 만든다.

안전이 항상 최우선 과제여야 한다. 학생들은 언제나 보안경과 적절한 복장, 신발을 갖추고 모든 상황에 상식을 기준으로 행동해야 하며, 작업장에는 필요한 응급 처치 용품을 구비해 둔다.

각자 원하는 돌을 선택했으면 뾰족한 끌과 900g 망치를 가지고 표면 여기저기를 가볍게 두드리며 돌의 결이 흐르는 방향과 선택한 돌 특유의 질감을 두루 확인한다.

탐색 작업이 끝나면 나는 학생들에게 돌을 받침대 위에 올려놓고 작업할 방향이 잡힐 때까지 모든 각도에서 구석구석 관찰하며 돌과 친해지는 시간을 갖게 한다. 충분한 시간을 보낸 뒤 색분필로 대강 코, 턱, 눈, 이마를 그린다. 모래주머니를 비치해서 돌을 깎기에 가장 편한 위치로 돌을 괴는 데 사용한다.

대담한 손놀림으로 돌을 깎으면서 두상의 코가 솟아오르도록 얼굴을 다듬는다. 코가 생겼으면 눈구멍, 입술, 턱을 조심히 만들어 나간다. 이 단계에서는 한 부분만 완벽하게 만드는 것이 아니라 전체를

고르게 다듬는 것이 중요하다.

석조 작업 중에 누구나, 내가 '바늘귀'라고 부르는 순간을 맞이한다. 열심히 만들던 작품이 상상했던 모습과 전혀 다름을 깨닫고 좌절하는 순간이다. 의욕이 꺾여 더 이상 작업하고 싶은 마음이 모두 사라져 버린다. 망치로 다 때려 부수고 싶어질 수도 있다.

교사의 역할이 중요한 순간이다. 교사는 아이들에게 마음을 가라앉히고 돌이 자신에게 무슨 말을 하는지 잘 살피라고 부드럽게 조언한다. 작품이 어떻게 보여야 한다고 혹은 보일 거라고 떠올린 모든 구체적 표상을 내려놓아야 한다. 생각으로 짜내고 마음으로 만들어 낸 상은 이제 더 이상 쓸모가 없다. 표상을 내려놓을 수만 있으면 그들은 '바늘귀'를 통과해 앞으로 나갈 것이고, 진정한 예술 혹은 창조의 경험을 맛볼 수도 있다.

돌이 얼추 사람 얼굴을 닮은 상태에 이르면 톱니 모양 정을 이용해서 표면을 평평하게 다듬는다. 매끈해야 하는 부분은 평끌로 한 번 더 작업한다.

이제 세부 묘사에 집중할 때다. 조심스럽게 눈과 윗입술을 조각한다. 눈 밑을 약간 움푹하게 파서 도드라지게 만든다. 입도 조심스럽게 작업해야 한다. 서로의 얼굴을 관찰하는 과정에서 아이들은 윗입술이 아랫입술 양끝을 덮으며 내려오지만, 당기면 길어지는 것은 아랫입술임을 발견한다. 어떤 학

생들은 굵은 줄이나 '포 인 핸드four-in-hand 줄'로 멋진 작품을 만들고, 어떤 학생들은 뾰족하게 다듬은 대못으로 자기만의 도구를 만들어 사용한다. 아주 단단한 돌이면 거칠고 부드러운 여러 종류의 카바이드 숫돌로 작업해야 할 것이다.

마지막 단계는 입자 굵기가 다양한 습식·건식 사포, 물 그리고 튼튼한 손과 팔로 열심히 문지르는 것이다. 표면이 매끈해지면 돌을 흐르는 물에 꼼꼼히 씻고 말린 뒤 투명 래커를 뿌린다.

마무리로 학생들은 밀랍 혼합물이나 바닥 광택용 왁스를 바르고, 반짝반짝 광택이 날 때까지 부드러운 천으로 문지른다. 이 과정을 4~5번 반복한다. 모든 과정을 마친 작품을 보고 있노라면 엄청난 만족감이 차오른다!

돌을 깎아 형상을 만드는 작업이 인지 발달을 포함한 상급 과정

아이들의 성장 발달과 무슨 관계가 있을까? 다음은 국어 시간에 예술적 창조 과정을 묘사하는 설명문을 과제로 받은 한 학생이 발도르프학교의 석조 수업 경험을 바탕으로 쓴 글이다.(학생의 허락 하에 수록한다)

【바늘귀 빠져나가기】

　이른 아침, 작업실 창문을 통해 들어오는 햇살 한줄기가 먼지 낀 공간에 기다란 빛의 기둥을 만든다. 작업장 중앙에는 희뿌연 빛에 덮인 커다란 참나무 탁자가 있다. 탁자 위에는 갖가지 망치, 정, 빗 모양 끌과 줄, 금형용 숫돌이 가지런히 놓여 있다. 라주어 기법으로 칠한 하얀 벽면에 걸린 선반에는 석조 작품들이 열병식하는 군인들처럼 반듯하게 줄 맞춰 서 있다. 사자, 귀족 두상, 여인 흉상과 헨리 무어 풍의 수많은 작품이, 한때 이름 없이 굴러다니던 돌덩이에서 고개를 내민다. 이 형태의 변형을 만들어 낸 창작자는 깊은 생각에 잠겨 미간을 찌푸리고 다리를 꼰 채, 마디가 두드러지는 두 손을 깍지 끼고 앉아 작품들을 응시한다. 그의 마음은 지상의 일을 벗어난 상태에 머물러 있다. 근육이 잘 발달한 튼튼한 두 손에서는 땀 흘려 일한 지난 세월이 고스란히 드러난다. 지금 그는 머나먼 영역에 속한 일을 골똘히 생각하는 중이다.

　배달 트럭의 시끄러운 경적 소리에 깜짝 놀라 아침 명상에서 깨어난 조각가는 몸을 일으켜 작품으로 재탄생할 귀한 재료를 받으러 나간다. 설화 석고의 무게를 감당하느라 끙끙거리며 작업장 안으로 들어와서는 나무 그루터기 위에 쿵 내려놓는다. 눈은 만족감과 기대감으로 반짝인다. 어렵게 구한 귀한 석고를 이 각도 저 각도에서 꼼꼼하게 살피면서 천천히 돌아 본다.

　석고는 보는 각도마다 수없이 다양한 색채와 형상을 품은 채 눈부

시게 반짝인다. 조각가는 내면에서 영감이 샘솟는 것을 느낀다. 눈을 감은 채 손으로 울퉁불퉁한 표면을 더듬어 보면서 돌의 결과 윤곽 속에 상상을 새겨 넣는다. 그의 사고가 돌에 형상을 부여하지만, 동시에 돌 역시 그의 사고를 빚는다. 최종 결과물은 돌과 창작자 모두에게 새롭고 낯선 형상으로 드러난다. 그는 어떻게 변형이 일어나는지를 알아보기 시작한다.

900g 망치와 뾰족한 정을 손에 쥐고 가장자리부터 천천히 그리고 신중하게, 계산된 각도에 따라 조금씩 석고를 깎아 나간다. 돌이 하는 말에 귀를 기울이며 돌의 결을 이해하고 숨겨진 특징들을 발견해 나간다.

이제 분필을 들어 돌 위에 연하게 얼굴을 그린다. 리드미컬하게 춤추는 정과 망치의 박자에 따라 돌 조각이 사방으로 날아다니더니 어느새 세 개의 면이 생겨난다. 오목과 볼록이 엇갈리면서 코와 턱, 이마가 자리 잡는다.

조각가는 갑자기 작업을 멈춘다. 불만족한 표정이다. 작업대에서 멀찌감치 떨어진 곳에 서서 작품을 뚫어지게 응시한다. 손가락 마디가 하얗게 변하도록 망치 손잡이를 쥔 손에 힘을 준다. 지금 그는 바늘귀 앞에 서 있다. 형상을 마음먹은 대로 구현하지 못했다. 작업을 중단해야 할까? 아니, 답은 돌에 있다. 지금까지 품어 온 의도를 내려놓고 재료가 하는 말에 귀를 기울여야 한다. 창조 과정에 동참하도록 자리를 내어 주면서 돌의 안내에 따라 작업해 나간다. 전에도 이런 순간을 만난 적이 있기에 이것이 진정한 창조와 예술의 순간임을 안다.

새롭게 불붙은 열정과 활력, 실재를 알아보는 안목을 갖고 다시 멀리 유타주에서 날아온 석고로 돌아간다. 외과 의사 같은 정확성을 위해 빗 모양 끌을 집어 든다. 마음의 눈과 돌의 의도가 함께 만든 상이 정교하게 구현되도록 신중하게 손을 움직인다. 부분이 아닌 돌 전체를 보면서 조각한다. 어느 한 부분도 먼저 끝나지 않고 전체가 함께 완성에 이르러야 한다. 바위로 이루어진 허물이 천천히 벗겨지면서 위풍당당한 형상이 차츰 선명하게 드러난다. 도구를 바꿀 때가 되었다. 끝이 평평한 끌로 윤곽선의 울퉁불퉁한 부분을 다듬고, 줄을 이용해 턱과 이마를 한층 더 매끈하게 만든다. 조각상에 스프레이를 뿌리고 밀랍 혼합물로 문질러서 반짝반짝하게 광택이 나자, 조각가의 얼굴에 만족스러운 미소가 스친다. 돌의 정체성이 마침내 현시되었다.

완성된 흉상은 눈부시게 빛난다. 우아한 용모와 꿰뚫어 보는 시선은 살아 숨 쉬는 존재처럼 생생해서 보는 사람이 감동과 경탄에 절로 옷매무새를 고치게 한다. 돌은 조각가에게 늘 진실했으며 그를 짓누르던 고정된 생각에서 벗어나도록 이끌어 주었다. 여기, 햇살이 환하게 비추는 먼지 자욱한 방에서 진정한 창조가 일어났다.

_N.A.M.

2. 자연에서 추상적 사고로_ 공예 수업의 역할

마이클 마틴Michael Martin[28]

28 루돌프 코플Rudolph Copple이 번역한 이 글은 마이클 마틴의 허락을 받아 이 책에 수록했다. 독일어를 읽을 수 있다면 『발도르프학교의 예술-공예 수업Der Kunstlerisch-handwerkliche Unterricht in der Waldorfschule』(1991년 Freies Geistesleben)을 읽어 보기 바란다.

학생들은 주변 세상에 존재하는 모든 것을 새로운 방식으로 이해할 수 있어야 한다. 인간이 자연을 관찰하고 그 법칙을 터득함으로써 창조한 모든 것을 꿰뚫어 보고 이해해야 한다. 과학 기술은 그런 이해에서 생겨났다. 루돌프 슈타이너는 전차를 타는 모든 사람은 전차의 기계 장치에서 무슨 일이 일어나는지 반드시 알아야 한다고 말했다. 전차가 어떤 원리로 그렇게 움직이는지를 진정으로 이해할 수 있어야 한다는 것이다.

우리는 인간의 사고를 통해 구성되고 생산된 물건으로 가득 찬 세상 속에서 그것들을 일상적으로 사용하지만, 그것이 어떻게 작동하는지는 전혀 이해하지 못한 채 살아가고 있습니다. 인간의 손으로 만들었으며, 근본적으로 인간 사고의 결과이지만 우리가 그 원리를 전혀 이해하지 못한다는 사실은 인간 영혼과 정신이 살아가는 행성 전체에 아주 중요한 의미입니다... 최악의 경우는 인간이 만든 세상과 털끝만큼도 연결되지 못한 채 경험하는 것입니다.

_루돌프 슈타이너

루돌프 슈타이너는 인생을 직접 경험하는 내용이 학교 수업 속으로 들어오기를 원했다. 슈타이너가 이 문제를 얼마나 중요하게 여겼는지는 10학년에 '사회 실습Lebenskunde'이라는 새로운 과목을 도입하기를 요청한 데서도 알 수 있다. 이 수업에서 중요하게 다루는 내용은 실용 공학, 직조, 방적, 비누 만들기, 측량 같은 것이다. 슈타이너가 반복해서 언급한 바에 따르면, 고대 그리스인들은 청년들에게 이집트 문화를 배우게 하겠다는 생각을 결코 떠올리지 않았다고 한다. 그들은 청년들을 동시대 문화적 흐름에 참여하게 했다. 1919년 첫 번째 발도르프학교 개교 직전 강의에서 슈타이너는 이렇게 말했다.

14, 15세부터 즉, 섬세하게 진동하는 감각혼이 탄생할 무렵에 인간은, 완전히 다른 영혼 조건 아래에서 구조를 받아들였던 고대 문화기를 향해 눈길을 돌리게 하는 대신, 현시대의 가장 직접적인 부분으로 들어가게 해 주어야 합니다.

당연히 '사회 실습' 수업은 10학년에서 별도의 과목으로 편성되면서 정점에 이를 뿐, 그 준비는 오랫동안 진행해 왔다. 6학년부터는 텃밭을 가꾸거나 실제 운영되는 공방에서 실용적인 일에 참여하면서 일을 향한 내적 동기를 체험하는 것이 중요한 부분으로 부각된다. 이 나이 아이들은 역학, 공학, 광물학, 무기 화학 같은 과목으로 비유기적 자연에서 경험하는 바를 통찰하는 힘을 키운다. 이는 아이들이 세상의 상호 연관성을 이해하도록 돕는 새롭고도 풍족한 양분으로 쓰인다. 아이가 지구에 '착륙'하는 과정은 점진적이며, 모든 것이 무거워지는(중력) 경향성과 사지 움직임이 서툴고 어색해지는 변화를 동반하는 경우가 많다. 둘 다 꼭 필요한 발달 단계를 거치는 과정의 직접적 결과다. 청소년들은 내면으로 방향을 돌리고, 우리는 그들의 행동을 이해하기가 어려워진다. 표현이 넘치던 유년기와 달리 청소년들은 감정을 밖으로 드러내지 않으며, 자기만 알고 간직하는 것들이 많아진다. 자신을 움직이는 힘을 소화하고 흡수할 수 있는 새로운 내면 공간의 존재를 인식한 것이다.

여기서도 루돌프 슈타이너는 이제 그들의 개인적 운명이 내부에서 활동하기 시작했다는 말로 우리에게 영감을 준다. 찬란하게 빛나던 아동기는 끝났고, 새롭게 형성된 내면 공간은 아직 암흑이다. 하지만 그 속에 불씨가 숨어 있다. 그 불씨는 먼저 그 공간을 밝히고 나중에는 주변 세상으로 더 많은 빛을 퍼뜨릴 수 있으며 또 그래야 한다. 이는 아이 스스로 노력하고 힘을 발휘해야 가능한 일이다. 여기서도 '내부'와 '외부'가 올바른 관계를 맺는 데 가장 중요한 도움을 주는 것은 진짜 일과 그것에 대한 진정한 이해다. 이것이 사회-인간 관점에서 보는 상급 과정의 핵심 과제 중 하나다.

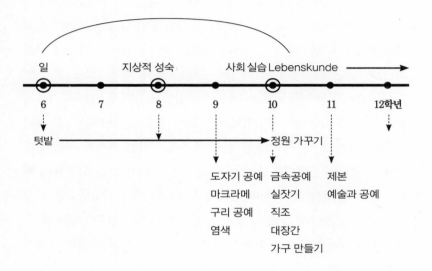

지금까지 간략하게 설명한 것은 교향곡에서 가장 낮게 깔리는 바탕음과 그 위에 얹히는 목소리, 박자, 조성에 해당한다. 이 요소들이 교향곡의 선율을 만들고, 이를 토대로 화음이 펼쳐진다. 음악을 들을 때 의식적으로 애써 귀 기울이지 않으면 토대에 해당하는 요소들은 다 놓치고 위쪽 선율밖에 듣지 못한다. 하지만 우리 교사와 학부모는 바로 그 바탕음에 귀를 기울여야 한다. 지금까지 설명한 기본 뼈대에서 과연 어떤 선율이 나올까? 이제부터 발도르프 상급 과정 공예 수업의 성격을 학년별로 살펴보자. 여기서는 단 하나의 관점, 즉, 학생들에게 '형태를 부여하는' 측면만 집중해서 서술할 것이다.

텃밭/정원 가꾸기는 사춘기 성숙이 시작되기 전부터 10학년까지 쭉 이어지는 유일한 과목이다. 식물을 가꾸기 전 준비 과정부터 시작해서 더 넓은 관계성 통찰(퇴비 만들기, 토양 종류 알기, 날씨 등)로 확장되며, 궁극적으로는 성장과 번식이라는 자연계 과정에 인간이 더 깊이 개입하는 단계인 과일나무 경작과 종자 개량(접목법)으로 이어진다.

거칠고 단단한 땅을 갈아엎어 본 사람, 몇 시간씩 허리 굽혀 감자를 수확해 본 사람, 이글거리는 태양 아래서 손으로 밀 이삭을 묶어 본 사람이라면 아담을 지상으로 내쫓으며 천사가 했던 모진 말, "네 이마에 땀을 흘려야 빵을 먹을 수 있으리"를, 그와 함께 땅과 들판이 아담에게 가져다 줄 슬픔과 고난, 가시덤불에 대한 이야기를 떠올려 보았을 것이다. 이것이 아이들이 거치고 있는 발달 단계의 상이 아닐까? 6학년 이후로 아이들은, 성인기에 감당해야 할 인생 과제의 예행 연습처럼 본격적으로 땅을 마주해서 고된 땀을 흘리고 애를 써야만 땅에서 살아 있는 것을 수확하는 경험을 하고 있지 않은가? 세상 풍파가 미치지 못하도록 감싸 주는 엄마처럼 우리를 보호해 주던 천국은 이제 사라졌다.

아무런 과장도 없이 이렇게 말할 수 있습니다. 이것이 진실이기 때문입니다: 사춘기에 접어든 인간은 세상의 정신-영혼 삶에서 추방당하고 외부 세계로 내던져집니다.

_루돌프 슈타이너

하지만 '추방'이라는 단어에는 잃어버린 천국을, 일종의 유산처럼 땅 위에서 이어가겠다는 원대한 희망이 깃들어 있다. 우리 육신을 유지하게 해 주는 식물은 오늘날에도 우주와 연결된 채 자체의 생명력을 기반으로 성장한다. 인간의 힘으로는 식물을 한 뼘도 자라게 할 수는 없지만, 우리가 경험으로 터득한 자연 법칙에 따라 좋은 흙을 준비하고, 적당한 습도와 공기, 햇빛을 마련해 주고, 봄의 꽃샘추위에 대비해 적절한 온기를 유지해 줄 때, 식물이 싹 트고 잎이 나고 꽃이 피고 시들고 다시 새로워지는 과정을 볼 수 있다. 아이들은 텃밭과 정원을 가꾸면서 이 모든 과정을 어느 정도는 무의식 상태에서 경험한다. 땅을 갈고, 가꾸고, 양분을 공급하고, 보호하면서 흙과 공기, 물, 빛, 온기 요소의 작용을 도울 때, 잃어버린 낙원의 일부가 우리 주변에 펼쳐진다. 그곳에서 자란 식물은 양분이 되어 우리 생명을 유지시키고, 형형색색의 다채로운 꽃과 열매는 해마다 우리 영혼을 성장시킨다.

뿐만 아니라 식물을 가꾸고 돌보는 일에 몰두할 때 우리는 자연의 형성력이라는 또 다른 방식을 통해 지구 및 우주와 하나가 된다. 피상적인 관찰만으로도 이미 우리는 꽃봉오리들이 빛을 바라보며 피어난다는 사실을 안다. 더 자세히 관찰해 보면 초록의 침엽수 역시 꽃봉오리처럼 태양을 향해 고개를 돌린다. 모든 나뭇잎은 빛을 갈망하며 빛을 향해 손을 뻗는 장기라 할 수 있다. 하지만 나뭇가지 역시 빛을 향해 뻗어 올린 팔이라는 사실을 깨달을 때 우리의 놀라움은 한층 깊어진다. 나뭇잎과 나뭇가지는 함께 하늘을 향해 열린 그릇을 만든다. 우리는 이 사실을 가문비나무와 소나무 가지 끝에 난 어린 새순에서 특히 잘 볼 수 있다. 이 나무들은 처음에는 빛을 향해 팔을 벌리고 있다가 시간이 지나 나이를 먹으면서 가지가 땅을 향해 내려가고 자기 무게 때문에 축 늘어지게 된다.

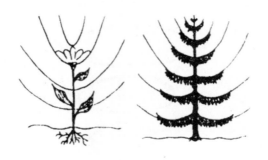

식물은 각자 고유한 형태 경향성에 따라 우주를 향해 열린 그릇이자 태양에 중심을 둔 포물선을 만든다. 이 '그릇'은 흙 속에 묻힌 씨앗에서 자라난다. 먼저 수직으로 곧게 뻗은 형상의, 지지대 역할을 하는 구조인 줄기가 생긴다. 그 위로 잎이 나선형으로 돌아나면서 주변을 향해 점점 더 멀리 뻗어 나간다. 뻗어 나가는 모양은 식물 종류에 따라 조금씩 다르다. 지칠 줄 모르는 관찰자인 괴테는 식물의 형성력에 특별한 관심을 기울였다. "성장하는 식물의 존재 목표를 충족시키는 두 가지 주된 경향성 혹은, (그렇게 말할 수 있다면) 두 가지 생명 체계는 수직과 나선 체계다. 하지만 둘을 분리해서 생각할 수는 없다. 하나는 오직 다른 하나를 통해서만 자라기 때문이다."(『식물의 나선적 경향성에 관하여Concerning the Spiral Tendency of Vegetation』, 1831)

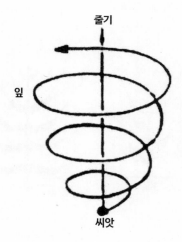

정원에 있는 계단을 지나 지하에 위치한 도자기 공방으로 내려가 보자. 도자기 공방 위치는 지하가 좋다. 재료 특성상 습기가 어느 정

도 필요하며, 햇빛이 강하면 작업이 어렵기 때문이다. 먼저 찰흙을 두 손에 가득 찰 정도로 떼어 낸다. 흙은 차갑고 묵직하다. 습기가 적당하면 찰흙이 말랑말랑해서 손 내부 공간을 이용해 쉽게 공 모양으로 빚을 수 있다. 손안에 찰흙 공을 쥔 채 양쪽 엄지손가락으로 눌러서 움푹 파인 모양을 만들고 좌우로 돌리면서 둥글게 넓혀 나간다. 그러면 엄지손가락 끝으로 찰흙 안쪽에서 다른 손 손바닥을 누르게 된다. 끈기 있게 이쪽저쪽으로 돌리면서 나선형으로 눌러 올라가다 보면 가운데 빈 공간이 점차 자리를 잡으면서 그릇이 탄생한다. 이제 그릇을 탁자 위에 올려 바닥면을 평평하게 만든다. 찰흙을 길고 둥글게 빚어서 그릇 가장자리에 붙인 다음, 다시 그릇을 안쪽에서 눌러가면서 돌려 나선형으로 넓혀 나간다. 그릇이 계속 높아진다. 이제 위아래 방향으로 일종의 수직축이 그릇 내부에서 생겨야 한다. 수직축을 중심에 놓고 빈 공간이 방향과 힘을 잃지 않으면서 지름을 키워나가야 한다. 그렇지 않으면 그릇 모양이 일그러진다.

이 기법은 앞서 살펴본 식물의 성장 방식을 닮았다. 식물의 성장을 '보고 배웠다'고 말할 수 있을 정도다. 우리는 식물과 도자기 빚기에서 동일한 형성력을 만난다. 아직도 과거로부터 내려오는 모든 기법과 발명이 '우연의 법칙'에 따라 나왔다고 믿는가? 고대인들이 자연과 아주 밀접하게

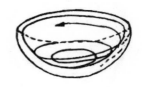

연결되어 있었다는 것은 잘 알려진 사실이다. 그들이 자연에 존재하는 형성력을 체험하고, 그 경험을 응용했던 것은 아닐까?

그릇을 빚다 보면 아주 특별한 순간에 이르게 된다. 윗부분에서 다시 좁아지거나 닫히기 직전 상태가 바로 내부의 빈 공간이 정말로 형성되는 순간이다. 이 단계를 특히 어려워하는 학생들이 있다. 강도 높은 집중력과 외부 자극에 주의가 흐트러지지 않게 정신을 다잡는 힘이 필요하다. 형태를 만드는 전 과정을 좌우하는 것은 찰흙을 적절한 상태로 준비하고, 여러 종류의 찰흙이 서로 보완할 수 있도록 혼합하고, 적절한 습도를 유지하는 것이다. 하지만 모양을 빚은 뒤에도 공기와 온기 요소가 그릇을 말리고 굽는 과정에서 결정적인 역할을 한다. 그릇을 빚는 주체는 도공이지만, 그가 기울인 노력은 물, 불, 흙, 공기 요소의 섬세한 상호 작용에 따라 완성된다. 이 점에서 도공은 정원 가꾸는 사람과 유사하다.

바구니 짜는 사람도 한 점에서 시작해서 외부를 향해 열린 형상을 짤 때 나선 움직임을 이용한다. 하지만 바구니 짜기에서는 갈대 여러 가닥이 '교차'하면서 시작점을 만든다. 버드나무 가지는 마음먹은 대로 쉽게 형태를 빚을 수 있는 말랑한 찰흙과 다르다. 기다란 가지를 서로 직각으로 놓고 손가락으로 꼭 누른 채 붙잡고, 다른 가지를 계속해서 나선형으로 끼워 넣으면서 바구니를 엮는다. 그 전에 먼저 직각으로 교차시킨 가지를 구부려서 별모양으로 펼친다. 바구니 짜기는 직조(천짜기)의 예행 연습이라 할 수 있다. 바구니는 교차점을 중심으로 나선형으로 가지를 엮어 올리면서 구형으로 직조한다. 수직으로 교차한 두 직선의 교차점은 재료를 묶고 짜맞추고 지탱하는 강력한 구심점을 제공하는 형태 요소다. 완성된 형태에서는 구의 느낌을 더 이상 찾을 수 없다. 오로지 견고한 형태성만 남는다.

하지만 지역에 따라 버드나무에서 가지를 베어서 껍질을 벗기고, 바구니 짜기에 이용할 수 있을 만큼 유연해질 때까지 물속에 오래 담가 두는 준비 과정 전체를 다 경험하기 어려운 경우가 많다. 바구니 짜기가 끝나는 순간, 자연 요소(여기에서는 물의 요소)의 영향은 끝난다.

마크라메도 비슷한 작업이다. 여기에서도 우리는 명확한 한 지점에서 시작해서 형태를 만들어 간다. 이번에는 교차점이 아니라 서로 꼬인 매듭이다. 이 매듭은 나선형 움직임으로 시작해서 교차하면서 움직임이 끝난다. 아이들이 신발 끈을 묶어 나비매듭 짓는 법을 어떻게 배웠는지 기억하는가? 매듭을 묶으려면 의식이 깨어 있어야 한다. 매듭을 이리저리 배치해서 원하는 작품을 만들기 위해서도 역시 깨어 있어야 한다. 주로 섬세한 손 감각을 이용해 형태를 직접 빚는 항아리, 주전자와 달리 마크라메 기법으로 만든 가방, 해먹, 그물은 사고의 힘이 훨씬 많이 필요하다. 잉카 같은 고대 문명에서는 중요한 일을 기억하기 위한 보조 수단으로 매듭을 사용했다. 매듭 묶은 끈을 보면서 과거 사건을 기억에 보존하는 것은 물론, 통계 도표까지 작성했다. 오늘날에도 손수건에 매듭을 지어 너무 쉽게 날아가 버리려는 것을 우리 기억 속에 '묶어' 놓기도 한다.

다음 단계로 올라가면 더 이상 손 감각을 이용해서 작품을 만들 수 없다. 재료가 너무 단단해서 저항이 심할 때는 손으로 안 되는 부분을 채우고 재료 가공 역할을 대신할 도구를 찾아야 한다. 금속을 원하는 모양으로 빚을 때는 작품과 손 사이를 오가며 둘을 매개하는 '살아 있지 않은' 도구, 즉, 세공용 망치가 필요하다. 이 망치가 이제 우리의 손끝이 되어 꼼꼼하고 일관성 있게, 망치질 자국 바로 옆을 두드려 나간다. 중앙에서 시작해서 나선형으로 올라가는 흐름은 손으로 찰흙을 빚던 방식과 동일하다. 이렇게 구리판을 두드리다 보면 첫 번째 작은 그릇이 탄생한다.

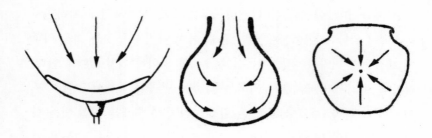

금속 공예의 백미는 상부가 열린 그릇에서 뚜껑 달린 그릇으로 넘어갈 때다. 그릇 윗부분에 딱 맞게 덮어서 내부 공간을 완전히 감싸는 뚜껑을 만들려면 두드리고 맞추는 작업을 수없이 반복해야 한다. 이는 이미 10학년 과정에 속하는 내용으로, 나선형으로 잎을 펼치고 눈부신 햇살 속에서 생명력을 받고, 주변 자연에서 오는 모든 자극에 반응하는 식물의 특성을 떠올릴 때 비로소 온전히 체험할 수 있다. 이 모든 내용이 지금까지 설명한, 인간의 손으로 빚은 형태 작업의 바탕에 깔려 있다. 처음에는 활짝 열린 공간이었다가 점차 닫히면서 중심에 힘이 모이고, 마침내 내부에 중심점을 가진 형태가 된다.

그러다가 완전히 새로운 요소가 10학년 실잣기 수업에서 들어온다. 나선이 한 점에서 시작해서 위로 올라가지 않고 옆에서 아래쪽으로 빙빙 돌며 빨려 들 듯 내려가면서 계속 수축하고 모이면 어떤 일이 벌어질까? 욕조 물을 뺄 때 하수구 아래쪽으로 멋진 소용돌이가 생기는 것을 본 적이 있을 것이다. 이와 동일한 현상이 실잣기 형성 과정에서 일어난다. 중세 초기까지 흔히 사용했던, 아래로 늘어진 물레가 자유롭게 빙글빙글 돌면서 실을 만드는 옛날 방식 물레를 떠올리면 된다.

바구니 짜기에서도 재료 길이가 짧으면 여러 가닥을 한데 모아 길이를 늘였다. 실잣기는 그 기법의 결정판이다. 무수히 많은 수의 짧은 섬유를 꼬아서 무한히 긴 실을 (적어도 이론상으로는) 만들 수 있다. 이 과정에서 큰 역할을 하는 것은 지구 중력과 물렛가락의 무게다. 초기

물렛가락은 시간이 지나면서 손으로 돌리는 바퀴 형태 물레로 대체되었고, 16세기에 이르러서는 발로 밟아 돌리는 바퀴가 등장했다. 오늘날의 물레는 기계 장치다. 이 기계는 완벽하게 탄탄하며 무한히 긴 나선을 생산할 수 있다. 하지만 아직도 방적에서는 전 과정에서 인간의 손과 발이 긴밀하게 관여한다. 실이 잘 나오는지, 얼마나 두껍고 가늘게, 혹은 거칠게 짜이는지는 바퀴를 돌리는 발과 양모를 조작하는 손의 섬세한 상호 작용에 따라 달라진다.

이제 우리는 이 나이(10학년)에 나사와 관계된 모든 내용이 수업에 들어오는 이유를 납득할 수 있다. 나사를 발명하는 데 지대한 공을 세운 사람은 아르키메데스Archimedes다. 그는 중력을 비롯한 많은 역학 법칙들을 발견했다. 기원전 200년경 그리스 수학자인 페르가의 아폴로니오스Apollonios는 나선의 기하학, 즉 나선형의 견고함, 추상성, 지상적 형태를 연구했다. 그리스 사람들은 지상적 법칙에 특별히 큰 관심을 보였다. 그리스인들이 살던 세계에는 아직 신들이 함께 거주했지만 그들은 지상의 삶을 너무나 사랑했기 때문에 그들의 내면적 시선 앞에서 죽음 이후의 삶은 희미한 그림자에 불과했다. 그들은 그림자 왕국의 왕이 되느니 지상의 거지가 되는 편이 낫다고 생각했다.

물건을 단단하게 고정하는 데 사용하는 금속 나사는 15세기에 이르러서야 탄생했다. 나사는 물질 속으로 뚫고 들어가는 힘, 단단하게 고정하는 힘, 꽉 조이는 힘, 그리고 버티는 힘의 정수이자 상징이다.

하지만 지금까지의 모든 공예와 달리 처음으로 단단하게 만드는 과정을 통해 탄생한 실은 완전히 다른 종류의 형태, 즉 2차원 평면을 만들 수 있는 토대가 된다. 직조(천짜기) 작업이 바로 실로 평면을 만드는 과정이다. 오늘날에는 천의 폭을 아주 넓게, 그리고 이론상으로는 무한히 길게 짤 수 있다. 무한히 길고 넓은 평면이라니, 본래 자연 상태에서 얼마나 멀리 벗어난 상태인가! 원시 시대에 자연에서 얻을 수 있는 '넓은 평면'은 동물 가죽뿐이었다. 가느다란 선 요소를 직각으로 엮어 커다란 평면을 만들기 위해서는 엄청난 추상적 사고력이 필요하다. 우리 주변에 있는 모든 옷감과 직조 작품은 전부 단단하게 말아 올린 나선과 직각 교차 원리를 토대로 나왔다. 나선과 직각 모두 지구적이며 단단한(고체) 힘의 상징이다.

오늘날에도 원시적 형태의 베틀을 사용하는 부족이 있다. 나무 기둥을 땅에 박고 그 사이에 날실을 거는 방식의 베틀이다. 그림으로 남아 있는 최초의 베틀은 이집트 시대(중왕조, BC 2052~1785)로 거슬러 올라간다. 고대 이집트 베틀과 원시적 베틀 모두 직조 결과물이 나오는 방향이 지표면과 평행한 수평이다. 수직 베틀은 한참 뒤에나 등장한다. 가로 방향 베틀로 지구 전체를 빈틈없이 덮는다고 상상해 보자. 그 표면의 중심은 지구의 중심과 일치한다. 즉, 평평한 물건을 땅 위에 올려놓았을 때 중심은 지구 중심과 동일하다는 것이다. 이렇게 지구 중심을 향하는 것이 인간 사고로 만든 물건의 전형적 양식이다.

천의 아름다움은 직조 과정뿐만 아니라 다양한 질감과 색깔의 실을 섞어 쓰는 데서 나온다. 직조는 완전히 기계적인 과정이다. 그렇기에 지금까지 설명한 모든 기법 중 인간 손을 거치지 않고 생산되기 시작한 최초의 기법이 되었지만 실잣기는 아직도 인간의 손을 거쳐야 한다. 직조하는 사람은 단지 그 기계적 과정을 수행할 뿐이다.

베개, 담요, 카펫, 커튼, 깔개처럼 인간이 주변 공간에서 사용하는 물건들은 직조 특성에 따른 필연적 결과물인 직사각형을 그대로 유지하는 경우가 많다. 반면, 인간 자신을 위해 사용할 때는 천을 신체에 적합한 형태로 변형해야 한다. 하지만 물건의 본래 느낌을 그대로 간직하거나 되도록 가공을 적게 하고 싶어 하는 사람은 천을 논리적 구조에 따라 잘라 내기를 꺼린다. 그렇기 때문에 네모난 천으로 몸을 감싸는 형태의 의복을 아직도 고수하는 민족이 적지 않다. 인도 여성들은 7×1m 크기의 직사각형 천을 신체 주위에 나선형으로 감는다. 사롱이라 부르는 인도네시아 여성 의복은 2×1m의 천을 반으로 접어 길이 방향으로 꿰맨 뒤, 필요하지 않은 부분을 신체 좌우에 단단히 여며 넣는 방식으로 착용한다. 말레이시아어로 옷은 '용기container'를 의미한다. 여타 서구권에서도 직사각형 천은 여전히 의복에서 중요한 의미를 갖는다.

하지만 시간이 갈수록 재료를 인간 신체 형태에 맞추는 방향으로 발전한다. 의복을 짓기 위해서는 천을 직각이라는 본래 형태와 무관한 모양으로 잘라 내야 한다. 인간들은 이 행위를 중요한 의미를 가진 고통스런 과정으로 여겼음이 틀림없다. 그렇지 않았다면 옷 짓는 작업을 '재단tailoring'(고대 프랑스어 'taillour'는 자르다를 의미)이라고 부르는 대신 '바느질하기, 혹은 꿰매기'라고 불렀을 것이다. 바느질도 분명 재단만큼이나 옷 만드는 과정에서 중요하기 때문이다. 앞서 살펴본 구형으로 둥글게 올라가는 원리(도자기, 바구니 짜기, 금속 공예에서)는 인간의 주변 공간에 놓일 물건에만 사용하는 반면, 옷을 지을 때는 인간 자신이 작품의 중심이다. 재단과 옷 만들기를 경험하면서 10학년 아이들의 의식은 객관적인 방식으로 개별성을 인지하는 방향으로 성장하며, 자기 신체 형태를 훨씬 깊고 진지하게 인식하게 된다.

먼저 셔츠나 원피스 도안을 그린 다음, 다시 부위별로 정교하게 나눈다. 이것을 패턴 뜨기라 부른다. 이 조각들을 지적 사고 능력을 이용해서 다시 한 벌의 옷으로 변형시켜야 한다. 여기서 중요한 것은 순수하게 질량적인 측정이다. 이 과정이 정확하게 진행되지 않으면 마지막에 완성된 옷이 몸에 맞지 않을 것이다. 빈틈없이 생각하고, 정확하게 치수를 재고, 가능한 한 오차 없이 도안을 그리고, 원피스나 셔츠 제작의 첫 단계부터 올바른 계획을 세웠을 때만 입을 수 있는 제대로 된 옷이 나온다. 사고 과정을 거친 이후에 손을 움직여야 한다. 손은 철저히 생각해서 세운 계획에 따라 '아무 생각 없이' 움직인다고도 말할 수 있다. 지금까지 계획과 실행의 간극이 이렇게 큰 공예 활동은 없었다. 노동과 사고가 철저히 구분된 현대인의 초상과도 같다. 이제 패턴에 따라 천을 자르고 재봉틀의 도움을 받아 다시 하나로 합친다. 정확한 사고와 꼼꼼한 실행이 만났을 때만 행복한 결과물을 얻을 수 있다.

가구 만들기 작업에서는 자연에서 추상적 사고로의 전환이 한 층 더 뚜렷하게 드러난다. 8학년까지 학생들은 마당이나 숲에서 자라던 상태 그대로 나무껍질과 줄기가 달린 통나무를 대충 자른 목재로 작업했다. 지금까지 표면을 평평하게 다듬은 상태로 작업대 위에 올라간 목재는 없었기에 나무 둥치의 둥근 모양, 식물의 나선형 성장, 선명한 나이테 모두를 눈과 손으로 직접 경험할 수 있었다.

10학년 가구 만들기 수업에서 비로소 널빤지나 각목처럼 미리 손질한 목재가 등장한다. 상자나 선반을 만들 때는 평평한 목재를 직각으로 세우고, 등받이 없는 의자를 만들 때는 수평으로 놓는다. 이 모든 과정은 살아 있는 나무의 특성을 가능한 완벽하게 제거하기 위한 노력이라고 할 수 있다. 나무를 나무가 아닌 어떤 것으로 탈바꿈시키는 것이다. 테이블 상판을 고정시키는 장치에서도 이런 측면이 중요하게 작용한다. 상판이 뒤틀리고 휘는 것을 막기 위해서다. 억지로 평평하게 만들어서 수평으로 고정시켜 가만히 두면 나무는 원래 상태, 즉 살아 있을 때처럼 둥근 상태로 돌아가려한다. 그런 변화를 용인할 수는 없기 때문에 고정 장치로 휘어짐을 방지해야 한다. 원래 둥근 모양이었다 해도 다시 틀어지면 하자 있는 물건으로 취급하기 때문이다. 목재는 특정한 방식에 따라서만 가공해야 한다. 한 번 가공한 이상 원상태로 되돌아가면 안 되기 때문이다.(나무는 공기 중 습기를 빨아들이면서 주로 가로 방향으로 팽창하고 수축하는 성질이 있음을 기억하라) 원목 서랍이나 문을 써 본 사람이라면 이런 현상을 익히 알 것이다. 장마철에

문이나 서랍이 뻑뻑해져 잘 열리지 않으면 짜증나지 않는가? 우리는 원목 가구에서 살아 있는 나무의 원래 특성을 이런 식으로 다시 만나기를 원하지 않는다.

원목으로 상판을 만들 때 또 다시 새로운 필요가 생겨난다. 나무 둥치를 얇고 평평하게 자른 상판의 폭을 넓히고 싶은 욕구다. 그러려면 대패질, 끼워 맞추기, 접착제 바르기 과정이 필요하다. 접착제로 이어붙인 나무판에서 원래 상태인 통나무를 알아볼 수 있는 사람이 얼마나 될까? 널빤지를 자세히 살펴보자. 통나무를 포 뜨듯 얇게 잘라낸 것을 결이 직각이 되게 쌓아 계속 이으면 (이론적으로는) 끝없이 넓은 평면을 만들 수 있다. 이렇게 하면 살아 있는 나무의 자연스러운 호흡은 완전히 제거된다. 모든 생명 과정을 원천 봉쇄하는 것이다. 가구 만드는 작업 공정은 옷 짓는 순서와 크게 다르지 않다. 여기서도 역시 개념, 즉, 사고가 작품 설계도보다 먼저 존재해야 한다. 여러 가지 전문 공구에 대한 지식이 있어야 하고 이를 정확하게 다루고 제어할 수 있어야 하며, 몇몇 조건이 허락한다면 기계의 도움도 필요하다. 기계는 위험하기 때문에 학생들이 직접 사용하지는 않는다. 여기에 아직도 아무 도구 없이 손으로만 수행할 수 있는 작업 공정이 존재할까?

우리는 양재와 가구 만들기가 근본적으로 동일한 속성을 많이 갖고 있는 동시에, 아주 다른 특성을 지녔음을 알아볼 수 있다. 예를 들어, 가구를 만들 때는 작품 자체의 형상과 별개로 직각이라는 특성이 두드러지는 데 비해, 양재에서는 인간 자신이 진정한 의미에서의 절대적인 '척도(기준)'로 작용한다.

지금까지 살펴본 모든 공예 수업이 근본 원리로 볼 때 다양한 목적과 형태를 가진 껍데기 혹은 막을 만드는 과정이라는 생각이 들지 않는가? 텃밭에서 자라는 채소를 돌보는 행위도 마찬가지다. 농사의 목적은 인간 신체 유지인데, 신체도 결국엔 인간의 개별적 영혼-정신 구성체를 위한 껍데기 혹은 그릇이다.

다시 목공 수업으로 돌아가 상상 속에서 반닫이를 만들어 보자. 그것을 가로 두 뼘, 세로 한 뼘 크기로 축소한다. 두꺼운 종이로 이 작은 반닫이를 제작해서 편지함으로 사용한다. 11학년 공예 수업에서는 종이 상자를 제작하며, 이 작업은 다시 제본으로 이어진다. 제본은 손으로 쓴, 또는 인쇄한 단어를 담을 '껍데기'를 만드는 일이다. 여기서도 역시 제작자의 정신적 창조성이 공예 활동이라는 보편 주제 속에 통합된다.

루돌프 슈타이너는 11학년 교과 과정에 제지 공예도 넣기를 원했다. 종이가 언제 발명되었는지는 정확하지 않지만 그리스도교 이전부터 존재했다. 최초의 종이 공장은 독일 뉘른베르크에서 1390년 울만 슈트로머Ulman Stromer가 설립했다. 기원은 까마득한 옛날이지만 종이는 우리에게 현대적인 작업 재료다. 옷감은 제아무리 얇은 것이라도 종이와 근본적으로 다르다. 종이를 만들 때는 잘게 분쇄한 섬유질을 묽은 죽 같은 용액 속에서 서로 구별할 수 없을 정도로 완전히 뒤섞어야 한다.(종이 죽 속 섬유질이 질서정연하지 않을수록 좋다) 마구 섞인 종이 죽에 체를 담가 섬유질을 건져 올린 다음 물기를 뺀다. 종이 죽이 한 덩어리가 되어야 내구성 좋은 종이가 탄생한다.

'원자 단위'로 쪼개는 것 같은 세밀한 과정을 거쳐 탄생한 종이에서는 재료의 기원을 전혀 알아볼 수 없다. '합성 물질'이라고 말할 수 있을 정도다. 오늘날에는 메이소나이트, 파티클 보드(나무 부스러기를 압축하여 수지로 굳힌 건축용 합판), 호메이소트처럼 이 과정을 모방한 무수한 합성물들이 존재한다. 모두 원재료를 갈고 으깬 다음, 접합제를 이용해서 다시 하나로 결합시킨 결과물이다.

이 글에서 설명한 모든 요소가 실제 수업에서 만족스런 수준으로 구현되지 않을 수 있다. 하지만 모든 부모와 교사가 서로 도우면서 영감을 나누다 보면 우리에게 맡겨진 과제를 계속 발전시킬 수 있을 것이다.

3. 수공예와 실용 공예 되살리기

앵거스 고든[29]

29 Aonghus Gordon _앵거스 고든은 영국 코츠월드 디스트릭트에서 청소년들에게 직접 몸으로 경험하는 교육을 제공하는 〈러스킨 밀〉 교육 재단을 설립했다.

최근 수십 년 동안 발도르프 학생들이 처한 딜레마는 갈수록 커지고 있다. 여러 과목이 한 주제를 통합적으로 다루는 방식으로 배운 덕에 학생들의 의식 속에는 여러 가지 현실적인 문제와 환경 문제를 해결할 수 있는 잠재력이 자리 잡았지만, 이를 구현하기 위한 능력은 아직 만들어지지 않은 맥락에서 더 많이 성장해야 할 필요가 있다. 우리는 발도르프 학생들에게 실질적인 사안과 환경 문제를 더 많이 접하게 해 주어야 한다. 이런 문제들을 통해서 우리 학생들은 발도르프 교육의 모든 측면을 자기 사고, 느낌, 의지 속에서 조화롭게 통합시키는 기회가 된다. 현실 문제들을 해결하는 과정에서 아이들의 의지는 한층 깊은 사회적, 윤리적 도덕성을 구현하는 방향으로 고양된다. 환경 문제는 사람들이 창의적이며 실질적인 경험에서 해결책을 찾아내야 하는 윤리적 문제다.

발도르프 교사들은 학교에서 공예, 수공예, 실용 기술 수업 내용을 강화하고 다양화해야 한다. 발도르프 교육의 주요 원리 중 하나는 사고가 영유아기 발달 단계에서 거치는 움직임과 활동에서 자란다는 것이다.

독일 철학자 칸트Emmanuel Kant는 "손은 바깥으로 드러난 인간의 두뇌"라고 말했다. 이는 모든 수공예, 공예 교사들에게 큰 영감을 주는 표상이며, 영유아기에 적절한 움직임을 충분히 누릴 기회가 빠르게 감소하는 요즘 추세를 생각할 때 더욱 심각하게 고려해야 할 문제다.

우리는 학교 교정을 다시 디자인해야 한다.

주변 세상의 기본 질료와 과정을 만나게 해 주는 공예 수업은 특히 청소년들에게 온전함과 진실함의 자질을 키워 준다. 이런 안목은 전적으로 학교 교정을 포함한 공간 전반에 대한 새로운 인식에서 기인한다. 생명 역동 원리는 배움이 원활히 진행되도록 돕는 데 핵심 역할을 할 뿐 아니라, '야외 교실'을 더 매력적인 곳으로 만들어 준다.

야외 교실에서 교육적 친밀감을 형성하고, 배움이 진행되는 과정을 알아보는 것은 쉬운 일이 아니다. 이 난제를 얕보다가는 큰코다칠 수 있다. 청소년들의 지성이 실제 세계에 대한 각인이나 통달의 증거를 찾고 있기 때문이다. 창조적이며 실용적인 활동과 훈련을 통해 고

양되지 않은 의지는 본능적 충동으로 작용한다. 인간의 필요를 충족시키는 실용적인 일을 통해 경험하는 창조적 문제 해결은 '사회적 공감'을 발견하는 첫걸음이기도 하다. 지속 가능성이라는 현대적 개념을 통해 의식으로 올라온 사회적 공감 능력은 청소년들이 새로운 사회적 윤리를 만날 수 있는 잠재력으로 작용한다.

괴테는 자기가 속한 주변 환경을 이해하기 원하는 진지한 학생이라면 지니어스 로사이genius loci, 즉, 그 지역의 수호령과 친숙해져야 한다고 했다. 학교 교정의 크기는 환경을 재구성하는 과제에서 아무런 걸림돌이 되지 않는다. 공간 관리를 위한 예산은 이미 잡혀 있다. 필요한 것은 의식을 새롭게 하는 것뿐이다. 새로운 의식이 깨어나면 땅과 거기서 생기는 모든 것이 교육 내용 속으로 통합된다.

이런 관계를 연구하고 그 관계 속으로 들어온 학교들은 새로운 정체성의 길을 발견한다. 더 중요한 것은 해당 지역의 공예 기술을 학교 공예 교과 과정 속에 재통합시킨다는 점이다. 1년에 걸쳐 측량 수업을 진행하는 과정에서 학교 교정과 주변 자연을 구석구석 살피고 접촉하면서 해당 학년 학생들에게 새로운 주인 의식과 인식이 싹튼다. 텃밭과 정원 가꾸기 수업은 새로운 맥락과 의미를 발견한다. 강이나 호수 같은 수변 공간을 찾아내거나 개선 혹은 확충하는 활동은 학교의 에테르 층위에 새로운 활력을 불어넣기 위해 필요한 개선과 다변화에 기여하며, 그 과정에서 자기가 속한 장소에 대한 자부심이 드러난다. 나무와 덤불을 다듬고 가지치기한 뒤, 거기서 나온 자연 재료를 유치원에서는 부활절 달걀 둥지 만드는 재료로, 상급 학교에서는 바구니 짜기와 의자 엮기 재료로, 또 재래식 대장간에서 사용할 숯과 연료로 사용한다. 학교 교정에서 점토를 퍼서 빵 굽는 오븐을 짓거나 도예 수업에 사용할 수도 있다. 학교 교정이 신성한 곳으로 변해감에 따라 1년 동안 물, 불, 흙, 공기 4요소의 연금술적 상호 작용이 학교 교정에서 분명하게 드러날 것이다.

아이들을 새로운 경험의 장으로 초대하기 위해서는 새로운 기술과 교수 방법이 요구된다. 그곳에서는 내적 표상이 실현되고, 주변 세상에 대한 강한 공감 그리고 새로운 의지의 실행이 펼쳐질 것이다. 이런 주변 공간의 개발 과정에 교육이라는 각인이 분명히 찍힌 학교에서는 모든 활동이 오락이나 여가, 경제적 이익이 아니라 학생 중심의 맥락에서, 그리고 교육적 실천을 통해 진행되며 생명 역동 원리가 이를 뒷받침한다. 이런 학교는 인근 자연 공간에 대해 주인 의식과 책임감을 지니며, 이 사실은 시간이 갈수록, 특히 상급 과정에 가까워지고 지적 능력이 깨어나는 나이의 학생들 눈에 투명하게 드러난다. 그 아이들 내면에서 우리가 사는 세상인 지구를 향한 도덕성이 자란다.

새롭게 획득한 지적 능력과 함께 학년이 올라갈수록, 공예 수업 내용은 차츰 인간의 손길을 거친 환경 유기체로 바뀌어 간다. 그곳에서 일어나는 환경 친화적 활동의 토대는 지속 가능성이라는 윤리적 원칙이지만, 어디까지나 학생들의 자유 의지에 따라 실행된다. 학생들은 '점에서 주변으로' 이동한다. 수질 정화를 위한 갈대 습지를 조성하는 일은 자연계 및 자연의 4요소와 협력하여, 갈수록 악화되는 환경 문제 개선을 위한 실천적 생태 활동으로, 상급 학생들은 이를 통해 스스로 판단하고 행동할 기회를 얻는다. 높은 수준으로 발달한 상급 학생들의 지적 능력을 환경과 인류의 필요에 이바지하는 방향으로 이끄는 것이다. 이를 새로운 형태의 살아 있는 과학 기술이라고 부를 수 있다. 이처럼 상급 과정의 과학 수업을 좁은 실험실이 아닌 주변 세상에서, 공부한 것을 직접 실천하는 방식으로 진행할 수 있다. 더 대담한 이름을 붙인다면 이를 새로운 양식의 실천적 문해력이라고도 부를 수 있을 것이다.

12학년 프로젝트 수업에서 학생들은 스스로 자료를 수집하고 과정을 이끌고 나가야 하는 처지에 놓인다. 빵을 구울 수 있는 요리용 오븐을 만들고, 배변 처리를 위한 생태 화장실을 짓고, 새로운 도구와 설비를 창조하면서 필요한 바를 스스로 해결하기 위한 강력한 내적 동기와 문제 해결 능력을 경험한다. 다음 두 학생의 글에서는 이들이 과제에 얼마나 몰입했고, '문제 해결 능력'을 얼마나 잘 발휘했는지가 잘 드러난다.

우리는 지속 가능성이라는 주제를 마음에 지니고 나무, 찰흙, 금속 같은 재료를 이용해 직접 물건을 만드는 과제를 수행했다. 그 과정에서 네 모둠 모두 각기 다른 어려움을 만났고, 필요할 때는 지도 교사에게 도움을 받았지만, 기본적으로 학생들 스스로 문제를 해결해야 했다. 그렇게 우리는 하수 시스템 설계와 설치, 빵 굽는 오븐 제작, 직선 목재를 사용하지 않고 의자 조립하기 과제에 도전했고 마침내 해냈다.

_사울 그랜트

우리는 이 과제가 예술 수업이나 공예 수업과 크게 다르지 않다는 것을 금방 깨달았다. 하지만 한 가지 큰 차이가 있었다. 이건 단순히 시범을 잘 보고 그대로 따라서 만드는 수준의 일이 아니었다. 친한 사람에게 줄 선물이라면 그 정도로도 충분하지만 우리는 인간에게 쓸모 있고 의미 있는 일을 위해 지금까지 배운 모든 것을 현실에 적용해야 했다. 생태 화장실 제작 과정에는 힘을 써야 하는 일도 많았다. 생태 화장실이라는 이름 속에는 우리가 땅에서 얻은 것을 다시 내보내는 행위가 자연 순환을 해쳐서는 안 된다는 생각과 함께, 생각 없이 변기 물 내리는 손잡이를 누르고 돌아서서 그대로 잊어버리는 것이 아니라 자기가 배출한 오물에 스스로 책임을 져야 한다는 의식이 깔려 있다. 지식을 쌓는 배움과 실용적인 일이 기분 좋은 균형을 이룰 때, 우리 안에 진정한 열정이 샘솟는다. (중략) 전문 설비가 없는 작업장에서의 자급 자족이란 필요한 것을 얻기 위해 모든 모둠이 서로에게 의존해야 한다는 것을 의미했다. 이 경험은 우리에게 오늘날의 환경 문제와 가장 밀접한 몇 가지 주제를 실습과 실천을 통해 분명히 의식하는 계기가 되었다.

_다니엘 래도신

오늘날의 18세 아이들은 흔히 지속 가능성이라는 현대적 맥락 안에 놓인 자기 생각과 행위의 올바름을 확인하고 증거를 얻고자 지적 준거를 탐색한다. 이들은 자신을 시험대에 올리기를 원한다. 지적 수준만 확인하는 시험이 아닌, 내적 본성의 한계를 넘어서는 경험을 통해 인류의 장기적 발달에 기여하고 유지할 수 있는 시험을 원한다. 히람 재단Hiram Trust이 학생들에게 제공하는 수업은 발도르프 교육학에서 추구해 온 방향과 본질적으로 전혀 다르지 않다.

이런 활동을 통해 학교는 '외부 교실'을 기존 학습 환경을 보완하는 기제로 교육 체계 안에 통합시키는 동시에, 새롭고도 강력한 자원을 확보할 수 있다.

현대 청소년들이 직면한 문제

요즘 교사들은 불안 초조, 과잉 행동, 다양한 집중력 장애와 함께 아이의 의식 성장에서 '점과 주변부'에 대한 인식 혼란이 점차 늘어가는 것을 목격하고 있다. 이를 청소년기에 바로잡지 못하면 세 가지 강력한 하위문화가 발현될 수 있다. 상상의 세계로 편입하지 못한 지성은 교만하고 독선적인 색채를 띠는 반면, 상상을 지나치게 추구할 경우에는 마약에 빠지는 경우가 많다.

의지가 적절한 내용과 난이도의 사지 활동으로 전환되지 못하면

범죄화되거나, 움직임과 활동의 빈자리를 보상하기 위해 훔친 자동차로 드라이브를 즐기는 식의 극단적 경험을 추구하기 쉽다. 청소년기에 정서 영역이 왜곡된 방향으로 발달하거나 건강한 헌신의 정서를 육성하지 못하면 노골적인 성적 행동이 자주 나타날 수 있다.

청소년들이 이 세 가지 왜곡된 양상에 사로잡힐 수 있다. 실용적인 일을 하며 사지를 능숙하게 사용하도록 가르치는 공예 활동은 사고, 감정, 의지를 다시 건강하게 통합할 수 있는 기회다. 사고에서는 개념 체계 속에서 미리 계획하는 힘을, 감정에서는 인류 공동체에게 기여하는 방향으로 목표 설정하는 힘을, 의지에서는 일의 체계를 만들고 그에 따라 수행할 수 있는 능력을 키운다. 하지만 우리의 현실은 이 모든 것으로도 충분하지 않다는 사실이 점점 더 분명해지고 있다. 환경 문제는 청소년들의 더 성숙한 발달을 위한, 아직은 모습을 드러내지 않은 새로운 매개 변수로 작용하며 새로운 난관을 제시한다. 이를 헤쳐 나가기 위해서는 지속 가능성과 환경을 위한 새로운 장인 정신 그리고 살아 있는 과학 기술이라는 근본 원리에 바탕을 둔 새로운 윤리를 실행해야 한다.

발도르프 교육이 미래에 어떤 방향을 가질 것인지에 관해 학부모와 교사 양측 모두 제기하는 질문, 특히 교과 과정 전체와 실용 기술이 유기적으로 연결된 교육에 대한 근본적인 질문의 결과로 〈히람 재단〉은 우리가 '지적인 손'이라 부를 수 있는 개념을 제안했다.

재단이 강조하는 것은 손으로 하는 일을 통해 교실과 학교 환경을 통합하는 식의 '점과 주변'의 통합이다. 공예 활동은 1만 년 이상의 역사를 거치며 인간 의식의 진화와 함께 발달해 왔다. 공예의 역사는 슈타이너/발도르프학교에, 특히 주요 수업 교과 과정 속에 깊이 들어와 있으며, 실용 기술의 영역을 확장하는 기회로 활용될 수 있다. 실용 기술은 교실에서 배운 내용이 자연 재료와 작품 제작의 의도된 목표라는 맥락을 통해 현실에 뿌리내리게 해 주기 때문이다. 재료를 직접 조달하는 것도 중요한 과정이다. 이를 통해 아이들은 3가지 자연계(광물, 식물, 동물)를 직접 다루고, 4가지 기본 요소(물, 불, 흙, 공기)와 교류할 수 있기 때문이다.

고유운동감각 재활성화

양모 펠팅이나 뜨거운 금속을 조형하는 일차적 공예 활동 과정에 수반되는 움직임에 주목해야 하는 이유는 그것이 애초에 움직임을 목적으로 부여된 본성이기 때문이다. 학생의 팔이 원호를 그리며 움직인 자취는 재료에 새겨지고, 다시 '우주적 각인'으로 아이의 에테르체에서 공명한다. 정말 유능하고 날랜 공예가의 움직임을 종이에 옮겨 보면 행성 궤도를 닮았다는 느낌을 받는다. 이렇게 객관적인 움직임 활동은 극히 드물다. 공예 활동에 수반하는 움직임이 객관적인 이유는 재료 특성과 작품의 목적에 내재한 법칙에 의해 규정되기 때문이다. 원시적 대장간에서 만든 칼, 생나무로 만든 의자, 양모 펠트로 만든 슬리퍼 같은 물건이 인간 사회에서 제대로 쓰이기 위해서는 제작 과정에서 자기중심적이고 자의적인 움직임은 제한될 수밖에 없다.

어린이와 청소년의 신체 움직임을 재활성화하면 에테르체를 근육 체계에서 해방시킬 수 있다. 에테르체가 경직되어 있거나 아예 쇼크 상태로 얼어붙은 경우가 비일비재하다. 공예 활동을 통해 신체 경직이 풀리고 움직임의 유연성이 회복되는 상태를, 어린이나 청소년들이 정체되어 있던 움직임의 이면적 흐름과 드디어 연결되었다고 표현할 수도 있다.

쥐기, 돌기, 미끄러지기, 들어올리기, 기기 같은 영유아기 움직임, 간단히 말해 3차원 공간을 탐색하는 모든 움직임이 기초 공예 수업과정의 간단한 공예 활동들에 다양한 강도와 방식으로 존재한다. 영유아기 발달 단계를 완료하지 못한 아이들이 갈수록 늘어나는 상황에서 공예 활동은 누락된 단계를 재경험하는 기회가 될 수 있다. 어린아이들이 그린 그림에 원형적 형상과 움직임이 등장하는 것과 마찬가지로, 영유아기 움직임은 원형적이며 세상과 건강하게 통합된 관계를 형성하는 데 꼭 필요한 전제 조건이다.

공예 실력이 늘면서 움직임이 리드미컬해지는 상태를 흔히 "나는 자면서도 그것을 할 수 있어."라는 말로 표현한다. 그런 상태를 잘 관찰하면 흥미로운 현상을 볼 수 있다. 그런 인식이 마치 시간의 흐름에서 생겨나는 것처럼 보이는 것이다. 기술은 과거 경험을 통해 습득하지만 동시에 그 사람에게 미래에서 기인하는 뭔가를 전해 준다. 시간을 초월한 비시간적 상태를 체험할 수 있다. 현존의 상태라고도 부를 수 있는 이 순간은 움직이는 자신을 관찰할 수 있는 기회다. 이는 근본적으로 치유적 경험이다. 수많은 학생이 움직임을 능숙하게 조절할 수 있을 때 그런 치유의 순간을 만난다. 이 '현존'을 자기 치유의 상태라고도 말할 수 있다. 자기 인식으로 가는 하나의 길로 작용하기 때문이다.

발도르프 상급 과정을 위한 교과 과정

다음 도표는 주변 세계 및 자연환경과 공예 수업을 통합하기 위한 체계적 접근법이다. 활동에 적정한 연령은 아동 발달에 대한 포괄적이면서도 유연한 이해에 근거해 판단한다. 아이가 물질 속으로 하강하는 과정은 유치원에서 양모를 촉각으로 체험하는 데서 시작해서, 찰흙으로 쓸모 있는 물건을 빚는 과정, 불을 다스리면서 금속을 변형시키는 과정으로 이어진다. 아이와 청소년이 지금 도달한 발달 단계에 적절한 공예 활동에 참여할 때 그들은 물질 속으로 육화하고 다시 그것을 변형시킬 기회를 얻는다.

히람 재단이 권장하는 활동들은 '물질 속으로 하강'이라는 큰 제목 아래, 유연하고도 열린 체계로 정리할 수 있다. 하강 과정은 아이가 청소년으로 성장하는 육화 경로를 따르며, 연령에 적합한 실용적 기술을 이용해서 육화 과정에 올바로 들어가도록 돕는다.

【물질 속으로 하강】

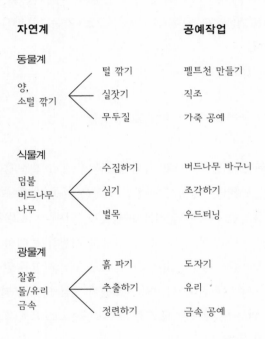

자연계   공예작업

동물계
양,   털 깎기   펠트천 만들기
소털 깎기   실잣기   직조
                    무두질   가죽 공예

식물계
덤불   수집하기   버드나무 바구니
버드나무   심기   조각하기
나무   벌목   우드터닝

광물계
찰흙   흙 파기   도자기
돌/유리   추출하기   유리
금속   정련하기   금속 공예

도표의 9가지 공예는 인류가 고대부터 사용해 온 과정으로 3가지 자연계에서 원료를 얻고 4가지 기본 요소와 접촉하는 과정에서 발견

했다. 슈타이너/발도르프 교과 과정도 동일한 영감에서 나왔다. 유치원에서 흔히 하는 방식으로 원재료를 준비할 때, 우리는 사실 아이가 손을 통해 세상을 새롭게 감각 지각하도록 재활성화하는 것이다.

활동의 적정 연령은 교사의 섬세한 관찰과 함께 아동의 발달 과정에 대한 명확한 이해에서 찾아야 한다. 현대적 생활양식이 보편화되면서, 교사들은 건강한 발달을 육성하고, 손, 발, 눈의 협응을 촉진하기 위해 움직임과 몸짓을 보다 근본적이고 치유적인 방향으로 강화해야 함을 느낀다. 요리하고, 나무에 오르고, 농장과 숲에서 마음껏 뛰어 노는 아이들이 줄어들고 있다. 자연계는 갈수록 낯설고 불편한 곳이 되고 있다. 놀이의 세계를 되살려 주고, 실용적인 일로 아이들의 관심을 돌려주어야 할 것이다.

이런 실용적 측면을 좀 더 의식적으로 다루는 것은 주변 경관과 주거지, 건물에 대한 의식이 깨어나는 3학년 주기 집중 수업이다. 이후 사고 능력이 발달하는 시기에 작업할 공예 수업의 토대가 이 시기에 마련된다.

공감하는 태도로 경험하고 자연에서 온 원재료를 사용하면, 과거에는 아이들을 위한 수공예 교육 과정을 짤 때 시기상조라고 평가했던 내용을 어린아이들에게 적절한 방식으로 소개할 수 있다. 대장간 수업을 예로 들어보자. 루돌프 슈타이너는 대장간을 유치원 바로 옆에 설치하라고 했다. 망치의 리듬과 불, 대장간 작업의 위용이 아이들 감각 속에 각인되기를 원했기 때문이다. 직접 대장간 수업에 참여하는 것은 10학년에야 시작한다. 실제로 망치를 휘두르는 대신 쇠를 조형하는 과정의 구성 요소들을 감각 지각했던 경험만으로도 아이들은 4학년 주기 집중 수업에서 북유럽 신화를 배울 때 불과 리듬이 이끄는 대로 모루 위에서 쇠를 두드리는 토르가 될 수 있다.

나뭇가지를 이리저리 구부리고 꼬면서 모양을 만들고 바위에 문질러 날카롭게 다듬는 유치원 아이는 저항의 기본 특성을 탐색하는 중이다. 칼로 나무토막을 깎아 모양을 만드는 작업을 담임 과정의 목공 수업 초반에 넣는 것은 중요한 의미가 있다. 이때 훈련한 협응 능력이 나중에 깎고 자르고 조각하는 작업에서 보다 정교한 판단을 내릴 수 있는 토대가 되기 때문이다.

직물 공예 수업도 마찬가지다. 유치원 아이는 산책 중에 잡목과 가시덤불에 걸린 양털을 모은다. 이는 아이가 부드럽고 섬세하며 따뜻하고 찰나적인 재료의 특성을 체험하는 귀중한 순간이다. 아이들은 주머니 가득 양털을 모아 와서는 꾹꾹 뭉치고 다듬어서 새 둥지, 난쟁이, 동물 인형 혹은 소박한 벽걸이 장식을 만든다. 이것이 사실 직물 공예의 시작이다. 아이들이 이런 경험을 하고, 모아 온 것을 적절하게 활용하는 것은 교사의 판단에 달려 있다.

『인간에 대한 보편적인 앎』[30]에서 루돌프 슈타이너는 공예 교사

---

30 편집부 『Allgemeine Menschenkunde als Grundlage der Pädagogik』
    (GA 293, 밝은누리, 2007)

들에게 직접 아이들을 관찰해서 파악한 바, 교사가 지각하고 이해한 바에 근거해서 교과 과정을 구성할 수 있는 놀라운 기회를 허용한다. 자연계에서 온 재료를 직접 만나는 경험과 아동 발달에 대한 교사의 깊은 이해가 슈타이너/발도르프 교육의 창의적 영역이다. 여기서 교사 스스로 수업 내용을 연구하고 개발할 수 있는 자유 공간이 생긴다.

저학년 공예와 실용 기술 활동의 폭을 확장하고 싶다면, 고대 인류의 공예 활동에서 영감을 얻을 수 있다. 해당 공예의 적절성 여부를 판단하는 흥미로운 지침 중 하나는 활동에 필요한 신체 움직임과 필요한 재료의 밀도를 보는 것이다. 재료의 밀도가 높을수록 그 활동은 청소년기 발달에 적합하다.

물질의 저항에 직면하면 스스로 판단하는 힘과 물질의 경계를 실질적 차원에서 시험하려는 욕구가 강해진다. 특히 가죽 공예, 우드터닝[31] 금속 공예에서 가장 높은 수위의 저항을 만나는 반면, 종이 만들기, 펠트 공예, 찰흙 작업은 저학년 교과 과정과 훨씬 조화롭게 어울린다. 불을 조절하는 작업은 상급 과정에서 반드시 경험해야 하는 요소다. 불이 가진 잠재적 파괴력을 다스리고 이해하며 원하는 방향으로 이끌어야 한다. 금속 주조 같은 활동에서 청소년들은 미리 계획을 세우고, 치밀하게 사고하면서 거푸집을 만든다. 이때 필요한 것

---

31 옮긴이: 목재를 둥글게 가공하기 위해 선반 기계에 나무를 물리고 빙글빙글 돌리며 깎는 것

은 자기 손으로 만든 물건의 완전함 혹은 불완전함에 전적으로 책임지는 태도다. 높은 수준의 판단력과 엄격한 지적 사고를 요구하는 공예 활동은 졸업이 머지않은 상급 과정 학생들에게 진정한 힘을 키우도록 돕는다. 단계마다 엄격함과 숙고, 예단을 내려야 하는 활동을, 지속 가능하며 환경 친화적인 맥락에서 수행하는 과제는 청소년들을 새로운 실천 영역으로 이끄는 동시에 행위를 위한 새로운 윤리를 향해 나아가게 한다.

〈히람 재단〉과 〈러스킨 밀〉

1994년 영국에서 문을 연 〈히람 재단〉은 새로운 교육을 지향하는 단체로, 발도르프학교 실용 공예 교과 과정에 대한 이해를 심화시키는 목적으로 설립된 네덜란드의 유사한 단체에서 영감을 받았다. 이는 지난 수십 년 동안 교육계 전반에서 추상화 경향성이 강화되는 데 대한 반작용이었다.

'미술 공예 운동Arts and Craft Movement'32과 맥을 같이 하는 이 현대식 공예 교육 운동은 영국 글로스터셔주 네일스워스에 위치한 러스킨 밀 미래 교육 센터와 스코틀랜드주 생명 과학 재단의 지원으로 운영된다. 히람 재단은 괴테식 과학과 체험을 기반으로 하는 수업을 확

---

32 옮긴이: 영국의 시인, 사상가, 디자이너인 윌리엄 모리스William Morris(1834~1896년)가 주도한 디자인 운동. '미술 공예 운동' 또는 '예술 수공예 운동'이라고도 한다.

대하기 위해 노력하며, 그 방법으로 '야외 교실' 수업을 장려하고 해당 활동을 개발한다. 이를 구현하기 위해서는 공예 문화가 되살아나고, 환경과 연계한 실용 예술 교육 과정이 갱신되어야 한다. 지속 가능성이라는 교육 윤리를 육성하는 교육 방법론이다.

〈러스킨 밀Ruskin Mill〉은 양모 산업이 쇠락하기 전인 1820년대에 양모 섬유 제작을 위해 건립되었다. 당시 이곳에는 양모 이외에도 신발과 놋쇠 그릇 제작, 아닐린 염료 생산을 비롯한 수많은 장인 산업이 터를 잡고 발전했다. 1960년대부터 〈러스킨 밀〉은 존 러스킨John Ruskin, 윌리엄 모리스, 루돌프 슈타이너의 사상에 근거한 활동을 펼치는 작은 복합 문화 단지이자 가족 단위 거주자들이 함께 사는 곳이 되면서 새로운 변화를 맞이했다. 수많은 공예가들이 〈러스킨 밀〉이 가리키는 미래에 끌려 찾아왔고, 1980년대에는 건물을 체계적으로 재개발하려는 노력이 독립된 공예 공방 설립과 함께 본격적으로 진행되었다.

이 무렵 인근 특수 학교 청년들에게 〈러스킨 밀〉의 옛 물레방아 재건작업에 한 몫을 담당해 줄 것을 요청했다. 〈러스킨 밀 미래 교육 센터〉의 출발은 사실 그 청년들이 재건 작업에 쏟은 열정과 공예 활동에 보인 관심에서 촉발되었다.

자기 일을 사랑하고 그 열정을 다른 사람과 기꺼이 나누고 싶어하는 수많은 공예가들과 함께 일하는 것이 미래 교육 센터 사업의 핵심이다. 이를 통해 많은 청년이, 모두의 예상을 훨씬 뛰어넘는 완성도를 지닌 아름답고 실용적인 물품을 창조하는 기쁨을 누릴 수 있게 되었다. 그들은 삶을 새로운 눈으로 바라보게 되었으며, 내면에서 새로운 자신감을 발견했다.

학교 교정과 인근 숲 지대를 최대한 활용하는 크고 작은 공예 활동이 생겨났다. 생나무를 이용한 목공예, 숯 만들기, 원시적 화덕에서 풀무질하기, 찰흙 채취와 도자기 굽기, 금속 제련, 종이 만들기, 가죽 공예, 정원 가꾸기, 농사, 숲 가꾸기, 섬유 공예, 스테인드글라스, 금속 주조, 목공예 외에도 집짓기, 자동차 정비, 사진 인화, 음악, 예술, 공연 예술, 과학 기술 같은 연관 활동도 활발하게 진행된, 이런 활동이 청소년들에게 깨달음을 주는 주된 스승으로 작용하고 있다. 글쓰기, 수학, 읽기 같은 '일반적'인 학교 수업도 당연히 병행한다.

맺는 글

교육의 가장 중요한 효용은
다른 세대가 이미 해 온 것을 똑같이 반복하지 않고
새로운 일을 할 수 있는 사람을 키워 내는 데 있다.

_장 피아제

최신 신경학 연구는 소근육(특히 손)을 자유롭게 움직이고 능숙하게 조절하는 활동이 사고를 위한 신체적 도구인 뇌 세포 성장을 자극하고 강화한다는 사실을 입증했다. 이 책의 공동 필진의 의도는 이런 연구의 타당성을 입증하는 한편, 독자들이 발도르프학교의 수공예와 실용 예술 교과 과정 전체를 조망하면서 이런 수업이 아이들 성장 발달에 얼마나 큰 힘이 될 수 있는지를 보여 주려는 것이다.

복잡다단한 현대 사회를 살아가기 위해서는 여러 형태의 사고(분석적, 통합적, 목적론적, 인과적 사고 등)를 배워야 한다. 우리 교사들의 과제는 다양한 유형의 사고를 과목 내용에 통합시키는 것이다. 발도르프학교에서는 학생의 인지 능력을 육성하기 위해 판단력과 분별력, 안목을 훈련하는 과정을 중요하게 여기며, 그 주된 수단이 바로 수공예와 실용 예술이다.

개념적 사고는 인지 발달이 최고도에 도달했을 때 얻을 수 있는 능력이다. 학생들은 자기 작품을 스스로 분석하면서 추상적 사고를 실행하고 훈련한다. 왜 이 부분에서 구리 두께가 너무 얇아졌는지, 주먹장이음 부품이 왜 꼭 맞지 않는지를 파악하고 이해하는 과정에서 추상적 판단 능력이 자란다. 자신을 객관적으로 관찰하고 평가하며, 자기 행동에 책임지는 것이 성숙한 사람의 특징이다.

공예 수업에서 익힌 기술은 실용적 사고로 발달한다. 실용적 의식의 출발은 관찰력 성장에서 비롯한다. 감각 세계를 민감하게 지각하는 훈련은 상급 과정에서 정확한 관찰을 요구하는 수업으로 확장된다.

오늘날 교사의 과제는 학생들의 사고를 구조화하는 것이 아니라 그들이 새로운 차원으로(어쩌면 자기 이해를 뛰어넘는 차원으로) 성장하도록 돕는 데 있다. 이렇게 현재를 사는 교사가 미래를 위해 일할 수 있게 된다. 수업은 학생뿐 아니라 교사 역시 계속 성장하고 배우는 과정이 되어야 한다.

기업을 분석하면서 영감을 얻을 수도 있다. 3M 회사는 사포와 지붕재 성글을 생산하다가 지금은 접착테이프, 자석테이프, 복사용품과 반사 표지판을 생산하는 기업으로 성장했다. 모두 동일한 기술, 즉 유연하고 신축성 있는 바탕 위에 원하는 대로 정확하게 재료를 도포

하는 기술을 요구하는 제품들이다. 3M에서 신제품으로 거듭날 유형의 창의적 사고는 상급 과정에서 사고와 의지 활동이 적절하게 연결될 때 활발해질 수 있다. 그런 창의적 사고는 사람들이 스스로 울타리를 세워 시야를 차단하고 행동 반경을 좁게 만드는 상태를 극복하도록 도울 수 있다.

상급 과정을 졸업할 무렵 학생들은 컴퓨터와 내연 기관의 원리부터 우리가 스위치를 켜고 빛을 비추면 어떤 일이 일어나는지를 이해하는 수준까지 당대 과학 기술의 주요 내용을 접하고 자기 것으로 만들어야 한다. 세상에서 이질감이 아닌 편안함을 느끼기 위해서는 이런 내용을 이해할 수 있어야 한다.

수공예와 실용 예술은 사실 젊은이들이 어떻게 현대 사회에서 안정감을 느낄 수 있느냐는 문제와 상관있다. 몸으로 직접 경험하는 공예 수업은 사고와 의지를 성장시킬 뿐 아니라 사랑의 힘을 키워줌으로써 안정감을 선사한다. 여기서 말하는 사랑은 자신에 대한 사랑(성취를 통한 자존감), 타인에 대한 사랑(사회적 상호 작용과 타인에게 주기 위해 새로운 능력을 배우는 과정을 통해), 창의적인 일이 주는 기쁨에 대한 사랑, 예술에 대한 사랑, 지속적인 자기 발전에 대한 사랑 모두를 아우른다. 수공예와 실용 예술은 심장과 혈액 순환 및 폐와 호흡 같은 신체의 리듬 체계를 강화시키고 조화롭게 만들어 사랑의 힘을 정화하고 육성한다. 가장 위대한 창조의 힘은 사랑이다. 수공예 교실과 실용 예술 공방에는 사랑의 열정과 기쁨이 넘친다. 삶에서도 이런 태도를 견지하고, 여기에 수업에서 키운 현실적인 자존감까지 결합하면 어떤 노력에서든 성공하는 데 꼭 필요한 자질이 된다. 이것은 무엇보다 세상 속에서 자기 자리를 찾는 데 정말 중요한 힘이다.

해방 교육이 그 사람에게 그렇게 할 수 있는 실질적인 능력을 부여하지 않는 한, 어떤 개인도 현대 노동 세계에서 자신의 독립을 유지할 수 없을 것이다.

인간 해방 교육을 통해 독립성을 유지할 수 있는 실용적인 능력을 습득하지 못하면 그 누구도 현대 직업 세계에서 독립성을 유지할 수 없다. 더 이상 실용 과목, 예술 수업, 손을 이용한 활동을 교육 과정에 활기를 주는 보조 요소로 여겨서는 안 된다. 이 과목들이야말로 복잡하게 변화하는 세상을 직면하는 우리 청소년들을 위한 교육에 절대적으로 필요한 요소다.

데이비드 미첼

사암으로 석조한 괴태적 석조 조소

푸른씨앗_책

발도르프학교의 형태그리기 수업[특별판]

한스 니더호이저, 마가렛 프로리히 지음 **도서출판 푸른씨앗** 옮김

100쪽 15,000원

1부는 발도르프학교 교사였던 저자의 수업 경험, 형태그리기와 기하학의 관계, 생명력과 감각, 도덕성과 사고 능력을 강하게 자극하는 형태그리기 수업의 효과에 대해 설명한다. 2부는 형태그리기 수업에서 주의할 점과 슈타이너가 제안한 형태의 원리와 의미를 수업에 녹여내는 방법과 사례를 실었다. 특별판에는 실 제본으로 제작한 연습 공책을 세트로 구성하였다.

발도르프학교의 수학 수학을 배우는 진정한 이유

론 자만 지음 **하주현** 옮김

아라비아 숫자보다 로마 숫자로 산술 수업을 시작하는 것이 좋다. 사칙 연산을 통해 도덕을 가르친다. 사춘기 시작과 일차 방정식은 무슨 상관이 있을까? 세상의 원리를 알고 싶어 눈을 반짝거리는 아이들이 11세~14세, 17세 나이가 되면 왜 수학에 흥미를 잃는가. 40년 동안 발도르프학교에서 수학을 가르쳐온 저자가 수학의 재미를 찾아 주는 통찰력 있고 유쾌한 수학 지침서. 초보 교사들도 자신감 있게 수업할 수 있도록 아동기부터 사춘기까지 발달에 맞는 수학 수업을 제시하고 일상을 바탕으로 만든 수학 문제와 풍부한 예시를 실었다.

400쪽 25,000원

[eBOOK]

발도르프학교의 연극 수업

데이비드 슬론 지음 **이은서, 하주현** 옮김

『무대 위의 상상력』 개정판. 연극은 청소년들에게 잠들어 있던 상상력을 살아 움직이게 하고, 만드는 과정에서 다른 사람과 함께 마음을 모으는 일을 배우는 예술 작업이다. 책에는 연극 수업뿐 아니라 어떤 배움을 시작하든 학생들이 수업에 몰입할 수 있도록 만들어 주는 좋은 교육 활동 73가지의 연습이 담겨 있다. 개정판에서는 역자 이은서가 쓴 연극 제작기, 『맹진사댁 경사』 대본 일부, '한국 발도르프학교에서 무대에 올린 작품 목록'을 부록으로 담았다.

308쪽 18,000원

발도르프학교의 미술 수업 1학년에서 12학년까지

마그리트 위네만, 프리츠 바이트만 지음 **하주현** 옮김

발도르프교육의 중심이 되는 예술 수업은 아이들이 조화롭게 성장하고 타고난 잠재력을 꽃피우게 한다. 꾸준히 예술 활동에 직접 참여한 아이들은 성인이 되었을 때 더욱 창의적으로 복잡하고 어려운 길을 잘 헤쳐 나간다. 이 책은 슈타이너의 교육 예술 분야를 평생에 걸쳐 연구한 율리우스 헤빙과 그의 제자 위네만 박사, 프리츠바이트만이 소개하는 발도르프 교육의 미술 영역에 관한 자료이다. 저학년과 중학년(1~8학년)을 위한 회화와 조소, 상급학년(9~12학년)을 위한 흑백 드로잉과 회화에 대한 설명과 그림, 괴테의 색채론을 한 단계 더 발전시킨 루돌프 슈타이너의 색채 연구를 만나게 된다.

270쪽 30,000원

파르치팔과 성배 찾기

찰스 코박스 지음 **정홍섭** 옮김

18살 시절에 나는 무얼 하고 있었나? 내가 누구인지, 어떤 사람인지, 이 세상에서 해야 할 일이 무엇인지 알고자 나는 무엇을 하고 있었던가? 1960년대 중반 에든버러의 발도르프학교에서 자아가 완성되어 가는 길목에 있는 학생들에게 〈파르치팔〉 이야기를 상급 아이들을 위한 문학 수업으로 재현한 이야기이다.

232쪽 14,000원

푸른씨앗의 책은 재생 종이에 콩기름 잉크로 인쇄합니다.
겉지_ 스노우지 210g/m²
속지_ 전주페이퍼 Green-Light 80g/m²
인쇄_ 도담프린팅 | 031-945-8894
글꼴_ 윤서체
책 크기_ 150*193